GUANLI XINXI XITONG

管理信息系统

第二版

邵培基 编著

电子科技大学出版社

图书在版编目(CIP)数据

管理信息系统／邵培基编著. —2版(修订本)
—成都:电子科技大学出版社, 2012.9(2021.1重印)
ISBN 978-7-5647-1035-4

Ⅰ.①管… Ⅱ.①邵… Ⅲ.①管理信息系统Ⅳ.
①C931.6

中国版本图书馆CIP数据核字(2012)第214593号

内容提介

本书系统地介绍了现代管理信息系统的发展及其开发方法，对这一领域流行的系统开发方法进行了比较深入的理论分析。本书从工程的角度对开发管理信息系统的实际过程进行了介绍，包括总体方案设计等有关内容，强调了管理信息系统开发在工程上的可操作性。书中还特别介绍了管理信息系统的开发规范、系统评价、投资与效益、有关Intranet等技术。

本书可以作为MBA和相关专业硕士研究生的教材，作为信息管理与信息系统、计算机信息管理、经济管理类专业本科生的教材，以及技术人员和管理干部培训班教材，还可供信息管理与信息系统开发人员参考。

管理信息系统
第二版

邵培基 编著

出　　版：电子科技大学出版社（成都市一环路东一段159号电子信息产业大厦　邮编：610051）
策划编辑：张　琴
责任编辑：张　琴
主　　页：www.uestcp.com.cn
电子邮箱：uestcp@uestcp.com.cn
发　　行：新华书店经销
印　　刷：成都金龙印务有限责任公司
成品尺寸：185mm×260mm　**印张** 18.5　**字数** 460 千字
版　　次：2012年9月第二版
印　　次：2021年1月第17次印刷
书　　号：ISBN 978-7-5647-1035-4
定　　价：35.00元

前　　言

近十年来，管理信息系统的应用发展迅速，需要大量从事信息管理与信息系统开发的专业人才。这样的人才不仅应具备计算机科学、管理科学及系统科学方面的基础知识，还应掌握信息系统设计的基本原理，并具备系统分析、设计及实施的能力。

本书作者长期从事管理信息系统的教学与研究工作，本书是作者多年经验和教训的总结，我们把它奉献出来，为推动我国的信息科学事业尽一点微薄之力。

全书共分 12 章，书中强调管理信息系统技术的先进性和工程上的可操作性，详细分析了管理信息系统的开发过程。对传统的管理信息系统教学体系作了一定的变动和补充，在可行性研究之前，增加了总体方案设计。书中还特别介绍了管理信息系统的开发规范、系统评价、投资与效益、Intranet 等，书后还有具体的开发案例，并附有国内外最新的网站和相关参考资料。

本书在写作过程中，参阅了大量国内外学术著作，在此特向书中提到和参考文献中列出的学者专家表示衷心的感谢。

本书在写作过程中，得到美国 St. Cloud State University 的卢明德教授和华德教授的大力支持。美国 Drexel University 的 Mrs. Jie Wan 帮助收集和整理了最新的资料，电子科技大学管理学院的侯伦老师提出了宝贵的意见，在此表示衷心的感谢！

本书参考了四川省电力局计算中心黄荣辉高级工程师提供的案例资料，并得到他的支持和帮助。全书编写工作得到电子科技大学管理学院学生黄均才、卢海霞、高天鹏、王振林、邵传毅、罗微、李傲梅的帮助，他们进行了许多富有创造性的研究工作，帮助整理、收集了大量资料，协助完成了本书的输入、绘图工作，在此特表示衷心的感谢！

本书由电子科技大学邵培基主编，并承担全书的策划和定稿。段钢参加编写了第十二章，其余各章均由邵培基编写。

管理信息系统涉及的内容非常广泛，限于水平，不足之处恳请读者批评指正。

邵培基

目　录

第一章　基本概念

世界发达国家都十分重视计算机在管理中的应用。据统计，80%以上的计算机应用于管理领域。我国自 1983 年开始大力推广微机应用以来取得了很大的发展。1986 年 2 月国务院批准建设国家经济信息系统，全国成立了省、市信息中心，计算机在管理中的应用已从单项业务的信息管理，迅速向综合的管理层和决策层的信息管理发展。我国以金关、金卡、金桥为代表的"三金"工程建设，标志着国民经济信息化的飞速发展。

1.1　管理信息系统简介

在现代社会，管理信息系统（Management Information System，简称为 MIS）广泛应用于各行各业的管理之中，成为企业管理和决策中不可缺少的重要工具。

一、管理信息系统定义

1985 年，MIS 创始人——美国明尼苏达大学卡尔森管理学院(Carlson School of Management, University of Minnesota)的著名教授高登·戴维斯(Gordon B. Davis)对 MIS 定义如下：

"它是一个利用计算机硬件和软件，手工作业，分析、计划、控制和决策模型，以及数据库的用户——机器系统。它能提供信息，支持企业或组织的运行、管理和决策功能。"

该定义说明了 MIS 的目标、功能和组成，反映了 MIS 当时已达到的水平。

我国许多从事 MIS 工作最早的学者曾给 MIS 下了一个定义，该定义为：

"管理信息系统是一个由人、计算机等组成的能进行管理信息收集、传递、储存、加工、维护、使用的系统。管理信息系统能实测企业的各种运行情况，利用过去的数据预测未来，从全局出发辅助企业进行决策，利用信息控制企业行为，帮助企业实现其规划目标。"

1998 年，美国的 Kenneth C. Laudon 在其所著《管理信息系统》(第 5 版)一书中定义：

"信息系统可以定义为支持组织中决策、协调、控制和分析信息进行的收集、处理、存储和分配的相互关联工作部件的集合。"

从 Laudon 的定义可知，信息系统就是管理信息系统。近年来的理解更偏向于管理而不是偏向纯计算机技术。在本书中信息系统均指管理信息系统。

近年来，MIS 的环境、目标、支持层次、功能、组成等均有很大的变化。

(1) 环境：世界已全球化，需求多元化，竞争激烈化。一切事物变化加快，企业更加重视变化管理和战略管理。

(2) 目标：企业要在激烈的竞争中取胜，产品或服务要适合市场的需要；企业要有效益和效率，要在交货时间(Time)、产品或服务质量(Quality)、产品或服务成本(Cost)方面处于优越地位；企业的 MIS 应有利于企业的战略竞争，有利于企业提高效益和效率，并改善 TQC。

(3) 支持层次：高层经理、中层管理、基层业务处理。

(4) 功能：进行信息的收集、传输、加工、储存、更新和维护。

(5) 组成：人工手续、计算机硬件、软件、通信网络、其他办公设备和人员等。

根据上述变化，可以重新描述 MIS 的定义，本书将采用以下定义：

“管理信息系统是一个以人为主导，利用计算机硬件、软件、网络通信设备以及其他办公设备，进行信息的收集、传输、加工、存储、更新和维护，以增强企业战略竞争能力、提高效益和效率为目的，支持企业高层决策、中层控制、基层运作的集成化的人机系统。”

MIS 不仅仅是一个技术系统，而是把人包括在内的人机系统，是一个管理系统，是一个社会技术系统。注意：MIS 不只是计算机的应用，计算机只是其工具。MIS 也不是计算机辅助企业管理，MIS 是企业的神经系统，是一个人机系统，是一个企业必须有的系统。MIS 涉及到管理、信息和系统。

二、MIS 的教学目的

读者应对信息系统的理论和应用有较深刻的了解。了解信息系统的基本概念，掌握信息系统分析与设计的基本方法以及一般的应用；能正确分析、评价有关在组织中开发和使用信息技术的管理问题，充分认识到信息系统在企业经营和管理中的重要性，并具备对小型的 MIS 进行分析、设计和实施的基本能力。

对非信息管理专业，MIS 将培养读者成为企业 MIS 项目开发的配合者、使用者(与纯技术系统的开发使用者不同)，甚至决策者。读者今后将成为企业 MIS 的密切相关者，应该较深入地了解 MIS 的项目开发策略。

MIS 课程对研究生的要求将更强调管理与组织，更深一步地认识到信息技术和信息系统如何正在改变企业的组织结构和经营与管理方式。

三、MIS 的地位

MIS 是管理类专业教材中与信息系统最为相关的课程，是管理信息系统、管理科学与工程、工商管理等专业本科生的核心课程之一，是我国 MBA 的核心课程之一。近年来，MIS 已成为管理类专业的最热门的课程之一，开设 MIS 的学校、专业、班级成倍增长，MIS 授课教师和选修学生成倍增长，MIS 在管理类的许多专业中均作为必修课程设置。

近年来，国内 MIS 教材基本上不分信息管理专业和非信息管理专业，但两者都加强了 MIS 项目开发策略的教学。

四、管理信息系统学科基础

信息管理与信息系统学科基础由以下几个部分组成：

(1) 现代管理科学，主要是现代管理的基本概念和原理。

(2) 现代信息科学与信息技术，主要是掌握技术手段的使用。

(3) 现代系统科学与系统工程，主要是提供系统思想和方法。

五、我国管理信息系统学科

MIS 正在形成一门学科，教育部高教司颁布的《普通高等学校本科专业目录和专业介绍》中我国各种专业目前共分为 11 个门类，下设 71 个二级类，249 种专业。在 1999 年的我国本科专业目录中，原有的 MIS、经济信息管理、科技信息、信息学、林业信息管理等 5 个专业合并成为“信息管理与信息系统”专业，作为管理学门类中“管理科学与工程”一级学科之下的一个二级学科：

11	管理学
1101	管理科学与工程类
110102	信息管理与信息系统

根据有关方面 1999 年 11 月统计，按照这样的变更，全国现在已有 151 个全日制高等学校(包括清华大学、中国人民大学、复旦大学等)均设有此专业，港台地区的高校把 MIS 专业称为资讯系统(Information System)或资讯管理(Information Management)专业，香港几所大学和台湾 20 多所大学均有该专业。

有人说金融学、会计学、市场学、财务学等专业是现代化专业，而国际商务、国际贸易等专业是国际化专业，我们说 MIS 是未来化专业，是革新型专业。它所从事的工作在于改造世界，用科学方法和信息技术手段，在金融领域、会计领域、市场领域、贸易领域等从事变革。这种变革将是 MIS 的广阔天地。

该专业的学生将受到更广泛的商业管理和信息技术的训练。该专业的培养目标：掌握经济管理理论、有较好的数学基础、较强的计算机应用能力的系统分析员、系统设计师、项目开发组织和管理人员、信息部门主管、信息系统管理人员。学生毕业后可从事与信息系统有关的管理、金融、会计、市场、贸易、投资等领域的工作。

六、国外管理信息系统学科

MIS 专业在美国有不同的专业名称：MIS、信息系统、信息管理与信息系统、商业计算机信息管理、管理、会计和 MIS、商业分析和研究等。

根据权威的 Peterson's 丛书(报考研究生的专业分类介绍)，MIS 专业属于工商行政与管理类(Business Administration and Management Section)。MIS 专业一般设在商学院、管理学院、工商行政管理学院。

美国 MIS 专业培养目标：学生将被培养成系统分析员和系统设计员，从事以计算机为基础的信息收集和分析工作，将在商业和政府部门从事与信息有关的专业工作，解决实际的商业问题，这些问题将涉及财政、金融、会计、保健、房地产等。

MIS 专业的学生必需具备如下的知识：程序设计、数据处理、系统开发方法、专家系统、人工智能、决策支持系统、数量模型技术、计算机用户的支持与管理、信息系统管理以及有关商业领域的课程。MIS 毕业生一般都有良好的社会需求。

近年来，国外 MIS 教材技术性内容减少，管理策略性内容增加。

1.2 数据与信息

一、数据

数据(Data)是信息系统的基本概念和计算机系统要处理的基本对象之一。数据是记录下来可以被鉴别的符号，可以通过语言、文字、符号、图形、声、光、电、磁、味道等来记录客观事物的存在状态。数据项可以按使用的目的组织成数据结构。

数据本身没有意义，它是对事实、概念或指令的一种特殊表达形式，它存储在媒介物上，数据可以被人工或自动化装置进行加工、处理及通信。数据可能不被人们所理解。

二、信息和数据

1. 信息

信息具有“新鲜”和使人“震动”的感觉，信息可以减少不确定性，信息能改变决策期望收益的概率，信息可以坚定或校正对未来的估计等。

信息系统中常用的信息可以定义如下：信息是经过加工后的数据，它对接收者的行为能产生影响，它对接收者的决策具有价值。

【例】 行驶着的汽车的里程表上的数据不是信息，只有当驾驶员看了里程表作了加速或减速的那个数据才是信息。

信息是对数据经过解释或处理后，对人们的行为能产生影响并赋予一定意义的“数据”。信息来源于数据。数据是装载信息的物理符号。同一数据，对于不同背景的人来说，有可能得出差别很大的不同信息。

可以比喻数据是原料，而信息是把数据经过有关加工后所得到的产品。

一个系统的产品可能是另一个系统的原料，一个系统的信息也可能成为另一个系统的数据。例如，派车单对驾驶员来说可能是信息，而对公司的副总经理来说，它只是数据。

2. 消息

消息是信息的具体反映形式，它通常可以被人们理解，但理解的程度可能不同。信息附载在消息上，信息是消息的理解，消息往往具有一定的整体性。接收、传递信息，实质就是接收、传递含有信息的消息。

【例】 一求助者向路人扔一个纸条，上面写 110，这是数据。路人理解此求助者需要帮助，并立即报警，此时经过理解后的 110 即为信息。

【例】 报纸上刊登一则消息：根据天气预报，7、8 两个月，长江流域要降大雨。我们由此得出信息，长江流域 7、8 两个月可能有洪水，需要抗洪。

3. 信息量

信息量的大小是由消除不确定程度来确定的。例如给出某人的姓名、年龄和出生年月，比单纯给出姓名有更多的信息量，因为它消除了更多的不确定性。

在信息论中对信息量定义时，认为出现一个信号所取得的信息量与出现该信号的概率成反比。因此，当出现一个必然事件时，信息论认为没有收到任何信息，或者说收到的信息量为零。当出现一个冷门事件(小概率事件)，信息论认为收到的信息量很大。

4. 信息的分类

按重要性分类：战略信息、战术信息、作业信息等。

按应用领域分类：管理信息、社会信息、军事信息等。

按加工顺序分类：一次信息、二次信息、三次信息等。

按反映形式分类：数字信息、图像信息、光信息等。

在本书的后续部分以及人们的日常生活中，我们不太严格区分信息和数据。

5. 数字地球

美国副总统戈尔于 1998 年 1 月 31 日提出“数字地球”的新概念，并作为国家战略推广实施。“数字地球”是下一代的全球信息基础设施，并以地理和空间位置的概念来整合其他信息。“数字地球”是人类历史上最大的信息系统，其核心思想有两点：用数字化手段统一处理地球问题；最大限度地利用信息资源。“数字地球”可以包容 80%以上的人类信息资源，是未来信息资源的核心，是信息高速公路上的“车”和“货”。

目前的因特网是以桌面的形式进入的，下一代的信息网络则要从地理、空间位置上超越这一点，可能以虚拟的、身临其境的三维方式进入。人们设想把有关地球的大量、多分辨率、三维、动态的数据按地理坐标集成起来，形成“数字地球”。借助于这个“数字”地球，人们无论走到哪里，都可以按照地理坐标了解地球上任何方面的信息。

三、管理信息及其特性

管理信息是管理工作中一项十分重要的资源。企业在运行过程中有资金流、物流、人流，还有信息流。信息流是物质流的表现和描述，也是管理和控制生产过程的重要资源。复杂的信息流是生产社会化的重要标志和组成部分。管理信息有以下特征：

1. 事实性

客观事实是信息的中心价值，不符合事实的信息不仅不能使人增加知识，而且有害。如果用失真的信息进行决策，决策就会失误。

2. 时效性

信息的时效是指从信息源发送信息，经过接收、加工、传递、利用的时间间隔及其效率。如果时间间隔短、使用信息及时、使用程度高，则时效性强。

3. 不完全性

关于客观事实的知识是不可能全部得到的，数据收集或信息转换要有目的，否则只能主次不分。只有正确地舍弃无用或次要的信息，才能正确地使用信息。

4. 价值性

信息是经过加工，并对生产经营活动产生影响的数据，是劳动创造的，是一种资源，也是有价值的。信息的使用价值必须经过转换才能得到，例如获得一份重要的商业情报，生产出一种新产品，并在市场中获得了丰厚的利润。信息的寿命衰减很快，转换应及时。还需注意去粗取精、去伪存真以筛选有用的信息。

信息的价值有两种衡量方法：一种是按所花的社会必要劳动量来计算；另一种是衡量使用效果的方法。

5. 增值性

用于某种目的信息，随着时间的推移可能价值耗尽。但对于另一种目的可能又显示出新的用途。例如某天气预报的信息，预报期一过就对指导生产不再有用。但和各年同期天气比较，总结变化规律却是有用的。信息的增值在量变的基础上可能产生质变，在积累的基础上可能产生飞跃。

【例】 有一位学者把全国每天报纸上刊登的新厂投产的消息收集起来，进行提炼和分析，时间一长就能对全国工业有所估计，原来不保密的东西变成保密的了，原来不重要的信息变成重要的了。

信息的增值性，使我们能变废为宝，从大量的信息中提炼有用的信息。

6. 传输性

信息的传输成本远远低于传输物质和能源。传输的形式也越来越完善，包括数字、文字、图形和图像、声音等。它的传输既快又便宜，远远优于物质的运输。我们应当尽可能用信息的传输来代替物质的传输，利用信息流减少物流，宁可用多传输 10 倍的信息来换取少传输一倍的物质。信息的可传输性加快了资源的交流，促进了社会的变化。

7. 分享性

信息只能共享，不能交换，A 告诉 B 一个消息，A 并没有失去什么。而物质的交换就是灵活的，你的所得，必为我之所失。信息分享的非灵活性，造成信息分享的复杂性。信息只有共享才可能真正成为企业的资源。

8. 可压缩性

信息可以进行浓缩、集中、概括及综合，而不至于丢失信息的本质。信息类似物质中的液化气、压缩饼干。例如，牛顿第二定律可以描述为一个简单的公式 f=ma。

9. 转换性

信息、物质和能源是人类的三项重要的宝贵资源。三者有机地联系在一起，形成三位一体。有物质存在，必有促使它运动的能量存在，也必有描述其运动状态和预测未来的信息存在。一个企业没有材料不能做产品，没有能源不能开工，没有知识和技术也就没有信息，就不能成功生产。三者之间可以互相转化，有能源、有物质就能换取信息，信息也能转化为物质和能源。现在国际上有一种说法："有了信息就有了一切"。

知识是信息的结晶，具有信息的这种性质，"知识就是力量"是信息转换性的一种描述。

【例】 许多企业利用信息技术大大节约了能源：汽车运输企业的合理调度，生产企业合理的下料等都是信息转化为物质。

10. 等级性

管理系统是分等级的，不同级别的管理者有不同的职责，处理的决策类型不同，所需的信息不同。信息也是分成等级的，通常可以把管理信息分为以下 3 级：

(1) 战略信息

战略信息关系到本部门要求达到的战略目标和为达到这一目标所需的资源情况及政策制定。例如新厂设置、新品生产、开拓市场、企业兼并等。

战略信息主要来自企业外部环境，内容比较抽象(宏观)，精度较低，不常使用(使用频率较低)，但寿命较长(较长时间有用)。

(2) 战术信息

战术信息是管理控制信息，管理人员可以利用战术信息来掌握资源的利用，并将实际结果与计划相比较，以了解是否达到预期目的，并采取必要措施更有效地利用资源。例如，月生产计划与完成情况的比较、库存控制等。

战术信息一般来自所属各部门，并跨越各个部门之间。战术信息的特点介于战略信息与作业信息之间。

(3) 作业信息

作业信息用来解决经常性的问题，它与日常组织活动有关，例如班组工人的每日产量、质量、考勤等有关数据。作业信息主要来自企业内部，内容很具体，精度较高， 经常重复使用(使用频率很高)，但寿命较短。

作业级决策大多具有经常性和重复性。而愈接近战略级，其决策愈需要上层管理者运用其经验、判断能力和估计来解决。不同级别的信息在内容、来源、精度、寿命和使用频率上都不相同。

图 1-1 用三角形分层表示不同级别的信息。三角形的下部较大，表示经常性业务的决策对信息的需要量大；三角形的上面，对信息的需要量少，并且抽象。作业级信息大部分来自内部，信息的精度高，使用频率高，使用寿命短；战略级信息反之；而战术级信息则介于两者之间。

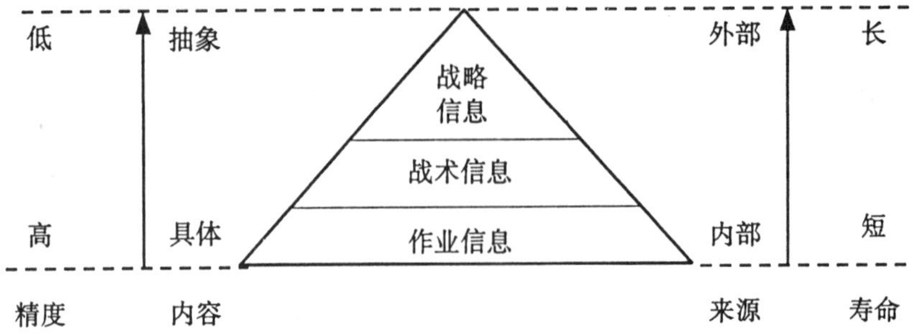

图 1-1 不同级别信息的属性

1.3 信息系统的概念、类型和发展

一、信息系统(Information System)的概念

1. 系统

系统是为了达到某种目的而对一群单元作出有规律的安排，使之成为一个相关联的整体。系统必须在环境中运转，不能孤立，系统与其环境相互交流、相互影响。

2. 信息系统

信息系统的目的是及时地输出和传递决策所需的信息。使用信息系统的人称为终端用户。人们利用现代计算机技术、通信技术和管理技术对企业的各种信息流进行处理汇总，以对企业的各种业务活动有效地管理、控制和决策。这就是一个覆盖企业的产、供、销、市场、库存、计划、管理、预测和控制等职能的信息系统。

信息系统起到了对企事业单位在全局上协调一致的神经中枢的作用。一般来说，企事业单位越大，任务越复杂，它的信息系统成功运行后所带来的经济效益应该越显著。

3. 信息系统的环境

在企业中，信息系统的环境是管理系统，信息系统与管理系统相互影响，相互交流，信息系统的输入来自环境，输出则为了环境。

信息系统是企业参与市场竞争的工具，是促进内部革新的催化剂。

二、信息系统的类型

信息系统就是 MIS，但人们习惯上仍然把信息系统分为作业信息系统和管理信息系统（MIS）两大类。

1. 作业信息系统(Transaction Information System，TIS)

TIS 由业务处理系统、过程控制系统和办公自动化系统 3 部分组成，TIS 的任务是有效地处理组织的业务、控制工业的生产过程和支持办公室事务，并更新有关的数据。

(1) 业务处理系统(Transaction Processing System，TPS)

TPS 的目标是迅速、及时、正确地处理大量信息，如产值、产量的统计，工资的计算，成本的计算和库存的记录等。

(2) 远程控制系统(Process Control System，PCS)

PCS 主要指用计算机控制正在进行的生产过程，并确保现有设备和资源充分而有效地利用。

(3) 办公自动化系统(Office Automation System，OAS)

OAS 利用先进的科学技术，使人的部分办公业务活动物化于各种设备之中，并由这些设备与相关人员构成 OAS。OAS 的目的是充分利用信息资源，提高生产效率、工作效率和质量，辅助决策，并达到既定目标。

2. 管理信息系统

管理信息系统包括信息报告系统、决策支持系统、执行信息系统。

三、信息系统的发展

半个世纪以来，信息系统的发展十分迅速。以有色金属行业为例，据 2000 年 10 月的统计，在销售收入占全国工业系统 2.65%的有色金属行业中，70%的国有控股和 50 万元以上的私营企业已经建立了 MIS 系统，60%的已建局域网。MIS 是目前信息化建设的重点，电子商务则是未来的发展方向。

信息系统的发展大致如下：

1. 数据处理系统(Electronic Data Processing System，EDPS，1953～1960)

五六十年代，企业开始运用计算机来进行库存控制、发票管理、工资核算等。传统的 EDPS 较少涉及管理的本质。它以计算机应用技术、通信技术和数据处理技术为主，一般不做任何预测、规划、调节和控制等管理活动。EDPS 用于业务处理、记录登载及业务报告的自动化等工作，其目的在于改进组织内的操作与数据流。经过 EDPS 处理的信息具有详尽、具体、结构严谨、精确和数据量大的特点。

EDPS 主要执行输入、分类、合并、储存、加工、输出和控制功能，以完成对数据的一系列操作过程。它从外界接收数据，并转换为计算机内部的代码，用特定的方法加以组织，以便计算机对其进行运算、储存和检索，并可按照用户的要求显示或打印。

2. 信息报告系统(Information Reporting System，IRS，1961～1970)

信息报告系统是 MIS 的雏形，其特点是按事先规定的要求提供管理报告，用来支持决策制定。当时出现的多种状态报告系统都属于这一类型，其中包括：

(1) 生产状态报告系统。如 IBM 公司生产计算机时，可用于监视每一个元件生产的进度。

(2) 业务状态报告系统。如能够反映库存数量，并具有报价功能的库存管理子系统。

(3) 研究状态报告系统。例如美国的国家技术信息服务系统(NTIS)能提供技术问题简介、有关研究人员和著作出版等情况。这个系统自动完成了30万份报告。

IRS属于早期的MIS，它不能有效地支持预测和决策，所以不能称为完善的MIS。

3. 决策支持系统(Decision Support System，DSS，1970～1980)

IRS主要为管理者提供预定的报告，并解决结构化的决策问题。而DSS则是在人和计算机交互的过程中帮助决策者探索可能的方案，成为管理者决策所需要的信息，并支持决策者解决半结构化、非结构化的决策问题。

近20年以来，信息系统技术有了如下的新发展：

(1) 办公自动化系统(Office Automation System，OAS)

OAS是20世纪80年代随着微机系统、网络技术等的发展而产生的一种信息系统。它从技术角度为自动化办公提供了支持，用于解决一些机关单位办公室中的日常工作和事务。

OAS的具体功能包括文字处理、数据处理、图像处理、声音处理和网络功能等。其中电子会议系统可以通过卫星把不同城市和国家的会议室联系起来，以便人们讨论问题。

常用的办公自动化设备包括：计算机、打印机、传真机、复印机、光电阅读器、扫描仪、有线电视、微缩胶片阅读机、数字式投影仪等。OAS主要以解决非结构化问题为主，侧重在技术手段和工具设备上处理问题，而在模型、规律和方法上研究得较少。

(2) 执行信息系统(Executive Information System，EIS)

EIS又称总裁信息系统，是专供高层决策者使用的系统。它提供对信息和报告的快速、及时和直接的访问。EIS具有图形支持、例外报告和“细查”的能力。EIS综合了信息报告系统和DSS的许多特征，但其结构、原理又与上述信息系统不同。其特点是：

数据调用方便，只要按少量键，便可控制整个系统的运行。

使用图表显示整个企业和各基层运营情况，并对存在问题和异常情况及时报警。

EIS操作者无需通过交互方式参与或讨论解题过程。

系统开发不涉及尚待研制的新技术课题，因而易于实现。

美国SAS Institute Inc. 提供Data Warehouse和DSS解决方案，SAS系统也是全球销量最大的EIS。据资料介绍，SAS已被用于120多个国家和地区的30 000多个机构中，直接用户超过350万人。

(3) 战略信息系统(Strategic Information System，SIS)

SIS是一种把信息技术作为实现企业战略目标和竞争武器主要手段的信息系统。其应用扩大到企业外部环境，目的是用来支持企业战略，SIS是企业的一种新型战略武器，它的出现对企业的生存和发展影响重大。

20世纪70年代以前人们强调计算机软、硬件技术，人们称为“计算机时代”，信息系统主要在企业内部支持业务处理、管理、控制和决策。20世纪80年代强调计算机信息技术，称为“信息时代”。信息技术由计算机、自动化和通信三类高技术组成。信息时代出现的战略信息系统，其目的是支持企业战略。

开发SIS的关键是搜索并确定企业战略机会。引导规划人员系统地考虑和论证可能的战略机会，不致于遗漏可能的战略机会。

EIS和SIS有很多重合的部分。

4. 专家系统(Expert System，ES)

人工智能(Artificial Intelligence，AI)属于计算机科学领域，其目标是发展有思想的计算机。ES 是 AI 的一种实际应用，并运用基于知识和推理的机制去解决某个应用领域的复杂问题。

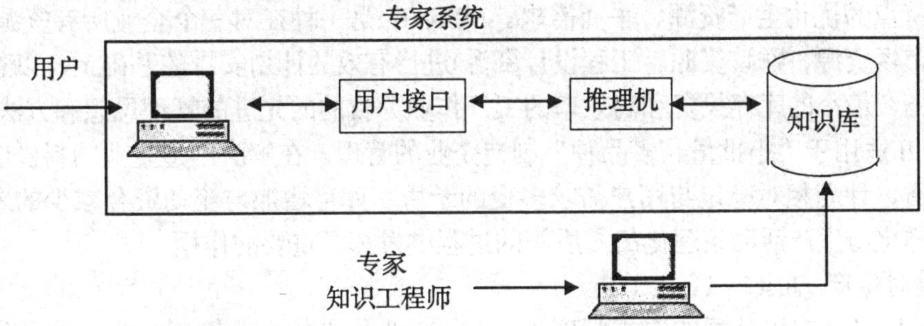

图 1-2　专家系统的组成

专家系统可以解决的问题：专家看病、培训、法律咨询、银行信贷风险顾问，在管理方面可以解决产品选择、作业计划、质量保证、仓库管理、成品发运路线的确定、定价等方面的问题。图 1-2 表示了专家系统的组成和原理。专家系统首先通过交互过程接受用户问题，然后运用知识库中的知识进行推理，直至导出问题的解。

知识库通常由知识工程师建立，但也可由专家自己利用一些专家系统开发工具来完成。专家系统发展的一种趋势是把专家系统集成到 DSS 中或其他信息系统中去。例如 ES 和 DSS 集成为智能决策支持系统(IDSS)，ES 和 IS 集成为一种具有专家判断能力的 EIS 等。

5. 计算机集成制造系统(Computer Integrated Manufacturing System，CIMS)

下面先介绍几种相关的信息系统和现代管理方法。

(1) 计算机辅助设计(Computer Aided Design，CAD)

CAD 技术最早应用于交互式计算机绘图，后来用于绘制二维图形。

20 世纪 70 年代初期，CAD 研究人员开始探讨用计算机直接描述三维物体的有效方法，即三维制造技术，由此诞生了计算几何(就是几何外形信息的计算机表示、分析和综合)学科。随后，线框造型、曲面造型、实体造型等描述物体三维模型的造型方法也就由此应运而生。

(2) 计算机辅助制造(Computer Aided Manufacturing，CAM)

CAM 的关键技术之一是数控技术，其产生要早于 CAD 技术。20 世纪 70 年代，随着机床控制理论的不断完善，数控成为一种成熟的自动化技术，人们注重于数控技术在 CAM 中的应用。CAD 技术和 CAM 技术逐渐融合，到 20 世纪 80 年代出现商品化的 CAD/CAM 集成系统。

(3) 物料需求计划(Material Requirement Planning，MRP)

20 世纪 60 年代，物料需求计划（MRP）产生，特点是利用计算机解决生产中物料（原材料、外购件、外协件等）的缺件和库存积压问题。其基本原理是：根据销售预测和订货情况制定出生产计划，利用计算机将未来各时段内的产品需求按产品结构分解为零部件需求计划，以作业指令推动采购部门购买所需的材料。通过管理控制来保证生产所需的原材料数量，并有效地降低物料的库存，从而降低生产成本，加快资金周转。

(4) 制造资源计划(Manufacture Resource Planning，MRP II)

20 世纪 80 年代，MRP II 在 MRP 的基础上发展起来，并在发达国家制造企业中开始采用。其特点为优化生产资源、平衡需求。MPR II 是一种在对一个企业所有资源(包括生产资源、市场资源、财政资源、工程设计资源)进行有效的计划安排的基础上，以达到最大的客户服务、最小的库存投资和高效率的工厂作业为目的的先进的管理思想和方法。

MRP II 适用于“小批量、多品种”制造企业的管理，在解决制造企业物料供应与生产计划的矛盾、计划相对稳定与用户需求多变的矛盾、库存增加与流动资金减少的矛盾、产品品种多样化与生产活动条理化的矛盾等的过程中发挥了重要的作用。

(5) 准时生产 (Just In Time, JIT)

JIT 是以日本丰田公司的看板管理(KANBAN)为代表的企业管理方法。追求的目标是零库存，实现“准时制”生产，即在需要该零部件时，刚好把它生产出来并送到需要的地点。表 1-1 描述了看板管理和制造资源计划在管理原则上存在的重大差别。

表 1-1 KANBAN 与 MRPII 的比较

内　　容	KANBAN	MRP II
库存	库存是一种不利因素，应尽量减少	库存是一种资源，是预防的未来一些不确定的因素必须的
批量	为生产立即需要的数量	用某种公式计算批量
生产准备时间	尽可能少	要求不严格
在制品库存	取消等待加工队列	是一种需要
供应商	合作者	有矛盾的甲乙两方
质量	废品为零	允许有废品
设备维修	预计计划内维修	设备维修是必要的
提前期	越短越好	尽可能长
工人	素质要求高	按法规办事

从两者的比较可见，实行 JIT 生产需要以下条件：

① 它适用于以流水线生产方式的企业管理，不适合于单件、小批量生产。

② 企业生产秩序稳定，全面按科学的方法指导生产。实行工序质量控制，保证不合格的零件不往下道工序传递。

③ 企业内部制造、检验及运输的合理化。

④ 设备、工装精度良好，保证加工质量的稳定、良好。

⑤ 建立以生产工人为主体的管理体系，保证一线工人百分之百的时间在从事生产。

(6) 最优化生产技术(Optimized Production Technology, OPT)

OPT 是近几年提出的一种新的管理思想，OPT 提出了一种新的均衡编制与生产方法，与传统的强调生产作业优先级的确定、能力计划的编制等的管理方法不同，OPT 强调物流的优化。正确认识到影响制造系统产出率的瓶颈环节，通过优化瓶颈环节的物流，提高制造效率，并对所有支持瓶颈环节的排序计划的工作环节排序。其思想主要有以下几点：

① 追求物流平衡，而不是能力平衡。

② 非瓶颈资源的利用水平不仅取决于自己的潜力，还由系统中的一些约束来确定。

③ 进行生产，并不总是等于有效地利用了资源。

④ 在瓶颈资源上损失了 1 小时，就等于整个系统损失了 1 小时。

⑤ 在非瓶颈资源上节约 1 小时，并没有多大的意义。

⑥ 瓶颈环节决定了系统的产出和库存。

⑦ 传输批量并不总是等于加工批量。

⑧ 加工批量应当是可变的，不是固定的。

⑨ 同时考虑系统的所有约束条件，才能确定优先级。

OPT 方法的运用可大幅度减少在制品数量。

(7) 西马克粗计划系统

这是德国罗曼·西马克轧钢制造有限公司在按合同组织生产计划方面形成的一整套针对单件、小批量生产的管理方法。它适用于虽然有类似的产品，但不同的用户有不同的要求，很少有重复生产的环境。它的粗计划系统是包含不同的鉴定、产品设计、生产准备、加工装备等在内的网络计划系统，相当于 MRPII 中的生产计划大纲、主生产计划及粗能力需求计划。因而只是管理系统的一部分，其下一级应当与物料需求和车间作业计划相衔接，形成一个完整的闭环系统。

(8) 敏捷制造(Agile)

Agile 是 20 世纪 90 年代兴起的先进制造技术和管理思想。它面向现代企业集团化、虚拟化的需求，其核心在于通过虚拟企业的形式，最大限度地提高资源利用率，充分利用市场机遇，提高企业生产和经营上的敏捷性和适应能力，及时满足市场多样化的需求。

创新能力较强的企业可以通过 Agile 制造，作为动态联盟的盟主，专攻附加值较高的部分，其他企业也可通过参加动态联盟，发挥自身优势，形成规模效益。

Agile 企业的特点：

● 设备柔性。Agile 企业面临的是不可预知的市场环境，为了提高企业的生存能力，必须具备高度柔性的设备以满足不同产品的生产加工要求。

● 组织上的敏捷性。组织上的敏捷性是企业参加敏捷制造的基础。企业必须改变传统的以车间、部门为基础的组织形式，而采用以项目组、独立制造为基础的组织形式。

敏捷性和柔性是有区别的。柔性是指在系统建设之前，就要考虑到以后可能面临的不同环境；敏捷性是一开始就面向不可预知的环境，两者在环境适应性上有着质的区别。

● 高素质综合型人才。敏捷企业对人员素质提出了更高的要求。敏捷企业面向不可预知的环境，要求人员素质能适应不同生产任务的需要。人员的敏捷性要求高素质的综合型人才，以便以此为基础进行虚拟企业的建立与解体，满足不同任务对人才资源的需求。

● 企业的虚拟化。企业的虚拟化是敏捷制造的基本要求，其特点是企业功能上的虚拟化、地域的虚拟化和组织的虚拟化。

CIMS 被称为是 21 世纪的管理系统，是 MIS、CAD、CAM 和 CAPP 集成。CAPP 是指计算机辅助过程控制(Computer Aided Production Process)，如图 1-3 所示。

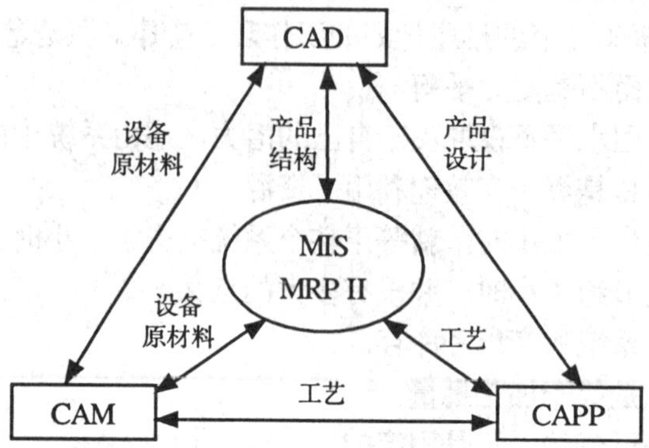

图 1-3　CIMS 结构

CIMS 利用计算机软硬件、网络、数据库等现代高技术，将企业的经营、管理、计划、产品设计、加工制造、销售及服务等环节和人力、物力等生产要素集成起来，使之一方面能够发挥自动化的高效率、高质量，另一方面又具有充分的灵活性，以利于经营和管理。根据不断变化的市场需求及企业经营环境，灵活及时地调整企业的产品结构及各种生产要素的配置，实现全局优化，从而提高企业的整体素质和竞争能力。

CIMS 可以达到设计、制造和管理过程的自动化。MRP II 是企业建立 CIMS 的第一次集成——管理信息集成，而 CIMS 则是实现更高层次上的第二次信息集成。

CIMS 的主要功能如下：

● 通过 CAD 完成产品设计，提供产品技术参数、图纸、建立零件数据库和产品结构数据库，构成一个联合设计环境。在产品设计中还用专家技术与仿真技术。

● 通过 CAM 和 CAPP，完成产品的工艺分析与设计，建立工艺参数数据库，进行零件加工制造，直至最终产品。在这些过程中，还可以用到成组技术(GT)、柔性制造技术(FMS)和计算机辅助测试(CAT)等技术。

● 通过 MIS 对生产过程中的信息进行管理，制定生产计划、物料需求计划等，把技术管理、生产管理、销售管理、财务管理等结合起来，进行生产调度。即 MIS 把企业的人、财、物、产、供、销、储方面的信息管理起来，保证生产活动的顺利进行。

CIMS 是建立企业现代化生产管理模式的手段，其核心是实现信息及数据管理的集成，即集成、管理和应用企业的组织机构、产品设计、生产制造、经营管理等各个环节的数据，支持系统集成的各部分应用。CIMS 是未来工厂自动化的模式，其应用对象是离散型的制造业；但现在，CIMS 已向连续及半连续生产类型的企业如化工、石油、烟草、造纸、冶金、纺织、食品、玻璃等行业扩展。

6. MRP III

MRP III 概念最初由国际商用计算机公司(IBM)提出，其目的在于寻求 MRP II 与 JIT

的有机结合。图 1-4 是 MRP Ⅲ 的结构图。

MRP Ⅱ 要求企业按计划来配置资源，整个物流在计划的驱动之下，因此 MRP Ⅱ 又被称为“推动式”管理。JIT 源于日本丰田公司开创的精益生产方式(Lean Production)，它要求根据市场来决定生产什么、何时生产、生产多少。因此 JIT 的物流更像是市场在拉动，故被称为“拉动式管理”。

MRP Ⅲ 是一种管理方法，通过合理统筹，全员参与，杜绝一切浪费，以使顾客满意，取得竞争优势。MRP Ⅲ 应充分吸收 MRP Ⅱ 和 JIT 的思想和技术。

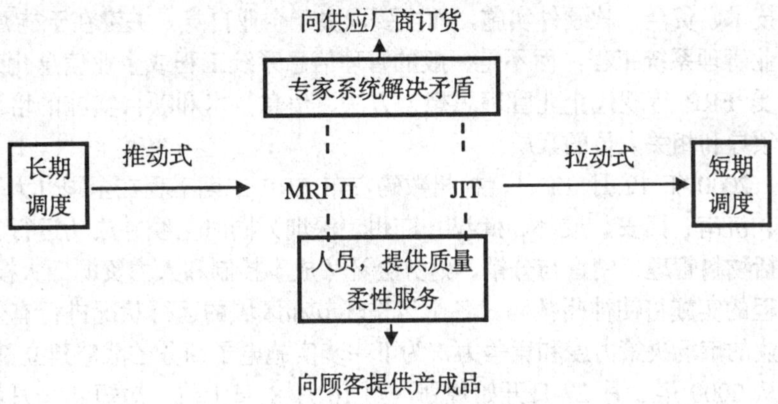

图 1-4 MRP Ⅲ 结构

7. 企业资源计划(Enterprise Resource Planning，ERP)

20 世纪 90 年代，贯穿企业运营各个方面和部门的 ERP 产生，主要是优化企业结构，充分利用一切市场资源，快速高效地生产经营。其特点如下：

(1) ERP 是 MRP Ⅱ 的进一步发展，它具有新的结构，对资源的管理已不局限于企业内部，把供应链内的供应商，客户的需求和企业内部的制造活动以及制造资源整合在一起，体现了按照用户需求制造的思想。

(2) ERP 是一种面向企业供应链的管理，它将企业的制造流程看作一个紧密连接的供应链（Supply Chain），可对所有环节进行有效的管理，包括：定单、采购、库存、计划、生产制造、质量控制、运输、分销、服务与维护、财务管理、人事管理、实验室管理、项目管理等，并支持集团化、跨地区、跨国运行和竞争。ERP 将企业各方面的资源充分调配和利用，促使企业在激烈的市场竞争中发挥足够的能力，取得更好的经济效益。

美国的 Martin Christopher 教授说：今后公司之间的竞争就是供应链对供应链的竞争（It is no longer company competing against company , but rather supply chain against supply chain）。

(3) 在 ERP 中，原 MRP Ⅱ 系统中对制造环节的管理只是 ERP 中的一个子系统，MRP Ⅱ 的功能在 ERP 中变得更加灵活。例如，作业流程将和能力计划、进程管理集成起来，以便使 MRP Ⅱ 增加实时特征，减少作业批量和转换时间。

(4) ERP 要求系统具有图形界面(GUI)、关系数据库结构、浏览器/服务器体系、面向对象技术、开放和可移植性，4GL和用户开发工具等。

现在ERP系统的讨论又增加了狭义与广义之分，其中广义的讨论Internet与ERP、E-Commerce(电子商务)、CRM(客户关系管理)、SEM(企业战略管理)、DEM(动态企业建模)、SCM(供应链管理)等概念，这些将成为企业的重要内容。

近年来，ERP与企业流程重组(Business Process Reengineering，BPR)相结合，打破旧的管理结构，对企业的总体结构、组织、流程及所有的环节进行考察和重建，建立新的管理程序，真正实现其合理化和现代化。

ERP引入我国已近20年时间了，但在我国应用成功率不高。ERP在我国应用的成败并不取决于技术、资金、软硬件实施，而主要取决于企业自身。关键在于能否认识ERP项目是一个企业管理系统工程，而不是一般的管理信息系统工程或企业信息化建设工程；能否系统地接受ERP等现代企业管理思想、方法、信息技术和项目实施的培训教育，并提高企业主要领导和相关人员的素质。

【例】 2000年12月13日，神州数码宣布ERP二期工程在全国九大平台（沈阳、上海、南京、济南、西安、成都、武汉、广州、深圳）同时上线并成功运行。这次实施的业务模块包括物料管理、销售与分销、财务会计/成本控制和人力资源四大模块。

二期工程的实施将使神州数码对各个运作环节和区域的运行状况进行有效的管理与监督，提高企业的市场决策力度和竞争力，为下一步实施电子商务的战略建立基础。

该项目从2000年5月27日开始规划，到10月8日上线，短短4个月就全部成功上线，工程的优质实施获得了SAP公司的好评。

【例】 红塔集团是中国最大的烟草企业集团，其信息化的重点在ERP和电子商务。2000年11月，红塔集团投资上亿元引进了全球著名企业管理软件供应商SAP的mySAP.com软件，建设集团ERP系统。一期工程预计2001年10月完成，包括：物料管理、销售与分销、财务管理、管理会计、生产计划与控制、工厂管理等模块。二期工程将着重实现质量管理、项目管理、投资管理等所有内部运营环节的资源优化。

1.4 电子商务系统

一、电子商务(E-Commerce)

电子商务始于20世纪90年代，目前关于E-Commerce市场前景的预测每过几个月就要更新一次，前景光明。图1-5是MIS及相近的发展分支。

电子商务指利用包括Internet、Intranet、LAN等不同形式的网络，进行各种商务活动，包括企业与企业之间，企业与消费者之间。如市场分析、客户管理、商品管理、资源调度、虚拟商城、企业决策等。有的也称为电子商业（E-Business）。

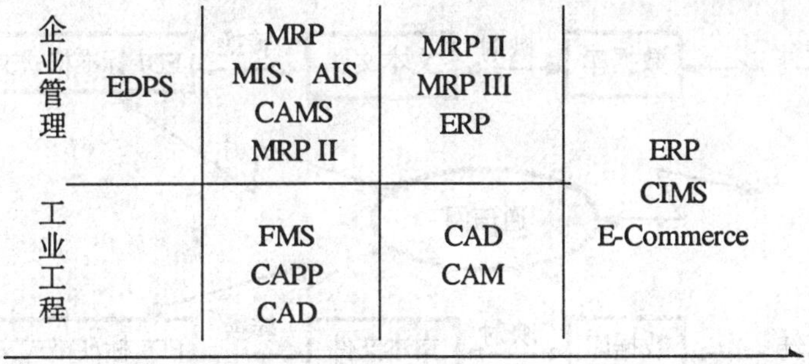

图 1-5　MIS 及相近的发展分支

电子商务基于 Internet，支持企业经营的产、供、销、人事、财务等全部活动的自动化。电子商务强调创造新的商机，以较少的投入获得较高的回报，创造商业价值。

IBM 公司对电子商务的定义：电子商务是通过互联网技术对关键的商业过程进行转化。IBM 认为电子商务更多地考虑商业而不是技术。电子商务不是重新创建企业，它是要使现有的企业运作更加合理，提高运作效率，并使企业在竞争中具有更大的优势。要注意考虑核心商业过程中的哪几部分是最适合、最需要转化为电子商务。

二、电子商务系统

电子商务系统是一个复杂、综合的信息系统，它涉及通信技术、计算机技术、信息系统技术、安全保密技术、金融、管理、商业等领域。

电子商务系统是信息系统发展的结果，是企业内部信息系统和 Internet 站点的集成。电子商务系统也需要开发方法的指导。电子商务系统的开发体系正在迅速的发展中。

电子商务系统的基础是电子数据交换（EDI）。EDI 是企业之间业务往来的交易文件用标准的格式以电子方式在计算机之间自动进行传送。商业交易文件包括订单、发票、运单、采购单和银行对账单等。

在国际贸易中，商业交易文件还包括报关单、商检证明和保单等。过去，这些交易文件依靠邮寄及人工处理，周期长，效率低。使用了 EDI 后，交易文件只需在起源企业一次性地输入计算机，并转换为标准格式，然后通过计算机通信网络传送至异地的贸易伙伴的计算机，再转换成企业计算机系统所采用的格式，这样就可以直接在计算机上作交易文件的处理。EDI 的工作原理见图 1-6。

EDI 是一种跨地区跨组织的系统，并制定出各方认可的交易文件的标准格式，即 EDI 文件标准。只有对交易双方的所有商务交易文件内容、次序、格式与语法都加以严格规范的定义，得到双方认可，才可保证文件传输正确性，并为彼此所理解，达到资料交换的目的。EDI 可以免去重复劳动、减少工作量、提高交易文件传输速度、减少差错、实现无纸交易、显著地降低交易成本。使用 EDI 对增强企业与供应商及客户之间关系，提高企业的市场竞争能力，改变企业的形象都具有重要的作用。

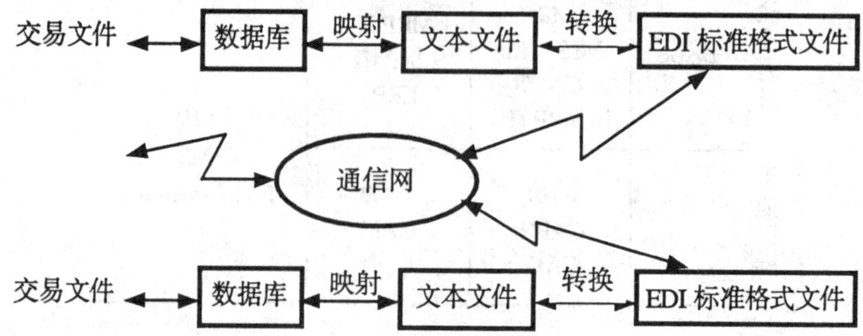

图 1-6 EDI 的工作原理

EDI 是发展电子商务的技术基础，电子商务另外还包括售后服务、销售活动、电子支付（电子资金转账、电子支票、电子现金等）、运输（商品包装管理、发送管理、运输跟踪）和组建虚拟商店等。

电子商务系统的功能具体如下(每个企业不可能一步实现全部功能，但从长远规划来看，要实现全部的功能)：

(1) 生产制造管理。集成销售信息，根据订单制定生产计划，进行生产运作，保持生产成本最低。

(2) 后勤管理。管理来自供应商和发向客户的实际物流，包括采购和订货管理、发货、库存管理、仓库管理。

(3) 财务管理。管理和供应商、顾客以及金融中介的财流，包括总分类账管理、应付和应收款管理、账单管理、预算和资产管理。

(4) 营销管理。客户资产管理、销售支持(订单处理、支付处理)、售前售后服务和信息反馈、广告发布、市场调研和战略，从这一模块中获取有关需求信息，从而更好地理解市场和顾客需求。

(5) 人力资源管理。工资管理、时间和劳动力管理、收益分配、退休金管理。

上述功能有些是通过企业内部网实现的，有些是通过 Internet 实现的，两者有效的集成才是企业完整的电子商务系统。

构成电子商务系统的 4 个步骤：转化核心的商业运作过程；构建富于弹性与扩展性的电子商务应用；实现一个规模可大可小，既有效又安全的运行环境；协调处理用户从电子商务系统中得到的知识与信息。

企业电子商务系统任务的确定是基于企业的经营分析，对电子商务在企业应用的范围和电子商务应用的目标，结合本企业的价值链（Value Chain）或供应链(Supply Chain）模型提出完整的电子商务的功能。但是，每个企业性质不同，有制造业、零售业、批发业、银行业、广告业等，因此，每个企业的电子商务的功能是有区别的，由此可以看到互联网上风格各异的网上商店、网上银行、Web EDI 系统。

供应链是一个业务过程，它用一条链的形式连接了制造商、零售商及供应商，实现产品或服务的制造、传输，目标是通过提供几个组织间业务处理的合作。把制造好的产品从生产线顺利地送到消费者手中，以获得效益。

图 1-7 是供应链关系图，从供应链的角度分析电子商务的功能。供应链管理覆盖了从供应商的供应商到客户的客户的全部过程，包括外购、制造、分销、库存管理、运输、仓储、客户服务等。随着涉及的资源和环节的增加，供应链的管理就变得十分复杂。为了实现对供应链的所有环节进行管理，有必要建立供应链集成信息系统。

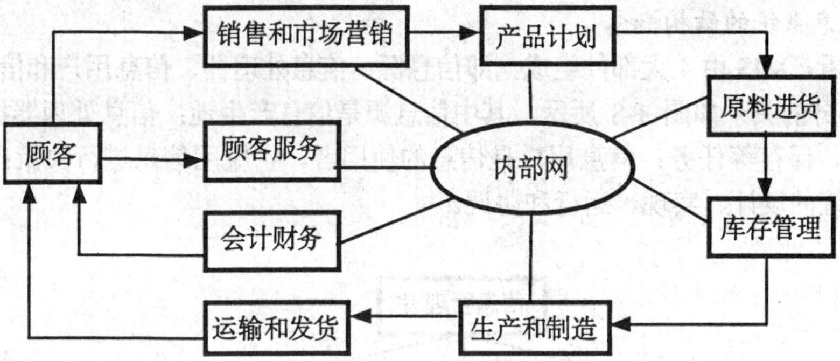

图 1-7 供应链关系

1.5 管理信息系统的特点与结构

一、管理信息系统的特点

MIS 所完成的工作一部分可以代替人的工作，另一部分则为人们提供决策支持。MIS 的特点：采用数据库，数据集中统一；应用数学模型，有预测和控制能力；提供决策支持。

MIS 科学的三要素：系统的观点、数学的方法和计算机的应用，这三点也是管理现代化的标志。

管理信息系统可以分为以下两类：

(1) 专业型管理信息系统

指从事特定行业或领域的管理信息系统，如人口管理信息系统、材料管理信息系统、科技人才管理信息系统、房地产管理信息系统等。

(2) 综合型信息系统

专业性很强的管理信息系统如铁路运输管理信息系统、电力建设管理信息系统、银行信息系统、民航信息系统、邮电信息系统等，其特点是综合性很强，包含了上述管理信息系统的特点，也称为综合型信息系统。

二、管理信息系统的结构

MIS 的结构是指各部件的构成框架，它大体上包括概念结构、功能结构、软件结构和硬件结构。下面仅对前两种结构加以说明。

1. 管理信息系统的结构概念

从概念上看，MIS 由 4 大部件组成，即信息源、信息处理器、信息用户和信息管理者。这 4 个组成部分的关系如图 1-8 所示。其中信息源是信息产生地；信息处理器担负着信息的传输、加工、保存等任务；信息用户是信息的使用者，它应用信息进行决策；信息管理者负责信息系统的设计、实现、运行和协调。

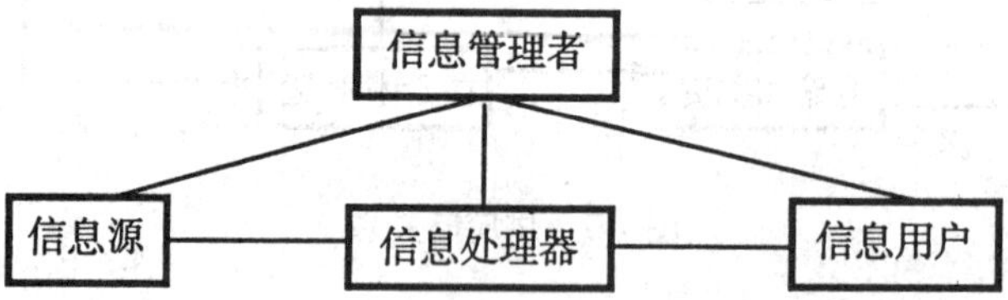

图 1-8 管理信息系统的概念结构

按照 4 大部件及其内部组织方式，可以把 MIS 分为以下各种结构：

(1) 根据各部件之间的联系可分为开环和闭环结构。开环结构又称无反馈结构，系统在执行一个决策的过程中不收集外部信息，不根据信息情况改变决策，直至产生本次决策的结果，事后的评价只供以后的决策作参考。闭环结构是在过程中不断收集信息，不断送给决策者，不断地调整决策。实际上最后执行的决策已不是当初所计划的决策。

(2) 根据处理的内容和决策的层次，可以把 MIS 看成图 1-9 所示的金字塔式结构。

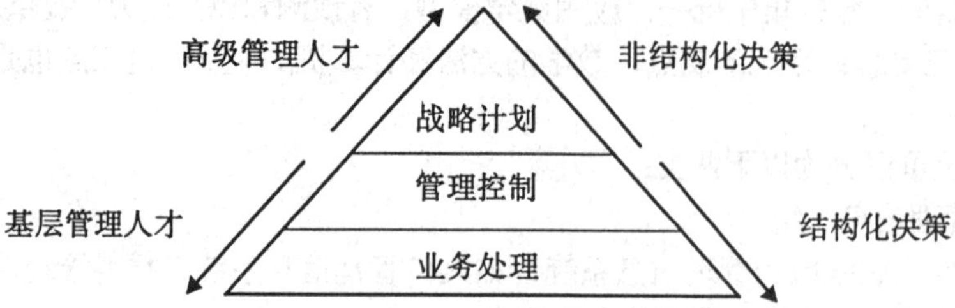

图 1-9 金字塔的管理信息系统

组织管理是分层次的，为它们服务的信息管理也应分层次。下层的系统处理量大，上层的处理量小；底部通常为结构化的处理和决策，顶部则主要为非结构化的处理和决策；中层则介于两者之间，主要为半结构化的决策。

2. 管理信息系统的功能结构

MIS 通常有特定的目标，具有多种功能，各种功能之间有各种联系，构成一个有机结合的整体，形成一个功能结构。

下面，以美国 IBM 公司的面向通信的生产信息与控制系统(Communication-Oriented Production Information Control System，COPICS)来说明管理信息的功能结构。COPICS 系统是现代企业 MIS 的雏形，由 12 个子系统组成，如图 1-10 所示。

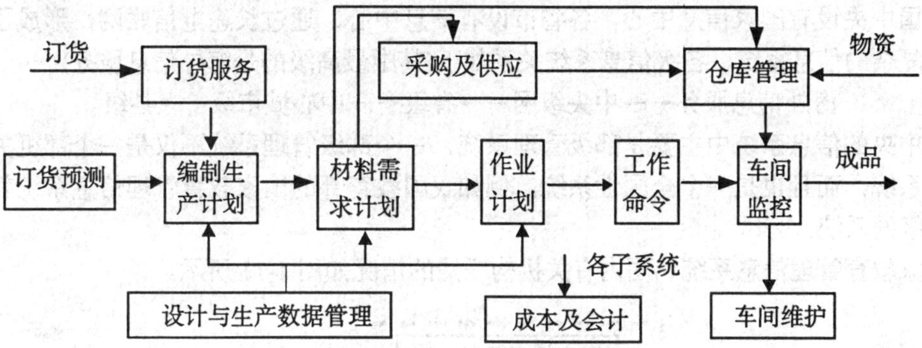

图 1-10 管理信息系统示意图

(1) 设计与生产数据管理子系统：负责产品数据收集、建立和维护材料定额表、图纸技术说明、建立零件目录、辅助设计和制造。

(2) 订货服务子系统：登记与分析合同、监督合同的执行和提供合同信息等。

(3) 预测子系统：主要是预测需求量。

(4) 主生产计划子系统：接受预测和合同任务、计算产品总量、计算设备负荷和模拟计划的执行等。

(5) 库存管理子系统：登记出入库量、计算安全库存和订货提前期、决定订货量、撤销和提出订货要求等。

(6) 制造活动计划子系统：在制品管理、控制生产提前期、制定生产能力计划等。

(7) 开发工作命令子系统：下达工作命令、发出外购零件清单、分配材料和零件等。

(8) 工厂监控子系统：接受车间反馈数据、调整计划、制定出勤计划、生产报告和工资计算等。

(9) 工厂维护子系统：自动安排维修计划、报告维修活动、发出维修命令以及计算维修费用等。

(10) 采购及供应子系统：负责采购、进货及质量检查。

(11) 库房安排子系统：根据物品体积、重量、易损性等决定存放地点，提高仓库利用率、零部件配套、自动化仓库管理。

(12) 成本及会计子系统：包括成本计划、成本核算和资金规划等。

最下面两个系统，一个是设计与生产数据管理子系统，它提供各类定额、设计与工艺数据，为上述各子系统服务。另一个是成本与会计子系统对全部生产过程进行费用控制。

1.6 国家教育管理信息系统简介

我国中央设有国家信息中心，各省市设有信息中心，通过长途电信联网，形成了一个庞大且复杂的信息系统，各级信息系统关系如下(其中最高级的是海外信息服务)：

海外信息服务←→中央级网←→省级←→中心城市级←→县级

在中央的信息系统中主要是部级管理系统，一个部级管理系统不仅是一个部机关的管理信息系统，而且也是一个全国性系统，例如我国教育部的国家教育管理信息系统就是一个部委级的系统。

国家教育管理信息系统和国内有关机构联网的情况如图 1-11 所示。

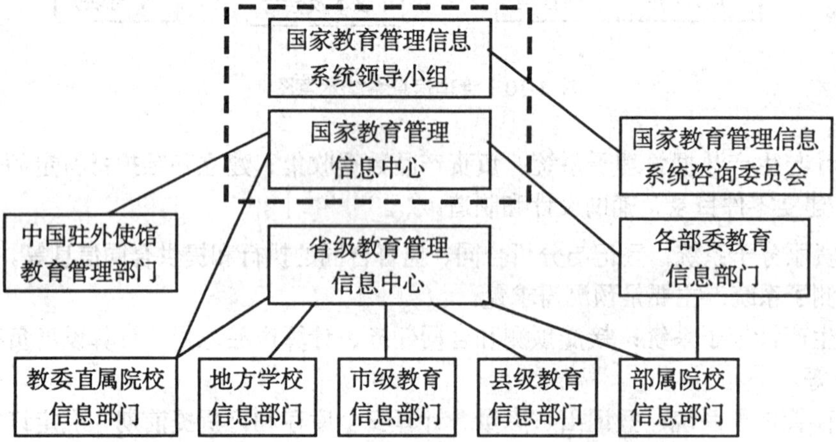

图 1-11 国家教育管理信息系统概貌

国家教育管理信息系统共有如下 16 个子系统：政策研究子系统；预测子系统；规划子系统；计划子系统；统计子系统；评价子系统；干部管理子系统；师资管理子系统；基建管理子系统；设备管理子系统；教材管理子系统；财务管理子系统；学生管理子系统；科技管理子系统；外事管理子系统；外资管理子系统。各子系统相互连接形成一个整体，共同完成教育管理的目标，如图 1-12 所示。

国家教育管理信息系统包括 25 个数据库：国家社会经济信息库；外国社会经济信息库；科技信息库；政策信息库；外国学校、学术团体信息库；学校信息库；地方教育数据库；少数民族教育数据库；基建数据库；设备数据库；财务数据库；外事数据库；外资数据库；专业数据库；教材数据库；学生数据库；规划信息库；重点实验室数据库；评价信息库；领导、干部数据库；高校师资库；专家库；博士生数据库；留学生数据库；年度统计信息库。

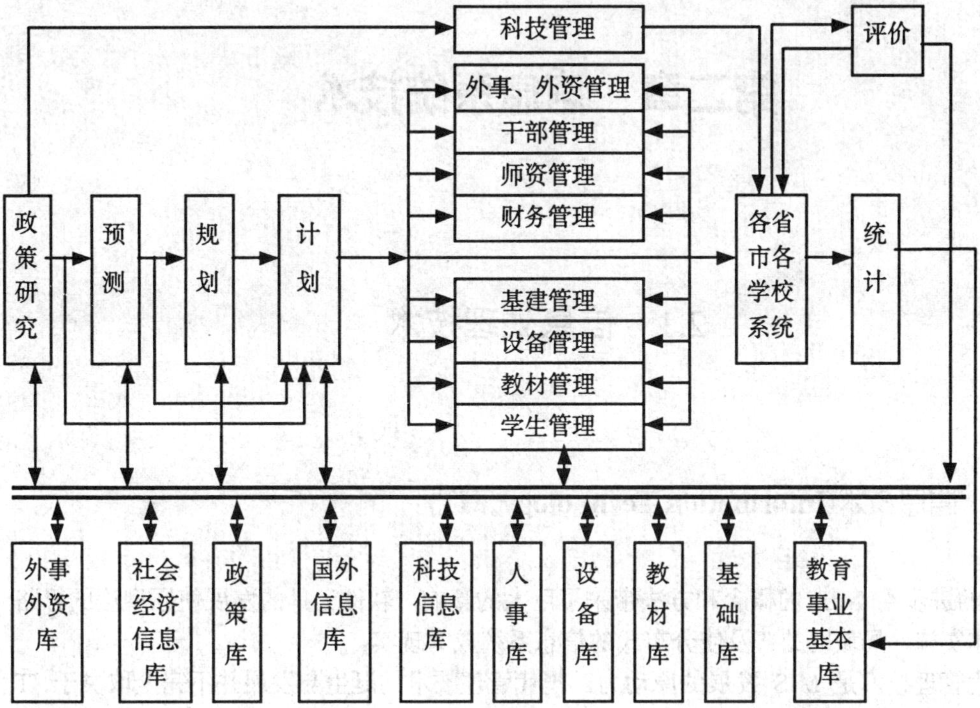

图 1-12　教育管理信息系统子系统连接图

第二章　信息系统技术

2.1　信息处理技术

一、信息技术(Information Technology，IT)

IT 的进步给 MIS 的概念和方法带来了巨大的影响，软件工具的发展使原型法的思路能够具体实施，局域网的普及使分布式的信息系统成为现实。

现代管理技术是 MIS 发展的原动力，现代管理技术的诞生与发展并不完全取决于 IT 的发展，但 IT 的发展大大地推动了现代管理技术的发展。IT 的每一次发展都对企业的经营管理产生巨大的影响，并激励人们改变传统的经营管理方式与方法的愿望。现代管理技术的具体实施已经离不开信息技术，离不开计算机、网络、数据库及一些辅助软件等。

表 2-1 列出了 IT 的每一次发展对企业经营特征的影响。

表 2-1　IT 对企业经营特征的影响

IT	对企业经营特征的影响
办公自动化系统(OAS)	办公事务处理电子化，形成无纸办公环境
全球互联网络(WWW)；电子数据交换，又称无纸贸易	改善了企业的外部环境，使企业内外处理达到一致性，加强了内外联系
电子数据处理(EDP)；数据库管理系统(DBMS)；制造资源计划(MRP II)；管理信息系统(MIS)；计算机集成制造系统(CIMS)	规范过程的自动化系统，加强了大部分处理过程，帮助精简管理步骤，缩短了响应时间，提高了企业运作效率。
计算机支持协同工作(CSCW)	使跨功能过程能更加紧密地结合在一起，使整个企业能以过程为纽带连接成一体
专家系统(ES)	用专家的知识辅助解决企业的决策问题
电子会议技术，电子讨论环境	提供更加实时和科学的讨论、决策环境
工作流程管理软件(Work Flow)	加强工作流程各环境的联系，实现了工作流程的部分自动化处理，为企业构建了过程管理的初步形式

续表

IT	对企业经营特征的影响
Intranet 以广域网和局域网为基础的群件系统(如 Lotus Notes)	消除了企业内部联系的地理限制，扩大了企业过程管理的范围，大力支持了分布式应用
图形用户接口(GUI)	使过程的表达符合人的认识习惯，减少了使用的技术难度，降低了培训费用
客户机 / 服务器技术(Client/Server)	降低了系统成本，增强了系统的可扩充性
浏览器 / 服务器技术(Browser /Server)	具有标准化、良好的扩展性、开放性、分布式、使用简单、突破了传统的 MIS 局限、充分利用资源、广域网支持、安全性好等特点
模型模拟软件，BPR 辅助工具等	使企业应用系统的开发建立在预测、模拟的基础上，增强了其系统性、科学性，降低了风险
群集系统技术(Cluster)，服务器互联	支持完整而安全的分布式应用，提供分布式系统的灵活性和大型机的性能，对大型企业广泛的 BPR 提供强有力的支持，为深层次的 BPR 提供了最佳支持技术

二、信息处理技术

随着计算机应用领域的扩大及信息处理技术与通信技术的发展与结合，信息处理方式多样化了。根据对信息的不同需求和目的，可采用多种不同的信息处理方式。下面将介绍几种常见的基本方式。

1. 批处理

根据系统对用户要求的响应时间长短，信息处理方式可划分为批处理方式和实时处理方式。这里响应时间是指从某数据输入结束至计算机开始输出相应处理结果的一段时间。

批处理方式按一定的时间间隔(小时、日、月)把数据积累成批后一次输入计算机，一起进行集中处理加工。例如，商店每天下班后，把一天的销售结果统一输入计算机，并作一定的汇总工作。也可以处理急于得到处理结果的统计分析业务，例如，每月计算一次工资、掌握不同商品的销售额状况的统计分析业务。

批处理方式操作简便，系统处理效率高，费用较低，但即时性差。

对批处理系统，可以根据把数据输入计算机的方法分为中心批处理、联机批处理等。

(1) 中心批处理

中心批处理是把大量的数据通过各种途径送到计算部门，然后输入计算机进行处理。

(2) 联机批处理

联机批处理把数据直接输入到计算机，需要借助数据通信系统传送所要处理的数据。

(3) 脱机批处理

先通过数据通信系统传送所要处理的数据，再把数据搜集、记录在软盘、磁带等介质中(通过专用的录入设备)，然后再输入到计算机。

2. 联机实时处理

联机实时处理方式对于每个处理请求，系统可以很快的速度响应来自终端的请求，及时回答用户的问题、控制作业或改变过程，并输出所需要的处理结果。联机实时处理的首要条件是响应的即时性。

管理系统中的联机实时处理所需的时间为秒级，而自动控制中所需的时间为毫秒级。

实时处理方式的应用领域非常广泛，例如民航和火车定票、监控系统、窗口询问服务系统、银行信用卡服务系统、信息转接等。实时处理系统仅允许处理已确定的工作或业务。如预定座位系统只办理预定座位服务；银行联机系统只办理银行业务，并保证响应的即时性。

3. 分时处理和会话处理

分时处理可以说是实时处理的另一种形式，它是指多个用户分时利用 CPU 时间的一种方式。在这种处理方式中，通常是把 CPU 时间分割成较短的时间段，然后将这些时间段轮流地分配给各个终端用户作业，每个用户作业的程序每过一段时间便可获得一个时间段，如果在这个时间段内作业还未完成，就等到下一轮再处理，直至作业完成为止。这种处理方式使得每个用户都感到自己独占使用中央处理机，只是速度比起真正独占一台计算机要慢一些。但由于计算机高速运行处理，用户一般感觉不到。

会话处理的主要目的是使计算机和用户协同处理以解决问题。终端用户通过通信线路进行人-机通信，系统以人-机会话方式对用户终端输入的指令即时解释、校对和执行等处理，并发回一个应答，这时用户可根据应答的信息，决定下一步的动作。

分时型和会话型结合的方式提高了计算机处理业务的质量、速度和效率，并增强了系统的灵活性。由于人的动作相对计算机的速度而言很慢，所以在一台计算机上可以使多个用户同时以会话方式处理业务。

4. 远程处理和局域处理

根据系统与用户之间距离远近的不同，信息处理方式可划分为远程处理方式和局域处理方式。

(1) 远程处理

用户不必去信息处理中心，通过通信线路向计算机进行输入信息的作业，在中心计算机上进行批处理后把结果反馈到远程终端设备。远程处理方式发挥了远程处理和计算机的高速化特点，但实时性差。

(2) 局域处理

局域处理方式与远程处理相反，它是指在放置计算机的地方使用计算机的方式。小型计算机系统一般都采用这种方式。

5. 脱机处理和联机处理

在计算机系统中，根据中心计算机的 CPU 是否直接控制外部设备的数据处理，以及数据传输过程中是否需要人工干预，计算机的信息处理方式可划分为脱机处理方式和联机处理方式。

脱机处理方式中，用户与中心计算机的 CPU 是不直接连接的，通过用户的设备把信息收集起来，并记录在存储介质上，再利用通信线路把它传送到中心计算机的某种输入输出设备上。在中心计算机的 CPU 空闲时，再由操作人员从输入输出设备输入到中心计算机进行成批处理，处理结果也以同样方式传送给用户的输入输出设备。这种处理方式系统是在操作员的介入下调用用户的作业进行批处理的，故它需要人工干预。

联机处理是指一台中心处理机，直接或通过通信线路连接多台终端设备和外部设备，并使这些外部设备在直接或通过通信控制软件的控制下进行数据收集和处理。处理结果也直接或通过通信线路传送给终端设备和外部设备的方式。这种方式在数据传送过程中不需要人工干预。

6. 集中处理、分散处理和分布处理

信息处理的集中化和分散化问题是自信息处理技术的机械化以来一直在研究的问题。随着计算机和通信技术的发展水平的不同，系统的集中和分散程度也不同。在计算机系统中，根据处理机配置方式和信息的存储及处理功能的集中程度不同，信息处理方式可分为集中式、分散式和分布式 3 种。

(1) 集中式处理，信息存储、控制、管理和处理都集中在一台或几台计算机上。

(2) 分散式处理方式又分为信息分散和功能分散两种方式。信息分散是指信息存储和信息处理的位置都分散，各应用部门都有各自的目标和运行方式。功能分散是指几个部门或系统共用计算机系统资源，信息也存储在同一台机器上，但却没有总体目标，各系统的信息数据不共享，相互之间无联系。

(3) 分布式处理方式是为了克服集中式方式的缺陷而提出的。这种系统由若干台结构独立的计算机构成，各台计算机也可以有各自的存储器，能独立承担分配给它的任务，这些计算机之间可用通信线路连接在一起。整个系统根据信息存储和处理的需要，将目标和任务事先按一定的规则和方式分散给各个子系统，各个子系统往往都由各自的处理设备来控制和管理，各子系统之间必要时可以进行信息交换和总体协调。在这种方式中，各子系统可以处于平等的地位，也可以有上下的主从关系。

分布式处理系统的主要优点是可靠、经济、灵活；缺点是需要掌握分布程度、管理和维护困难。当前多数的信息系统实际上都兼容了以上几种处理方式。

2.2　计算机硬件与软件

一、计算机硬件

计算机系统由硬件和软件组成，其中硬件是计算机系统的物理装置，是物质基础和核心。组成计算机的基本部件有运算器、控制器、存储器、输入输出设备等。通常由运算器、控制器组成的部分叫中央处理机(CPU)或叫主机。这是计算机系统的核心部分，在任何计算机系统中都是必备的。其他存储器、输入输出设备可由用户根据需要自行选择。这些部件通过系统总线连接形成一个计算机系统。如图 2-1 所示是这些部件之间的联系关系。一个计算机可以有一个或多个 CPU，通常我们说的计算机是指计算机系统，计算机是计算机系统的一个组成部分。

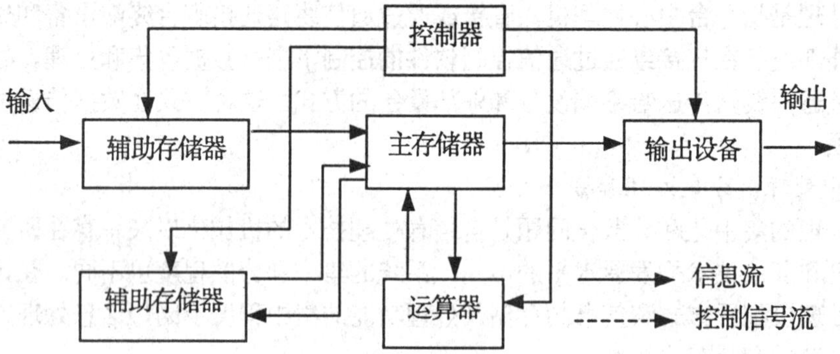

图 2-1　计算机系统

下面对计算机硬件系统的各个部分进行详细说明。

1. 中央处理器(Central Process Unit，CPU)

中央处理机监视和控制计算机的全部器件和系统各类输入输出设备、存储设备以及其他部件之间的输入输出，以完成各项处理功能。它主要由控制器、运算器、寄存器以及时钟等组成。这些器件通过内部总线连接在一起，协调完成各种功能。

表 2-2 中 Intel 公司 CPU 芯片性能进化表代表了整个 CPU 行业的发展进程。

表 2-2　Intel 公司 CPU 芯片性能进化表

芯片	地址总线	内部数据总线(位)	外部数据总线(位)	物理地址空间	工作频率(MHz)	指令执行速度
8086	20	16	16	1MB	5、8	29000 / 3μm
8088	20	16	8	1MB	5、8	准 16 位机
80286	24	16	16	16MB	12、16、20、25	13.3 万 / 1.5μm
80386SX	24	32	16	16MB	20、25、33、40	准 32 位机
80386DX	32	32	32	4GB	25、33、40	27.5 万 / 1μm
80486SX	32	32	16	64GB	20、33、50	185.5 万 / 1μm
80486DX	32	32	32	4GB	33、50、56	120 万 / 0.6μm
Pentium	32 (可扩 36)	64	32	64GB	60、66、90、100、120、133、166	310 万 / 0.8μm

续表

芯片	地址总线	内部数据总线(位)	外部数据总线(位)	物理地址空间	工作频率(MHz)	指令执行速度
Pentium MMX	32	64	32	64GB	166、200、233	450万/0.35μm
Pentium PRO	64	64	32	4TB	150、180、200	550万/0.6μm
P II	64	64	32	4TB	233、266、300、333	MMX、Slot1 750万/0.35μm
P III	64	64	32	4TB	350、400、450、500	MMX、Slot2 800万/0.25μm

CPU芯片性能指标主要有以下几个方面：

● 地址总线宽度

地址总线宽度决定了可供CPU访问的内存总量，例如32位的地址总线支持2^{32}，即4GB的RAM寻址。

● 数据总线宽度

数据总线宽决定了CPU与高速缓存间的数据交换幅度。

● CPU时钟频率

CPU时钟频率是CPU与高速缓存(Cache)、内存(Memory)之间的通信速度。CPU时钟频率可以高于总线频率。

● 浮点协处理器

早期的浮点协处理器独立于CPU，作为选件置于主板上。现在，多数CPU均内置了浮点协处理器，从而加快了特定类型的数值运算速度。

● CPU工作电压

表示CPU运行时的电压，已由原来的5.5V降为3.3V或更低，低电压的CPU更适合便携机和“绿色电脑”。

(1) 控制器

主要功能有：控制输入输出设备；向主存储器存取数据；解释由主存储器中取出的程序指令；决定主存储器和运算器之间的数据传输路径，安排操作顺序；控制相应的算术逻辑部件执行指令。

(2) 运算器

它是算术逻辑部件的别称。运算器完成计算机的最本质的功能，即做加、减、乘、除等算术运算和与、非等逻辑运算及数据的传输、移位等各项操作。

(3) 时钟

在一个计算机内必须有一个时钟发生器，CPU靠这个时钟信号按一定的规则对计算机系统各部件进行协调，并完成各种控制及处理功能。计算机时钟由一个主时钟和若干个分时钟组成，通常把主时钟的频率叫做主频，它与计算机系统的处理速度密切相关。

(4) CPU 与其他部件的连接

CPU 不仅是计算机系统的指挥和控制中心，也是信息处理的中心。它与其他部件的连接是通过连线完成的。总线也称母线，它是地址线、控制线及数据线的总称。所有外部设备及内存均挂接在该线上，并通过此线与 CPU 连通。

2. 存储器

(1) 存储元件

存储器的种类很多，如超大规模集成电路的半导体存储器，由磁性材料制成的磁盘、磁带，还有利用超导、光盘、电子束等特殊介质制成的存储元件。

(2) 存储器的分类

存储器根据其结构及使用方法的不同可划分为主存储器、辅助存储器、外部存储器、高速缓冲器、只读存储器等。

● 主存储器

中央处理机中可以直接控制读写数据的存储器叫做主存储器，简称主存，又称内部存储器(内存)或处理机存储器。如图 2-1 所示，主存储器是计算机内数据流的交叉点，所有中央处理机和外部设备之间往来的数据流都必须通过主存储器。现在的主存储器绝大多数是由半导体集成电路组成。

主存储器早期使用 DIP(Double In-Line Package)内存芯片，目前多采用 SIMM 内存条(Single In-Line Memory Module)和 DIMM 内存条 (Dual In-Line Memory Module)。内存条有统一的引线标准，按引线的标准分，SIMM 有 30 线、72 线和专用内存条等，而 DIMM 有 168 线和 200 线两种，这些内存的性能指标如表 2-3 所示。

表 2-3　内存性能指标对比

接口形式	引线数	数据宽度		单条容量	最大支持容量
		无奇偶校验	有奇偶校验		
SIMM	30	8	9	256K、1MB、4MB	32MB / 条
SIMM	72	32	36	4MB、8MB、16MB、32MB	64MB / 条
DIMM	168	64	72	8MB、16MB、32MB、64MB	128MB / 条

注意：DIMM 内存条可以单独使用，不同容量的标准 DIMM 内存条可以混合使用，SIMM 内存条则必须成对使用，在配置系统时，DIMM 比 SIMM 灵活。

● 辅助存储器

为弥补主存储器容量的不足而设置的存储器叫做辅助存储器。通用计算机的主存储器的容量往往不能满足有些特定程序的要求，因此主存储器的容量不够时，只把当前要用到的或经常用到的部分存放在主存储器中，而其他暂时用不上的或不经常用到的部分存放在辅助存储器中，必要时先把辅助存储器的内容读入主存储器中再进行处理。辅助存储器和主存储器一样受中央处理机的控制。一般情况下，辅助存储器的容量比主存储器的容量大，但数据传送速度比主存储器慢，如磁盘(硬盘)等。

● 外部存储器

外部存储器是指以计算机能接受的形式存放数据，可以脱机保管，必要时与计算机连接使用的存储媒体。如磁带、软盘、光盘、活动硬盘以及个人专用盘等。

● 高速缓冲存储器

为了解决运算器的算术逻辑电路和存储器的存储单元速度不匹配的问题，有些计算机在中央处理机和主存储器之间设置了高速缓冲存储器。它的容量比主存储器的容量小，但存取速度高。在程序运行过程中，当需要取出指令或数据时，先检查高速缓冲存储器中是否有此内容，若有就从中取出，若没有再从主存储器中取出。

计算机系统的存储部件如图 2-2 所示。

3. 输入输出设备

(1) 输入设备

输入设备根据输入方式的不同可分为以下 3 类：

● 通过以手工方式进行的数据准备工作

把各种数据转换成机器可读的形式，存放在脱机的存储介质上，等到需要处理时输入到计算机设备。如最早开始作为计算机输入设备的穿孔纸带输入机等。还有利用键盘把数据预先录入到软盘或磁带、磁卡上，需要处理时再输入到计算机中。

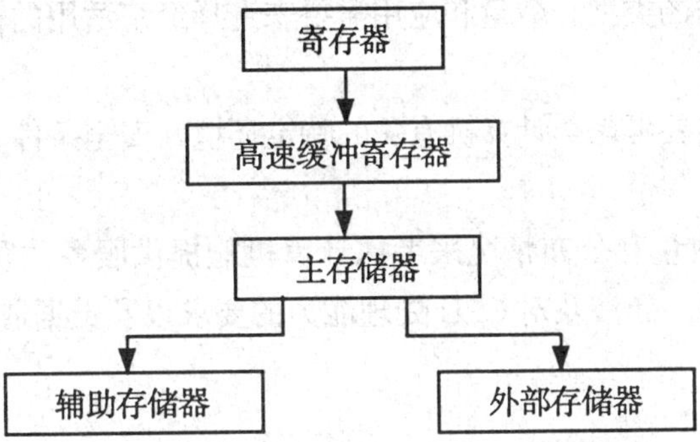

图 2-2　计算机的存储系统

● 不经手工方式可直接输入数据

通过文字符号、图像以及声音等的专用设备，如光学字符识别器(Optical Character Reader，OCR)、磁性字符阅读器、声音输入等设备，把数据转换成机器可读形式的方法。

(2) 输出设备

打印机是使用最广泛的典型的输出设备。目前在市场上销售的打印机有针打、喷墨、激光等，能满足不同用户的硬拷贝输出要求。

显示设备可以把文字、符号及图形显示为可视影像，并进行人-机信息交换设备。通常把显示设备和键盘结合使用。显示设备根据用途可连接光笔、打印机等附加设备。

目前计算机所使用的显示器有多种形式：

按显示屏表面分，有球面、柱面、平面直角、完全平面等多种类型。

按扫描方式分，有隔行扫描和逐行扫描。

按尺寸分，有14英寸、15英寸、17英寸、19英寸、21英寸等。

按点间距分，有0.39mm、0.33mm、0.31mm、0.28mm、0.26mm、0.259mm等。

除了上述输入输出设备外，还有许多特殊用途的输入输出设备，如微缩胶片、X-Y绘图仪、话筒、手输入装置等。

4. 硬件系统的配置

(1) 计算机的处理能力

计算机的处理能力，首先要参考本部门过去数据处理的情况，然后根据现在的实际需要和将来的预测需求来估测。

(2) 存储容量

根据程序量和数据量的估计及数据存取类型，即脱机或联机、顺序的或随机的等来考虑主存储器和辅助存储器的容量。对联机系统而言，主存容量的大小直接影响速度，所以主存容量的选择是关键问题。

(3) 输入输出设备

根据输入输出数据的类型、数量和应用需要来选择经济适用的输入输出设备。

(4) 环境的要求

配置系统时，必须要考虑与计算机有关的特定环境、安全条件、电源和机房场地等。

(5) 联机用户

根据联机用户的数量和分布情况来考虑计算机能提供服务的联机数目。联机用户问题，不仅涉及终端数目，还涉及对CPU处理能力的要求以及数据通信的支持等许多问题。

二、计算机软件

人们常常把软件和程序视为同一概念。广义地应把程序、文档、使用说明统称为软件。其中程序是指用程序语言描述的计算机处理的一系列步骤；文档是指软件开发过程中的计划、编制、测试、维护等文书档案资料；使用说明指用户手册、操作手册、维护手册等。软件通常可分为系统软件和应用软件两大类。

系统软件是用于计算机的管理、维护、控制和运行以及对运行程序进行翻译、注解、装卸等服务性工作的程序的总称。它主要由操作系统、编译系统、实用软件(常用的例行服务程序)和数据库管理系统组成。实用软件是指支持绝大多数用户常用到的例行服务程序，除此之外，实用软件还包括与系统维护、控制、应用有关的一些程序以及开发应用程序时所使用的各种软件工具。

操作系统是对硬件性能进行的首次扩充，是系统软件的基本组成部分，是其他软件运行的基础，是用户与机器之间对话的接口。它是管理计算机硬件、软件和包括计算机用户在内的所有资源的程序集合，是整个计算机系统的控制管理中心。它统一管理计算机资源，合理地组织计算机的工作流程，协调系统各部门之间的关系，以利于发挥系统效率，方便用户利用计算机，提高计算机系统的响应速度。常见的操作系统有 MS-DOS、CCDOS、Windows、UNIX、MVS、OS/2 等。

计算机操作系统只能识别用机器语言编写的程序，不能识别高级语言及汇编语言编写的程序。这些程序要在计算机上执行，必须用语言处理程序把它翻译成用机器语言编写的程序。由这些语言处理程序组成的程序生成系统通常称编译系统。

基本配置的系统软件通常随硬件同时购置，而不必由用户自行开发。操作系统是和硬件同时购置的。其他一些系统软件要由硬件供应商或独立的软件供应商出售，用户可根据需要选购配备。

应用软件是计算机所有应用程序的总称。应用软件根据其应用范围，可分为公用软件和专用软件。通常公用软件指不分业务或行业，公用的软件。而专用软件指专门用于某一类业务或行业的软件。

在计算机系统中，由硬件和各类软件形成如图 2-3 所示的层次关系。在图中，外层软件是在内层软件的基础上，对其功能加以扩充和完善。越到外层，提供给用户的是比硬件功能越强的一个计算机系统。

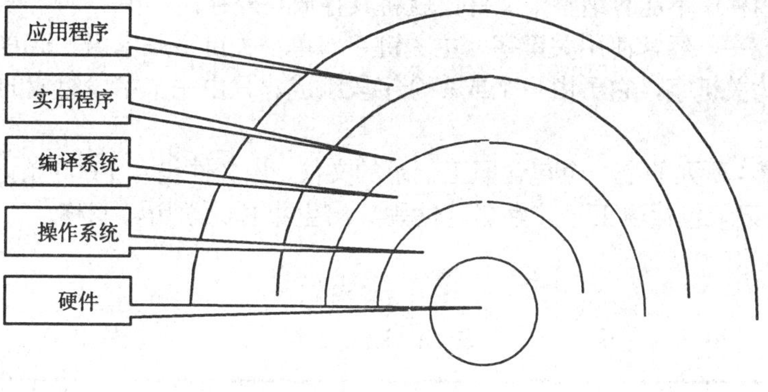

图 2-3　软件系统组成及层次关系

2.3　文件、数据库、数据仓库

为了高效地对数据进行处理，必须把大量的、分散在企业中的各种数据进行组织，以一定的层次对数据存储。数据通常按 4 个层次进行组织，即数据项、记录、文件、数据库。近年来科学家们还提出了数据仓库的概念。

一、数据项(Field)

数据项是描述一个数据处理对象的某些属性。例如数据处理对象是一名学生，则描述他的各种属性有姓名、学号、班级、出生年月、性别等。

数据项与字段的概念相对应，数据项是数据存储的最小单位。

二、记录(Record)

记录是与一个公共标志有关的数据项的集合。例如一个工资系统，其处理对象是全厂的职工，则某职工的职工号、姓名、性别、出生年月、学历等数据项就形成了该职工的记录。公共标志也叫关键字。

记录中各个字段所需的存储空间的总和，就是该记录所需的存储空间。

三、文件(File)

1. 文件的基本概念

为了某一特定的目的而形成的相关记录的集合叫文件。由于文件一般包含很多记录且数据量也大，内存中不能容纳整个文件，就将其存放在外存储器中。

在文件研究中，经常使用关键字、主关键字、单一关键字等术语。通常把能惟一标识记录的字段称为关键字，它可由一个或多个字段组成。只由一个字段组成的关键字叫单一关键字。

例如，表 2-4 所列的是一个包含职工记录的文件，该文件包含 1 000 条记录(即有 1 000 名职工)。职工记录包括职工号、姓名、性别、出生年月、学历、职称、工资等，职工号就是主关键字。

表 2-4　职工文件

职工号	姓名	性别	出生年月	学历	职称	工资
505	王国平	男	1970	大学	工程师	500
432	李鹰	女	1950	大学	高工	800
786	张民	男	1975	大专	技术员	300
645	刘敏	女	1964	高中	工人	250
950	孙刚	男	1972	硕士	工程师	540

2. 文件组织方式

(1) 顺序文件

顺序文件是一种最简单的文件组织方式，这种文件是将记录顺序地存放在外存的一片连续区。如果顺序文件储存在只能顺序存取的磁带设备上，则存取记录只能是顺序的，要检索第 i 个记录，必须检索前 i－1 个记录。如果顺序文件储存在直接存取的磁盘设备上，则可以按顺序扫描法存取，也可以按分块查找法或折半查找法存取。

根据不同的原则来组织顺序文件中的记录，顺序文件可有以下几种类型：

如果一个记录有多个关键字，常根据实际情况指定一个关键字为主关键字，其他关键字则为副关键字。

● 串行文件——按记录发生顺序排列

此类顺序文件是按记录来到的先后顺序自然排列而成的。多用于资料收集系统，如学生报名注册、气候测量记录、设备消耗数据收集等系统。

这种文件由于记录的关键字是无序的，所以只能采用线性查找法，即从文件的第一个记录开始，一直找到需要的关键字为止。

● 有序顺序文件——按关键字顺序排列

此类顺序文件记录的安排是按关键字大小的顺序排列的。如按关键字递增的顺序排列，或按关键字递减的顺序排列。这种有序文件，可以使用二分法进行搜索，这样可加快搜索速度。

如文件中的 n 个记录为：

R1，R2，…，Rn，其相应的关键字分别为：K1，K2，…，Kn。

(2) 索引文件

带有索引表的文件称为索引文件。这里的索引表是指列出每一关键字与相应记录地址的对应表，这两项就称为索引项。为了加快检索记录的速度，索引表的索引项一般按顺序排列，而数据文件本身可以按顺序排列，也可以不按顺序排列。前者称为索引顺序文件，后者称为索引非顺序文件，简称索引文件。

索引文件在存储器上分为两个区：索引区和数据区。索引表建立在索引区，数据文件建立在数据区。建立文件时，数据按物理次序存入，同时系统自动建立索引表，即依照数据顺序将数据记录的码及物理地址记入索引表中。待数据全部输入，系统自动将索引表排列。由于数据文件不按顺序，所以必须每一个记录有一个索引项。

在索引文件中，要查找某个记录 R，首先将含有索引区的块送入内存，查得所要找的记录的地址，然后再将含有该记录的块送入内存。对索引的查找可以用线性查找或二分法查找等方法。删除一个记录时，删去相应的索引项，而数据本身则保持不动。插入时则将插入记录置于数据区之末，而将添上相应索引项以后的索引重新排序。这项排序工作由软件自动完成。

有时，记录数目很多，索引区很大，占用了许多块，查索引项时，可能要找好几次。为此，人们建立了索引的索引——查找表，查找表列出索引区中每块最后一个索引项的记录关键字和该索引项所在的地址(块号)。这样查找时先将查找表送入内存，然后根据查找表提供的信息再找相应的数据。

如果记录数目十分大，查找表也可能占许多块，那样就要作查找表的索引，称为第二查找表。有的计算机文件系统，最多可以做到第三查找表。这些查找表的建立，是由软件自动生成的。

(3) 直接存取文件

利用磁盘等随机存储媒介，可以组成直接存储文件。其方法主要有以下几种：

● 直接法

文件中的记录可任意放在随机储存媒体中，且把存放某记录的地址作为该记录的键号，这样为搜索某一记录，只要该记录的键号，也就给出了该记录的存放地址。因此可以直接存取记录，对这种随机文件的组织称为直接法。

直接法的优点是存取结构简单，用户使用方便，且不会产生重复键号。缺点是把记录的存储地址作为键号，不易记忆。

● 相对地址法

所谓相对地址法，是将记录储存在一片连续的存储空间中，且每个记录等长。假定文件的基址(第一个记录存放的地址)为 L0，每个记录存放 n 个单元，且记录键号是连续的，则记录 Ri 的地址为(Ri 的键号为 Ki)：

$$记录 Ri 的地址=L0+(Ki-K1)\times n$$

这样，对任一个记录，根据上述公式即可求得地址，这个地址是相对于基地址而求得的，因此称为相对地址法。

相对地址法的优点是，只要经过一个简单的公式计算，即可求得记录的实际地址，处理速度快。但若记录的键号不连续，或连续的键号中有空号，则计算机存储器中要出现空位，造成空间浪费。此外，它还需占用一个连续的地址块，不能充分利用计算机存储器分散的空间。

● 杂凑法

杂凑法是利用某种函数关系来映像存储地址，即利用杂凑法来组织文件，寻求一个杂凑函数 H(K)将键号 K 转换成记录 R 的实际存储地址：

$$R 的实际存储地址 = H(K)$$

杂凑函数的算法很多，有质数除余法、平方取中法、折叠法、移位法及基数转换法等。

采用杂凑法时，希望通过杂凑函数均匀分布到存储单元中去，但实际上无论采用哪种杂凑法，都不可避免要发生碰撞现象。即指两个以上的记录映像到同一地址中，这时就发生溢出。解决溢出问题的方法之一是将第二个键号的记录存到其他地址中去，采用链接的方法与第一个键号的记录相连，以形成一个链表。多个记录发生碰撞时，也可用相同的方法处理。

四、数据库

1. 数据库的概念

数据库是以一定的组织方式存储在一起的相关文件的集合。这些数据无有害的或不必要的冗余，为多种用户服务。数据的存储独立于使用它的程序，对数据库中数据的更改与检索均按一种公用的和可控制的方法进行。

数据库是组织中各部门都能使用的信息资源，信息已不再隐含于文件和程序之中，而是存储在数据库里，它可以包含各种数据模型。数据库不像单个文件那样面向单个程序，而是面向整个需求。

数据库技术是计算机软件的一个重要分支，它具有数据结构化、最低冗余度、较高的程序与数据独立性，易于扩充、易于编制应用程序等特点。现代大型 MIS 都是建立在数据库设计之上的，形成以数据库系统为核心的信息处理系统。

为了有效地管理数据库，在数据库系统中，有一个专用的软件系统——数据库管理系统(DBMS)。它是管理数据库的工具，对数据的装载、查询、修改和维护进行控制，通常包括数据库定义、数据库管理、数据库建立和维护及通信等功能。

信息资源的收集、存储、管理、开发和利用就是数据库技术研究的对象，它是信息产业、信息服务业的重要内容。

2. 数据库的特征

(1) 复杂的数据模型

传统文件最简单的形式是等长同格式记录的集合，所描述的数据之间的联系只是同种记录之间的联系，且由于采用等长，使空间很浪费。在数据库中，不仅能描述同种记录之间的关系，更主要的是能描述不同记录、不同实体之间的联系。

(2) 数据的独立性

数据的独立性有两方面的含义：

一是物理独立性，即存储结构(物理结构)改变了，逻辑结构可以不改变，从而程序员可以不必修改程序。

二是逻辑独立性，我们把一个组织中总的数据的逻辑结构称为总体结构，而各部门使用的数据的逻辑结构称为局部逻辑结构。局部逻辑结构是总体逻辑结构的子集，一旦总体逻辑结构变了，局部逻辑结构不变，而程序员是根据局部逻辑结构编写程序的，所以程序也不用修改，这就是数据的逻辑独立性。

(3) 数据的共享性

存储在数据库中的数据能作出各种综合，以最优的方式去满足各个用户数据存取的需求。数据不是面向应用的，而是面向系统的，可以取整体模型的各种合理子集，用于不同的应用系统，小部分数据还可以有更多的用途，以满足新的应用要求。

(4) 最小的冗余度

冗余度是指数据重复存储的程度。所谓最小冗余度是尽量减少数据的冗余度，但不可以没有重复，因为为了表述事物之间的联系，有些数据如关键字要重复存储。

(5) 数据的安全保密

为防止对数据的滥用、错用和破坏，常常采取一些安全保密措施，如用口令或其他手段检查用户身份，来保护数据的合法使用。

(6) 数据的完整性

数据的完整性包括数据的正确性、有效性和相容性。系统有检验的措施，以控制数据在一定范围内有效，或这一部分数据与另一部分数据必须满足一定的关系等。

(7) 并发控制

由于各用户共享数据，在某一时刻，各个用户可能同时存取同一数据，因而系统必须提供并发控制，避免并发程序之间的相互干扰。

3. 数据库与信息系统的关系

设计数据库保存数据的目的是为了帮助人们去控制与之相关的事物，数据库通常是一个大的信息系统的一部分，如图 2-4 所示。人们观测客观事物得到大量信息，对这些信息进行记录、整理和归类，即信息规范化，然后将这些规范信息数据化，并存入数据库保存起来。用户向数据库发出询问，并利用数据库响应后提供的信息作出决策，再进行控制客观事物。

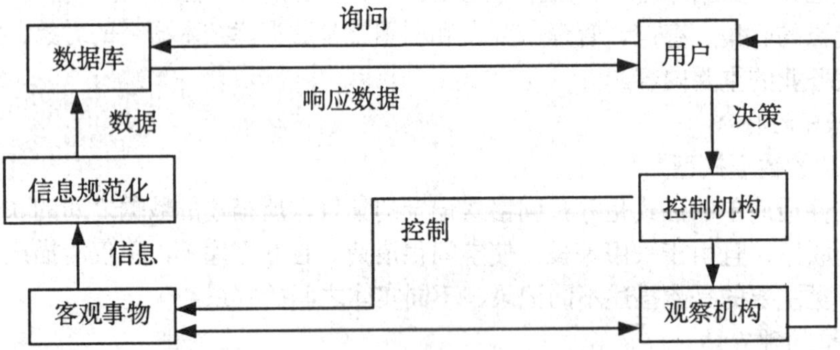

图 2-4　数据库在信息控制中的作用

4. 数据库设计与 MIS 建设

MIS 建设的基础设施是数据库，成功的 MIS 有赖于科学地建立数据库。软件由文档加程序组成，程序由算法加数据结构组成，MIS 的算法就是各种录入、修改、查询、处理、打印程序设计，MIS 的数据结构就是数据库的各种表，它是 MIS 的基础。MIS 的数据结构除了基本表外，还有代码表、中间表、临时表及各种虚表(视图)等。

(1) 3 类数据库的比较与分析

MIS 的发展通常分初级、中级与高级 3 个阶段，对应的数据库有应用(专业)数据库、主题(共享)数据库与综合(决策）数据库 3 种形式。3 种形式数据库的各项指标分析与比较如表 2-5 所示。

表 2-5　3 类数据库的比较

比较项目	应用数据库	主题数据库	综合数据库
适用阶段	MIS 初级阶段	MIS 中级阶段	MIS 高级阶段
对用户的要求	较低	较高	很高
对管理者要求	被动接受	主动参与开发	主动指导开发
对开发者要求	一般开发人员	有经验的分析员	数据库专家
设计方法	打补丁式的方法	主题内统一设计	全局统一设计
设计难度	不难	较难	很难
基本表数目	很多	较多	不多

续表

比较项目	应用数据库	主题数据库	综合数据库
表间连接程度	很简单	不太简单	较复杂
数据冗余	很多	在本主题内很少	几乎没有
数据一致性	很差	较好	很好
DBMS 环境	FOXBASE 等	ORACLE 等	ORACLE 等
面向	面向程序	面向数据	面向数据与对象
E-R 图情况	简单	复杂	很复杂
运算速度	很快	较快	较慢
范式标准	低于第三范式	第三范式	第三范式

通过比较可知：

在 MIS 的初级阶段，由于管理水平与用户素质不高，MIS 的应用面很窄，开发人员经验不足，可以采用应用数据库。

在中级阶段，管理水平与用户素质都有了提高，应用面由单个小项目转为某个方面的大主题，开发人员水平与经验有了提高，此时应采用主题数据库。

在高级阶段，对企业的管理水平、用户素质、开发人员的水平均有很高的要求。从理论上讲，综合数据库性能最好，它在全局范围内数据几乎没有冗余，一致性最好。

(2) 数据库设计的方法与原则

数据库设计分为 5 个阶段，即用户需求分析、概念结构设计、逻辑结构设计、物理结构设计与加载测试。

用户需求分析是将业务管理单证化为数据流，划分主题之间的边界，绘制出数据流程图，并完成相应的数据字典(在第六章介绍)。

概念结构设计是从数据流程图出发，建立数据库的概念模型，用 E-R 图等工具绘制，并列出各实体与联系的关系。

逻辑结构设计是从概念模型与对应的纲要表出发，确定各个实体与联系的表名属性。设计的任务是确定所有属性的类型、宽度与取值范围，设计出基本表的主关键，建立逻辑结构。

物理结构设计是确定数据库的物理结构，包括数据库在物理设备上的存储结构和存取方式，数据表示和数据存储方式等，从而可以得到一个数据库管理系统可以接受的物理结构。

加载测试贯穿于程序测试工作的全过程，整个录入、修改、查询、处理工作均可视为对数据库的加载测试工作。

要设计出一个好的主题数据库，除满足系统的功能外，还必须遵守下列原则：

(1) 基本表的个数越少越好。

(2) 主键的个数越少越好。键是表间连接的工具，主键越少，表间的连接就越简单。

(3) 字段的个数越少越好。

(4) 所有基本表的设计均应尽量符合第三范式(3NF)。

5. 国外数据库应用概况

数据库技术已经诞生 30 余年，国外已经开发和建设了成千上万个大型数据库，这些数据库已成为企业、部门、家庭、个人、生产和生活的基础设施。并且随着应用的扩展与深入，数据库的数量和规模也越来越大。

6. 我国数据库应用概况

数据库中所存储的数据量多，就可以为联机检索、事务处理、统计分析、决策支持提供比较有力的支持，数据量是数据库中的重要基础。

1995 年，国家计委、国家科委和国家信息中心对全国数据库进行一次全面调查表明，我国当时具有一定容量，可以对外提供服务或被有效利用的数据库有 1 000 余个。数据库的容量在 10MB～100MB 之间的占 40%，10MB 以下的占 35%，100MB 以上的占 25%，基整体水平与发达国家相比，差距达 20 年时间。

我国有的数据库建设完成后，常常无钱维护，就变成“死库”，这也是极大的浪费。近几年来，我国的数据库建设有了长足的发展，但与国外相比仍有较大差距。

7. 我国数据库应用的发展趋势

(1)未来的数据库将是基于 Internet 的数据环境

Internet 的发展，特别是电子商务和计算机金融(Computer Finance)的发展，对数据库的应用提出了非常迫切的需要。

1997 年，Internet 上的主要应用之一是信息检索，数以亿计的用户通过 Internet 发布和查询各种信息。这些 Web 数据具有数据量大、半结构化、非结构化和多媒体数据的特点，因此要求数据工作者研究这类数据的存储管理新技术。

目前，Internet 上的应用已迅速向网上交易迈进，例如电子商务和计算机金融等，它们将成为世界贸易和财务活动的重要组成部分，并将影响世界财政的结构和全球贸易机制。电子商务和这类应用向人们提出了政策、关税、知识产权、电子支付、公民隐私、安全交易等一系列涉及社会、经济、法律和技术等诸多领域的问题。

(2) 未来的数据库将支持电子商务的新需求

从数据库技术的角度看，Web 数据已经从“只读”型发展到“读写”型。网上的数据处理已经从单纯的信息检索发展到相对复杂的数据处理。电子商务又与传统的事务处理有很大的不同，并向传统的数据库事务处理提出了全面的挑战，例如电子商务是典型的分布式处理，如何把分布式的概念和技术用于电子商务。如何定义电子商务匿名协议，事务的原子性和匿名性之间的相互作用。数据库应用发展的一个重要趋势是数据仓库技术的应用。

五、数据仓库(Data Warehouse)

1. 数据仓库的概念

数据仓库是企业范围内数据的处理过程，它将分散的企业内各种跨平台的数据经过重新组合和加工，构成面向决策的数据仓库。最终用户可以在数据仓库的基础上进行数据的深层挖掘、多维数据分析、动态查询和动态报表等。数据仓库是基于决策的，它为企业决策者分析企业发展状况，作出企业决策提供有效的途径。决策支持系统的出现使数据仓库更具有吸引力。

例如，美国在线公司(American On Line)每天处理的业务达数以千计，除了维护这些数据库每天 24 小时的运行外，他们做的一项十分重要的工作是：将相关的数据提取出来，放到数据仓库中去作联机分析。

数据仓库是一种概念的表示，它包括电子函件文档、语音函件文档、CD-ROM、多媒体信息以及还未考虑到的数据。其最根本的特点是物理地存放数据，而且这些数据并非是最新的、专有的，而是来源于其他的数据库。

数据仓库的建立并不是要取代原有的数据库，而是要建立在一个较全面、完善的信息应用的基础上，用于支持高层决策分析。数据仓库是数据库技术的一种新的应用，它是用数据库管理系统来管理其中的数据。

2. 数据仓库的系统架构

由于数据仓库主要是为企业决策服务的，它要向决策者提供一些分析结果，并不需要每天销售的具体细节，所要了解的是在一段时间内总体的销售状况，因而数据仓库中存储的信息与生产业务系统不同，它存储的是大量的汇总数据和历史数据。因此建立数据仓库首先需要将分布在传统业务模型基础上的数据经过面向决策的数据加工和精练，转移到数据仓库中。

建立好的数据仓库还需要先进的前端访问工具来表现数据仓库中的数据，以便能够方便地进行数据挖掘、多维数据分析、动态查询和动态报表。

3. 数据仓库解决的问题

建立数据仓库包括两个重要阶段，一是构造数据仓库的过程，二是采用丰富的前端工具对数据仓库中的数据进行分析。在建立数据仓库的过程中，可以解决企业的如下问题：

(1) 多数据源问题

企业应用环境比较复杂，它们通常可能分布在不同的地理位置，使用不同的数据库和操作系统平台，在普通的应用环境中很难将这些高度分布的数据集中和充分利用起来。在构建数据仓库进行数据转移的过程中，可以通过数据转移工具将位于不同平台、不同数据库中的数据按照一定的规则集中在一个数据仓库中，达到充分利用各种数据源的目的。

(2) 数据的不一致性问题

在企业环境中，由于应用不同将导致数据的不一致。在传统的业务系统中很难将这些数据综合在一起进行分析和处理，因而无法获得有效的分析结果。在构造数据仓库的过程中，应充分考虑数据的不一致性问题。在利用原有的多个数据库构建一个数据仓库时，将存在如下的困难：数据的集成、异构数据的转换问题、数据的质量问题等，这是因为在当初设计数据库时，没有充分注意到数据的一致性。

应该将在生产系统中不一致的数据，根据数据一致性原则转移到数据仓库中，以便保证数据仓库中数据的完全一致。

另外还要注意：自顶向下地建数据库，为构建数据仓库打好基础。

(3) 无法充分利用历史数据的问题

历史数据在企业决策中起着关键的作用，只有充分利用历史数据才能准确地对企业进行各种趋势分析。在传统的业务系统中，历史数据大多被存储在磁带、光盘中，要查询一次历史数据是费时、费力的事情，而且各年的数据可能存储在不同的介质上，在这样的系统上如果想分析历年的数据是非常困难的。数据仓库中主要存储的就是历史数据和大量的汇总数据，因而基于历史数据的分析在数据仓库系统中则显得易如反掌。

(4) 分析的效率问题

决策分析主要是针对各种汇总数据进行的，而生产业务系统中存储的都是具体数据，因而在进行数据分析时，需要进行大量的计算，效率很低。在基于数据仓库进行分析时，效率则会显著提高，因为在数据仓库中存储的就是一些经过预先计算的汇总数据。

(5) 随机查询分析问题

数据仓库将有助于随机查询和分析问题。

【例】 在 Sybase 的企业级数据仓库解决方案中所提供的 OLAP 查询分析工具、DSS 分析预测工具和数据挖掘工具具备了上述数据仓库技术的全面能力。

4. 集中式数据仓库和数据集市

目前有两种数据仓库解决方案：

(1) 集中式数据仓库方式

集中式数据仓库可以跨越公司收集可操作数据，把它们集中在一个数据库中。这些数据将覆盖许多不同的领域，为许多行业服务。集中的方法需要直接面对我们原来所描述的组织和行政问题，这是集中式数据库价格昂贵、复杂和费时的一个重要原因。集中式数据库的优越性在于它所提供的可控制性、数据精确性和可依赖性。

(2) 数据集市方式

数据集市是一种致力于单一的某个领域并且通常为某一个用户组服务的数据仓库，它一般只涉及某一个特殊的应用范围(例如市场、销售和金融)。在一些公司里，商业部门自己建立数据集市，而在另一些公司里依靠一个 IT 部门来规划和设计数据集市。数据集市有很大的灵活性，因为可以根据具体问题、不同行业来进行定制。

5. 我国在构建数据仓库方面的应用

国外的数据仓库有的直接建立在正在运行着的联机事务处理(On-Line Transaction Processing，OLTP)上，我国有的单位已经构建了自己的数据仓库，例如，中国银行广州分行在“八五”期间就开始建设数据仓库，他们的数据仓库包括了从数据采集、数据处理到数据存储的全过程，但是数据量相对来说比较小。上海宝钢、深圳招商银行也在创建自己的数据仓库，并开展了数据分析工作。该技术对提高服务质量、增加财政收入、提高产品质量发挥了切实有效的作用。

6. 我国在构建数据仓库方面与发达国家的差距

数据仓库技术的应用是未来的发展趋势，与国外相比，我们的差距如下：

我国的数据库的基础太薄弱、数据分析尚未形成普遍的需求，创建数据仓库必须要由大型的或大规模的数据库作基础，而国内却缺乏大量的、大规模的数据积累。

对已经建立的数据库缺乏有效的维护。

2.4　计算机网络

计算机网络是计算机技术和通信技术发展的产物，是随社会对信息共享和信息传递的要求而发展起来的。计算机网络技术在 MIS 的开发过程中十分重要。一个企业的 MIS，小的仅需几台终端；较大的，其通信网络要覆盖若干部门、几幢大楼、数公里甚至远至数百公里外的经销机构、分厂或分公司。计算机网络可以使不同地域、各分支机构与总公司之间的计算机互联，达到信息资源共享。

我国科学家于 1999 年 7 月 1 日至 1999 年 9 月 7 日搭乘雪龙号科学考察船，首次对北极进行科学考察，并首次在远洋科学考察船上建成局域网。该系统的使用，标志着我国的科学研究已经进入信息化。这也意味着我国开展极地考察 20 多年来，首次实现网络互联。科考队员们不仅可以利用局域网在船上进行内部交流，还可以利用局域网与因特网连接，通过网络将科考数据及时准确地传送至国内科研单位，并和远在千万里之外的人们通过电子函件进行沟通。在船上的专用医护室里，有一台电脑，医护人员可以通过它和局域网连接，登录因特网，与国内大医院的远程医疗中心联系，进行远程医疗会诊。

国内发出的电子函件经邮电部的中国公用计算机互联网 ChinaNet，发到国家海洋局地面站内的专用转发服务器。由专用转发服务器软件将这些函件打包压缩，经过压缩的函件通过国际海事卫星，发送到船上的卫星接收 Inmarsat-B 站，然后存储在船上局域网的服务器上。压缩过的函件在此经过解压，分发给函件接收者。

同样，船上发出的电子函件，经船上的服务器压缩后，通过 B 站，经国际海事卫星，传到北京地面站，转到陆上专用服务器解压后，再通过 ChinaNet，发到函件接收者。

建在雪龙号上的这套局域网是价值 40 多万元的高技术设备，包括 3 台高性能的服务器，11 台台式计算机，1 台图形工作站，3 台笔记本电脑。

图 2-5 所示的是所采用的计算机网络系统。

一、计算机网络及其发展的三个阶段

计算机网络就是利用通信设备和传输介质将地理位置不同的、功能独立的多个计算机系统互联起来，通过功能完善的网络软件(即网络通信协议、信息交换方式及网络操作系统等）实现网络中资源共享和信息传递的系统。

计算机网络的应用领域是十分广泛的，如在海湾战争、科索沃战争、第二十六届奥运会中，计算机网络都得到了充分的应用。图 2-6 所示的是一个典型的计算机网络系统示意图。

计算机网络根据其覆盖的地理范围的大小可分为局部地区计算机网络 LAN 和广域计算机网络 WAN，即局域网和广域网，另外还有 Internet。

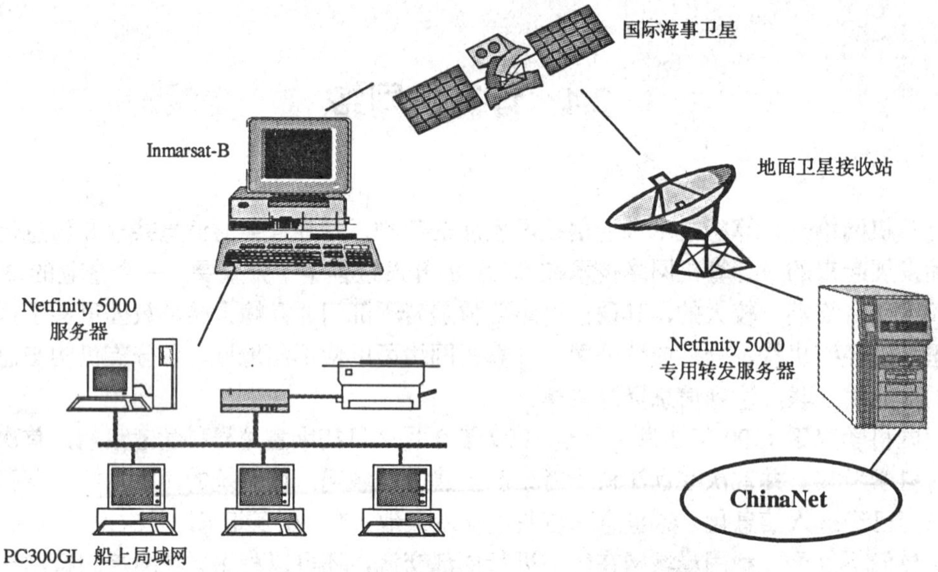

图 2-5　雪龙号科学考察船计算机系统

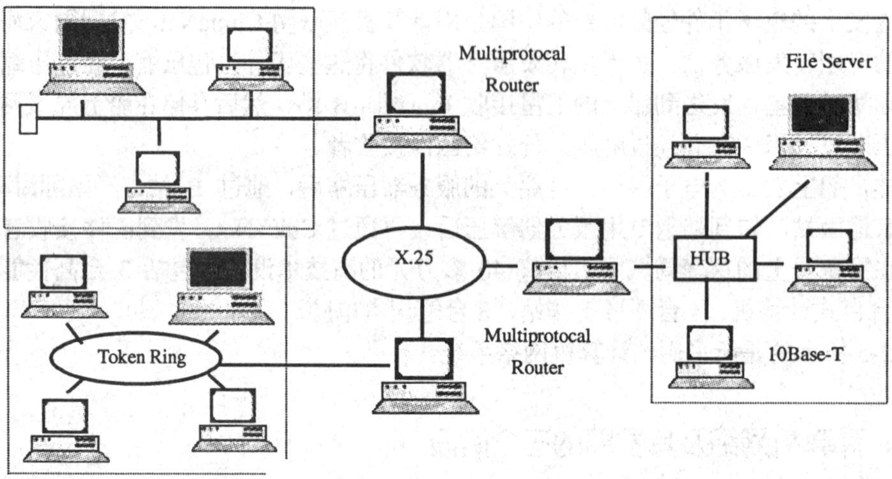

图 2-6　典型计算机网络示意图

(1) 局域网(Local Area Network，LAN）

局域网通常是用电缆线组网，局域网将个人计算机和电子办公设备互联起来，使得用户可以通信、共享资源(如数据库、文件和打印机等)，以及访问远程主机或其他网络。

(2) 广域网(Wide Area Network，WAN）

广域网是由远程线路(如电话交换网、公用数据网、卫星等）将地理位置不同的两个或多个局域网连接起来的网络。它是通过串行通信线路和调制解调器(Modem）连接的。广域网能够覆盖一个城市、一个国家，甚至整个世界，它往往包容了各种信息，为大家所公用。目前广泛应用的 Internet 就是当今世界上最大的广域网。

(3) 因特网(Internet)

由于 LAN 和 WAN 互不兼容而不能简单互联形成一个更大范围的网络，使一个企业或组织内的计算机不能访问企业或组织中的所有资源。这使得组建单独一个更大的网络成为需求。不兼容网络之间的互联技术主要是解决网络之间的接口问题。目前，Internet 已发展成一个全球规模最大、用户最多、影响最广的网络互联系统，它连接了世界上的各种网络，集学术、商业、军事于一体。

计算机网络的实现，为构造分布式的网络计算提供了基础。其功能如下：

(1) 硬件资源共享。如因特网上的任何一台微机或终端均可以访问网上的所有主机，从而节省硬件开销。

(2) 软件资源共享。如互联网上的任何微机或终端均可以访问网上主机的各种类型的数据库、软件资源、图书资源、新闻资源、科技资料等。

(3) 信息交换。如通过网络的电子函件系统方便了用户间的信息交换。

计算机网络发展的过程，经历了以下 3 个阶段。

(1) 第一阶段是以单计算机为中心的联机网络，也称面向终端的网络，如图 2-7 所示。

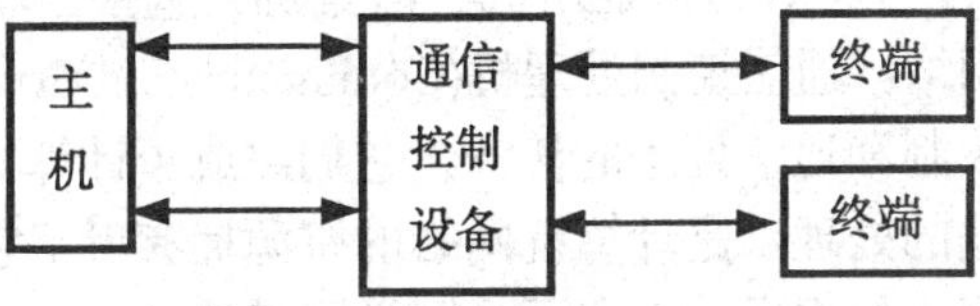

图 2-7 以单计算机为中心的计算机网络

在计算机网络发展初期，主机(HOST）价格昂贵，而通信线路、通信设备和终端相对便宜。于是，人们利用远程通信连接终端，使计算机和通信相结合，从而形成联机终端网络。这种形式的计算机网络既要处理数据，又要承担通信控制工作，使主机的负荷较重、效率低，而且通信线路的利用率低。基于以上原因，面向终端的计算机网络很快被淘汰了。

(2) 第二阶段是计算机通信网络，如图 2-8 所示。

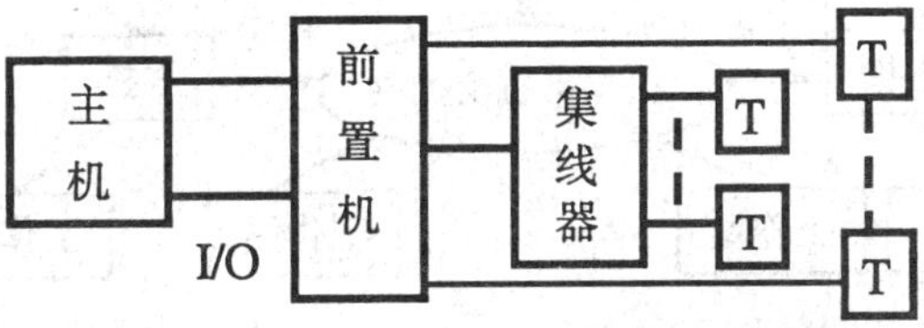

图 2-8 计算机通信系统

这种形式的计算机网络就是在第一种形式的基础上，为了追加终端的方便和减轻主机负担，在主机和通信线路之间加接前置处理机、集线器等，专门处理与终端的通信，从而将通信功能从主机中分离出来。

集线器(HUB)设置在终端较集中的地方，其功能是把终端发来的信息收集起来，装配成用户的作业信息，然后再用高速线路传送给前置机。在主机把信息发给用户时，集中采用与之相反的过程将信息传递给用户终端。

(3)第三阶段是真正的计算机网络，如图 2-9 所示。

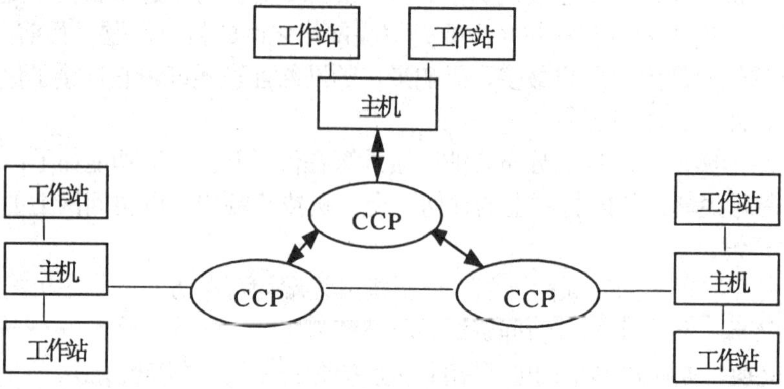

图 2-9　具有通信子网的计算机网络

利用通信线路将多个主计算机(通信处理机、前置机）直接互联起来，形成多个主计算机相互通信和资源共享网络。通信控制处理机(Communication Control Processor，CCP）负责网络上各主机间通信控制和通信处理的任务，它们组成了计算机网络的通信子网；网上主机负责数据和用户作业的处理，是计算机网络的资源拥有者，它们组成了计算机网络的资源子网。通信子网是网络的内层，而资源子网是网络的外层。两者合起来组成统一的资源共享的两级计算机网络。

若将通信子网的规模进一步扩大，使之变成如图 2-10 所示的社会公用数据通信网，这种网络允许多厂商计算机入网，它的数据兼容性好，开放性好，通信线路利用率高。资源子网可按行业组成多个子网，一般为国家级大型计算机网络所采用。

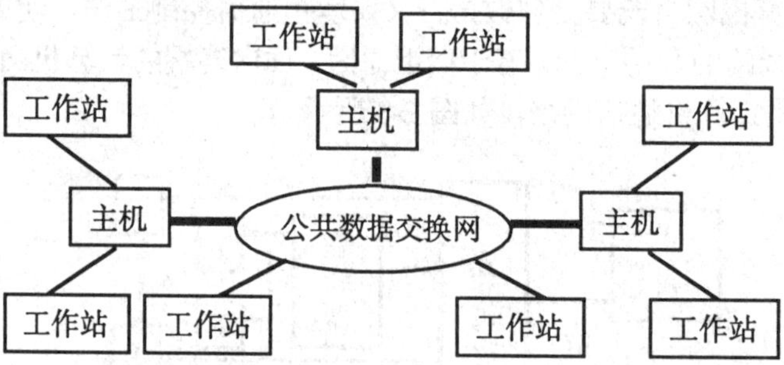

图 2-10　具有公共交换网的计算机网

二、局域网的特点和分类

1. 局域网的特点

随着大规模、超大规模集成电路的迅速发展，局域网的发展十分迅速。

局域网的理论和实践上还处在不断发展和完善之中。一般认为，局域网络是联网距离有限的数据通信网络(一般在几公里以内)。它支持各种通信设备的互联，并以廉价的通信介质(如双绞线、同轴电缆等）提供宽频带的通信(频率范围一般为数兆赫兹)，以完成信息交换和资源共享，整个系统通常是属于一个企业、公司或部门所专用。

局域网具有以下主要特点：

(1) 由于局域网覆盖的地理范围不大，故通信电缆费用不大。常用的通信电缆有双绞线、同轴电缆以及光纤等。

(2) 信道具有较宽的通信频带，数据传输率较高，通常为 0.1～100Mb/s。

(3) 采用国际标准化组织(ISO）推荐的开放系统互联模型(OSI）的各项原则。

(4) 有高度互联的特性和扩充的灵活性。

(5) 网络中不一定需要中央主机节点，而只需向用户提供分散而有效的数据处理及计算机功能即可。

(6) 信道用电文传送控制的方法，机构比较简单可靠，误码率低。

(7) 实现网络系统的费用少，通常属于一个部门单位所有，而不属于公用服务业。

(8) 建网周期短，见效快，成本低，社会效益大。

2. 局域网的分类

局域网有多种分类方法，因此在日常生活中人们对同一个局域网有不同的叫法。常用的分类方法有：

(1) 按主要用途可分为教学网、科研网、军用网、企业网等。

(2) 按网络操作系统可分为 Windows NT 网、Novell 网、3COM 网等。

(3) 按拓扑结构可分为总线网、星形网、环网、混合网。

(4) 按网络协议可分为以太网(Ethernet)、令牌网(Token Ring)、令牌总线网等。

(5) 按使用信息的传输方式可分为基带网络和宽带网络。

(6) 有的是按局域网的主干传输介质将局域网分为光纤网、粗缆网、细缆网、无线网等。

三、网络的拓扑结构

网络研究的科技人员采用从图论演变而来的“拓扑”方法，来研究通信网络的构形。拓扑是一种研究与大小、形状无关的点、线和面的特性的方法。对通信线路，不管它具体是哪种通信介质，而统一把它们抽象成“线”，从而用对“点”、“线”的研究取代对具体通信网络的研究。

在局域网中，一般有总线形、星形、环形和树形 4 种基本拓扑结构。

1. 线形

总线形结构网络是局域网主流结构之一。它的所有站点都通过相应的硬件接口直接连到一条无源公共总线上。任何一个站点的信息传输都可以沿着总线的长度传输，并且能由其他站点接收。其结构如图 2-11 所示。

公共总线上传送的信息多以基带形式串行方式传递，它的传输方向总是从发信站点向两端扩散(如同广播电台发射的电磁波向四周扩散那样)，因此总线形结构网络在有的文献中也被称为广播计算机网络。总线形网络采用分组的形式传输报文，只有总线上信息的目的地址与某站的地址相同时，该站才接收信息。

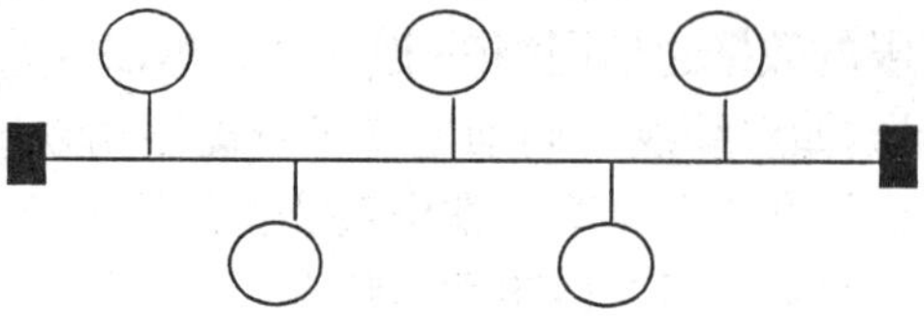

图 2-11　总线形结构示意图

公共总线的负载能力是一定的，而且其长度也有一定限制，它只能连接一定数量的工作站。如果希望连接的工作站数目超过允许的负载能力时，就需要把总线延伸。延伸总线不是简单地把它的物理长度延长，还需要将其电气性能获得完全的恢复，因此需要加入总线转接部件如中继器等。转接部件相当于一个站点的接收与发送器，它首先把总线上传送的串行信息转换成并行代码，经过中继再生后，再将并行代码转换成串行代码，重新发送到总线上。由于总线上的信息是双向传输的，所以转换部件要求能同时转换两个方向上传送的信息。

总线形结构网络具有如下特点：

(1) 可靠性高，网络的响应快(任何站点间均有直达通路)。

(2) 可扩充性好，结构简单灵活：当需要增加站点时，只需在总线上增加一个分支接口即可与站点相联，当总线负载不够时还可以扩充总线。

(3) 共享资源能力强，便于广播式工作，即一个站点发送，多个或全部站点均可收到。

(4) 设备量少，价格低，安装、使用方便。

(5) 可与大、中、小型机及其他网络相联，进而构成更大规模的、功能更强的计算机网络。

(6) 由于所有站点均共用一条总线，需根据建网的用途选择介质存取方法来解决信息碰撞问题。

总线形结构网络适用于数据交换系统、OA 等管理系统，由于总线形网络所采用的介质访问方式是载波侦听 / 多路访问 (Carrier Sense Multiple Access With Collision Detection，CSMA/CA)，所以这种结构不适用于对实时性要求较高的场合。

2. 星形

在星形结构局域网中，每个站点都用点到点(point-to-point）的连接方式将各站点连到一个公共的中央交换节点上，其结构如图 2-12 所示。

星形结构以中央节点为中心，如果一个站想传输数据，它首先必须发送一个请求到中央交换节点，以便同某个目的节点建立连接。一旦建立了连接，这两个站之间就好像是用一条专用的点到点线路连接起来一样，进行数据通信。这种网络是集中式控制网络，所有节点的通信均需要通过中心节点控制。

星形结构网络有如下特点：

(1) 网络结构简单，便于管理。

(2) 网络控制简单，建网容易。

(3) 网络延迟时间较小，传输误码率较低。

(4) 网络可靠性较低，因为采用中央节点集中控制，一旦中心节点出现故障，则会导致整个网络的瘫痪。

(5) 网络共享能力较差，由于资源大部分分布在外围节点，相互之间必须经过中央节点的中转才能传送信息，所以资源共享不方便。

星形网络是一种比较老的连接方法，它将网络的中央节点放在网络上真正的中间位置。现在常采用的星形结构，在中心位置放置的是一台集线器，如 HUB，而网络的中央节点与其他节点则都与 HUB 相连，从而降低了星形结构的风险，常被称为簇形。

3. 环形

环形结构网络是网络中各节点计算机通过环路接口(中继器）连在一条首尾相连的闭合环形通信线路上，其结构如图 2-13 所示。

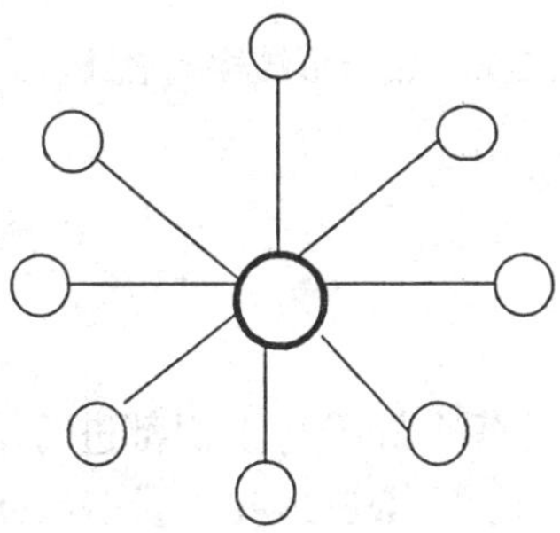

图 2-12　星形结构示意图

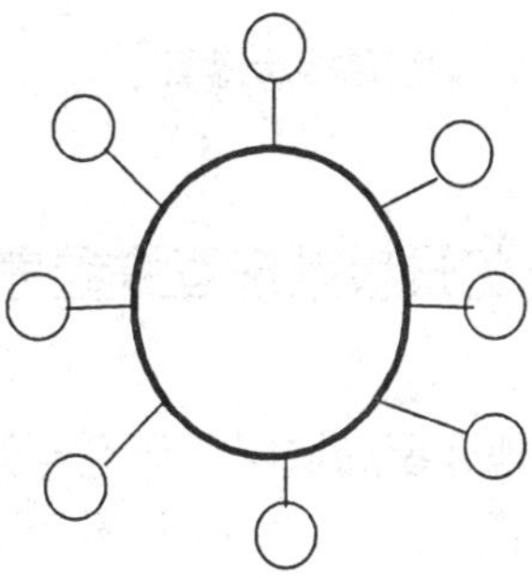

图 2-13　环形结构示意图

环路接口是一种比较简单的设备，它能够接收它所接一端线路上的数据，并以同样的速度串行地把数据传送到它所接的另一端线路上去。在环形结构网络中，数据是单方向被传输的，即数据在一个方向上(顺时针或逆时针）围绕着环进行循环。

由于环线是公共的，因此，一个站点发出的信息必须穿越环中所有的环路接口，只有信息流中目的地址与某个站点的地址完全相同时，信息才被该站点的环路接口所接收，而后信息流继续流向下一个站点的环路接口，直至返回到发送信息的站点环路接口。

接在环上的任何站点均可以请求发送信息，它的请求一旦被批准后，即可以向环路发送信息，发送的信息流进入环路后是按照环路设计的流向流动的。

环形结构网络与其他结构网络相比具有如下特点：

(1) 信息流在网中是沿固定方向单向流动的，两个站节点之间仅有惟一的通路，所以大大简化了路径选择的控制。

(2) 当某个站节点发生故障时，可以自动旁路，所以可靠性较高。

(3) 环路中各站点都是自举控制，所以控制软件比较简单。

(4) 由于环路是封闭的，所以扩充不方便。

(5) 由于信息流在环路中是串行地穿过各个站的环路接口，所以，当环中所接站节点过多时，将会影响信息传输效率，使网络的响应时间变长，一个确定网络的延时是固定的。

环形结构网络适用于信息处理系统、工厂自动化等。它是局域网常采用的结构。

4. 树形

树形结构的特点是比较简单，在网络中的任何两个站点之间不形成回路，每条通路都支持双向传输。有时两个站点之间的通路需要一个或几个中间站点转接才能连通，其结构如图 2-14 所示。

一般情况下，我们使用某一种结构拓扑来构造局域网，但在局域网之间互联时，经常使用某几种拓扑结构的复合形式，如图 2-15 即为一种可能出现的结构形式。

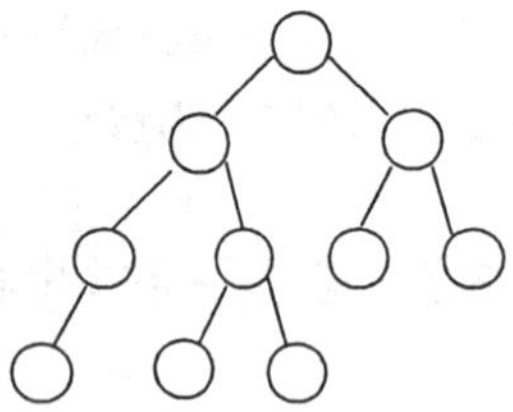

图 2-14　树形结构示意图

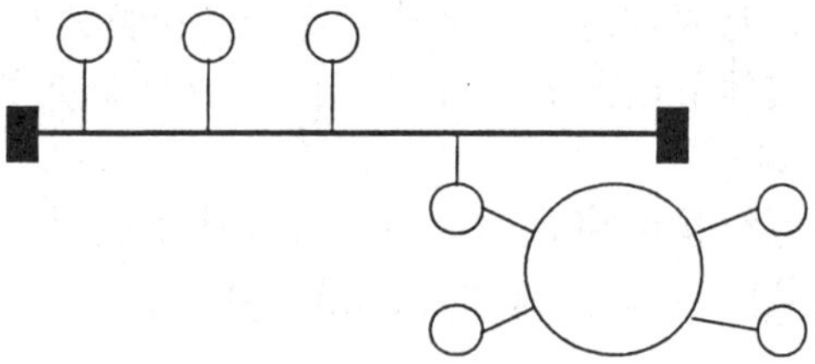

图 2-15　混合形结构示意图

四、ISO 的开放系统互联参考模型 OSI

为了更好地开展局域网的研究与开发，国际上的各个标准化组织都进行了局部计算机网络标准化的研究工作，如 Internet 所采用的 TCP/IP 协议、DECNet 以及 Novell 公司的 IPX 协议和美国电气与电子工程师协会(IEEE)的 802.3 标准等。其中 IEEE 802 标准委员会公布的 IEEE 802 标准广为应用，并被国际标准化组织 ISO 接收为国际标准。

IEEE 802 标准遵循 ISO/OSI 参考模型的原则，解决网络最低两层——物理层和数据链路层的功能以及与网络层的接口服务、网络互联有关的高层功能。

国际标准化组织 ISO 提出的开放系统互联(Open System Interconnection，OSI）基本参考模型为开放系统提供了一个概念上和功能性的主体结构，它反映互联开放系统通信结构方面相互之间的逻辑关系。ISO/OSI 提出了七层体系结构参考模型，每层的功能如表 2-6 所示(其中有些层的定义本身还不十分明确）。

表 2-6　ISO 的七层体系结构参考模型各层功能表

名　称	主 要 功 能
物理层((The Physical Layer)	通过机械的和电气的互相连接方式连接实体，让数据流通过
链路层(The Data Link Layer)	进行二进制数据块传送，进行差错检测和数据流的控制
网络层(The Nework Layer)	通过分组交换和路由选择，实现数据块传输
传送层(The Transport Layer)	提供传送方式，进行多路复用，实现端点到端点之间的数据交换
对话层(The Session Layer)	在两个应用进程之间建立和管理不同形式的通信对话
表示层(The Presentation Layer)	实现不同格式和编码之间的转换
应用层(The Application Layer)	直接在 OSI 环境下的应用或用户服务

各层之间的关系如图 2-16 所示。

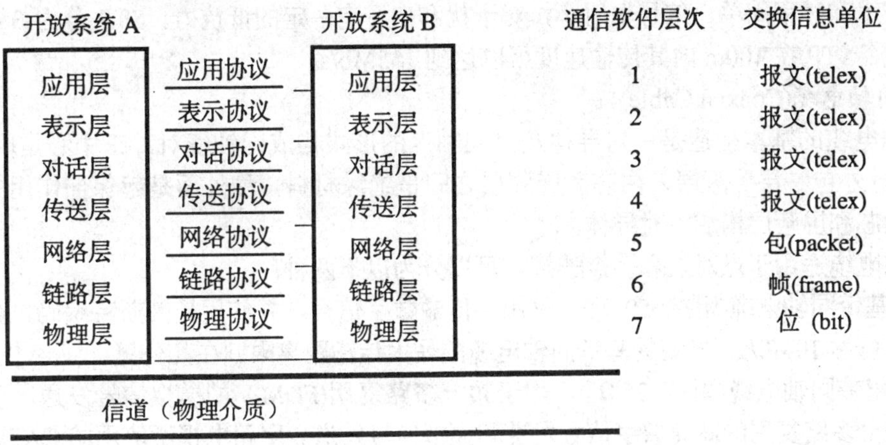

图 2-16　开放系统互连参考模型

五、网络的传输介质

传输速率(Data Rate)是传输介质每秒可通过的数据位数，这是衡量通信线路的一个重要指标，单位是 bps (bits per second)。通信线路的传输速率与可容纳的信号频率的宽度即带宽成正比，在网络术语中常用带宽描述某传输介质的额定传输速率。

网络中的信息传送需要通过某种载体，这种信息载体就是指传送信息的介质。计算机网络的传输介质有有线介质(双绞线、电话线、同轴电缆、光纤等)、微波、卫星等。

1. 双绞线(Twisted Pairwire，TP)

双绞线由螺旋状扭在一起的两根绝缘导线组成。线对扭在一起可以减少互相辐射的电磁干扰。双绞线早就用在电话通信模拟信号的传输中，也可以用于数字信号的传输，是最常用的传输媒体。

双绞线的实用速度达到 9 600b/s。在双绞线上发送数字信号，T1 线路的总数据率可以达到 1.54Mb/s。新近制定标准的 10BASE-T 总线局域网络通过无屏蔽双绞线的数据传输率为 10Mb/s，采用特殊技术可以达到 100Mbs。双绞线普遍用于近距离的点对点连接。

双绞线在短距离内是价廉、简单的通信介质，缺点是传输率低和易于受外界干扰，传输保密性较差。但由于双绞线的成本低，连接方便，因此在信息流量较小的应用场合也是一种较理想的传输介质。双绞线有屏蔽双绞线和非屏蔽双绞线。

(1) 非屏蔽双绞线(Unshielded Twisted Pair，UTP)

由 8 根细线及外部包皮套组成，UTP 分为 3 类、4 类、5 类和超 5 类线。

(2) 屏蔽双绞线(Shielded Twisted Pair，STP)

是由按规则螺旋结构排列的两根绝缘铜线组成的，绞线外面是绝缘层。此种介质要求的安装技术和过程简单，信号辐射小，对干扰和串音有一定的抵抗力。STP 分为 3 类和 5 类两种线。STP 在 100m 内其传输速度可以达到 155Mb/s。

2. 同轴电缆(Coaxial Cable)

同轴电缆的基本构造是一对导体按“同轴”的形式构成同轴线对，正中心是内芯(单根导线)，外包一层屏蔽层，内芯和屏蔽层之间是绝缘材料，最外面是起保护作用的塑料外层。内芯和屏蔽层构成一对导体。

同轴电缆适用于点对点和多点连接，可以分为以下两种：

(1) 基带同轴电缆(阻抗 50Ω)，仅用于传输数字信号，并使用曼彻斯特编码，数据传输率最高可达 10Mb/s。典型的基带同轴电缆的最大传输距离限制在几公里。

(2) 宽带同轴电缆(阻抗 75Ω)，用于频分多路复用(FDM)的模拟信号发送，还用于不使用频分多路复用的高速数字信号发送和模拟信号发送。闭路电视所使用的 CATV 电缆就是宽带同轴电缆，它既可以用于模拟信号发送，又可以用于数字信号发送。对于模拟信号，频率可达 300～400Mb/s。宽带同轴电缆的最大传输距离可以达到几十公里。

同轴电缆的频率特性比双绞线好，能进行较高速率的数据传输。由于它的屏蔽性能好，具有很高的抗干扰能力，且传输距离远，信息稳定可靠，不易出现线路中断，通常多用于基带传输。

3. 光纤(Fiber)

光纤是光导纤维的简称，它由能传导光波的石英玻璃纤维外加保护层构成。相对于金属导线来说，重量轻、体积小(细)。用光纤来传输电信号时，在发送端先要将电信号转换成光信号，而在接收端又要由光检波器还原电信号，如图 2-17 所示。

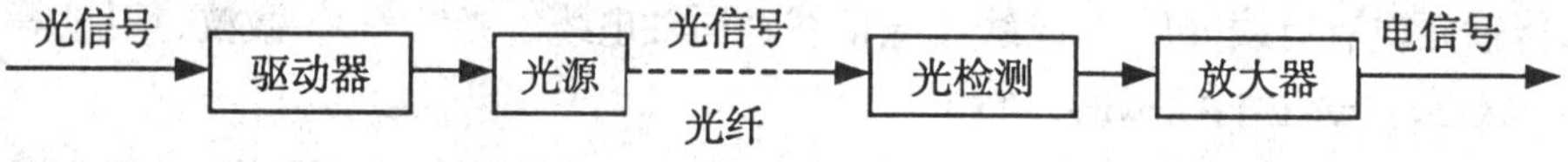

图 2-17　光纤传输

传送可见光的光纤称为多模光纤，传送激光的光纤称为单模光纤。

在计算机网络中采用一来一去两根光纤组成传输系统。光纤的数据传输率可以达到每秒几千兆比特，传输距离达几十公里。光纤通信具有损耗低、数据传输率高、抗电磁干扰等特点。光纤十分适用于高性能、高吞吐率的局域网，以及远距离大容量数据传输的干线。

目前采用一种分光技术可以在一条光纤上复用、发送、传输多个位，分光复用技术 WDM(Wavelengh Division Multiplexing)是一种新的数据传输系统。

光纤传输的优点如下：

(1) 频带宽、速度快、体积小、重量轻。

(2) 电磁绝缘性能好，由于传送的是光束，并且不受外界电磁干扰与影响，而且本身也不向外辐射信号，因此保密性好，适于长距离信息传输，以及要求高度安全的场合。

(3) 衰减较少，可以认为在较长距离和范围内信号是一个常数，能与电磁隔离。

(4) 中继器的间隔大，因而可以减少整个通道中继器的数目，可降低成本。根据贝尔实验室的测试，当数据的传输速率为 420Mb/s 且距离为 119km 无中继器时，其误码率为 10^{-8}，可见其传输质量很好。而同轴电缆和双绞线隔几千米就需要接一个中继器。

光纤技术要求比较高，比较复杂。光纤的通信容量比普通同轴电缆大 100 倍以上。目前用光纤和同轴电缆的较多，在用光纤作为传输介质时，还应该特别注意光端机(一种加在光纤两端，将电信号转换为光信号的装置）的传输速率与所配的光纤传输速率相匹配，否则光端机的速度将制约整个网络的传输速度。

4. 无线传输媒体

无线传输媒体都不需要架设或铺埋电缆或光纤，而是通过大气进行传输。目前有 3 种技术：微波、红外线和激光。无线通信已经广泛用于电话并构成蜂窝式无线电话网。由于便携式计算机的出现以及在军事、野外等特殊场合下，移动式通信联网的需要促进了数字化无线移动通信的发展。现在已有无线局域网产品，能在一定范围内提供快速、高性能的计算机联网技术。

(1) 微波(Microwave）

微波是一种较先进的通信技术，它的载波频率为 2～40GHz，频率很高，可以同时传送大量信息。如一个带宽为 2MHz 的频段可以容纳 500 条话音线路，用来传输数字信号，可达每秒若干兆比特。微波沿直线传输，超过一定距离，就要用中继站来接力。传输属无线通信。使用微波通信建设费用低，速度快，但保密性差。

(2) 红外通信(Infraredrays）

红外通信和卫星通信与微波通信一样，有很强的方向性，沿直线传播。

(3) 卫星通信(Satellite)

卫星通信是一种新兴的通信技术。它利用人造地球卫星作为中继站转发微波信号，可克服地面通信站之间通信距离的局限，可靠性高，但是建设费用大，传输延时大。一个同步卫星可以覆盖地球的三分之一以上的表面，三个这样的卫星就可以覆盖地球上全部通信区域，这样地球上各个地面站都可以互相通信。

上述 3 种技术都需要在发送方和接收方之间有一条视线(Line of sight）通路，有时统称这三者为视线媒体。其中红外通信和激光通信把传输的信号分别转换为红外信号和激光信号，直接在空间传播。

5. 传输媒体的选择

在低通信容量的局域网中，双绞线的性能/价格比是最好的。对于大多数的局域网来说，需要连接较多设备而且通信容量相当大时可以选择同轴电缆。随着通信网络广泛采用数字传输技术，选用光纤作为传媒更有一系列的优点，光纤已经广泛用于高速数据通信网。

局域网的通信介质主要有双绞线、同轴电缆和光纤，微波、红外和卫星通常不在局域网中采用。表 2-7 给出了各种通信介质的性能比较，可供参考。

表 2-7　各种通信介质性能比较表

传输介质	双绞线	基带同轴电缆（细缆）	宽带同轴电缆（粗缆）	光纤	微波
频率带宽	<10MHz	<100MHz	<300MHz	<300GHz	2～40GHz

续表

传输介质	双绞线	基带同轴电缆(细缆)	宽带同轴电缆(粗缆)	光纤	微波
平均数据传输速率	1.5～10Mb/sS	10～100Mb/s		0.1～1000Gb/s	
传输距离	<300m	<2.5km	<100km	<100km	受限制
抗电磁干扰	较差	好	好	非常好	差
安装难易程度	中等	易	易	中等	易
布局多样性	好	好	好	最好	差
保密性	一般	好	好	最好	差
价格	低	较低	中等	目前较贵	中等
常用范围	主要传输模拟声音信号，多用于低速网络(局域网和电话网)	一般只传送数据，多用于局域网	传输数据、图像和语言号，多用于局域网	长距离骨干通信线路	正逐渐被很多计算机通信网所采用

六、局域网常用组件

计算机网络建成后，网络的传输率、拓扑结构、地理范围、传输效率、传输可靠性等是否能适应实时环境，网络组件起了很大的作用。以下是局域网常用组件：

1. 连接设备

(1) 接口

建议选用 RS232 的通信接口，即 RS232C，这是最常用的通信接口。

(2) 调制解调器(Modem)

现有电话传输线路是为传输语音而铺设的，这种语音信号是一种模拟信号(Analog Signals)，而计算机发送或接收的信号却是一种脉冲数字信号(Digital Signals)，为解决这一矛盾，计算机信号应转换为模拟信号，实现这种信号转换的设备称为调制解调器 Modem。将脉冲数字信号转换为模拟信号的过程称为调制(modulation)，将模拟信号转换为脉冲数字信号的过程称为解调(demodulation)。Modem 用于计算机之间的异步传输，传输速度以每秒传出的位数(bit per second)来衡量。

目前市面上可供选择的 Modem 按数据传递的速度可以分为：14.4kb/s、28.8kb/s、33.6kb/s、56kb/s 等。用户可以根据需求进行选择。

(3) 多路复用器

由于传输介质的能力往往超出传输单一信号的能力，为了有效地利用传输系统，采用多路复用技术能把多个信号组合起来在一条物理电缆上进行传输。实现这种功能的设备就是多路复用器。在通信通道的信号发送端用多路复用器合并几个终端的传送；在信号的接收端，用一台相同的设备进行分解。一般采用以下两种多路复用技术：

● 频分多路复用

该技术把具有一定带宽的线路划分为若干不重复的小频段，相邻小频段之间留有一小段空闲频段，以使各信号互不干扰地传输。每个小频段可以作为一个子信道供用户使用。多路复用器接收多个信号源输入的信号，而后用不同的频率调制每一个信号并发送出去。在线路的另一方，多路复用器将被调制的信号解调为原输入信号。

● 时分多路复用

该技术把信道的传输时间划分为多个时段，当多个用户信号传入时，每个用户将占据一个指定的时间段，并使用全部带宽。

注意：时分多路复用不但可以传输数字信号，也可以同时交叉传输模拟信号。在传输模拟信号时，可以将频分多路复用和时分多路复用技术结合。一个传输系统的信道可以分为多条子信道，每条子信道再采用时分技术细分，以提高系统的传输速率。

(4) 前端处理机

前端处理机一般是小型或微型机，专门为大型主干计算机处理数据通信控制功能。例如前端处理机利用通信控制程序，提供暂时的缓冲存储、数据编码和译码、错误测试、数据恢复和记录、解释和处理控制信息，也可以在准备发送和接收信息时，选择远程终端。

(5) T 型插头和 BNC 接头

它们是细同轴电缆的连接器，它们的质量，尤其是 T 型插头对网络的可靠性和有效性有极为重要的影响。BNC 接头有手工安装和工具安装之分。为保证线路的可靠性，应选用高质量的连接设备。

(6) 终端匹配器(终结器)

这是一个 50Ω的电阻，要安装在同轴电缆的两个端点上，起阻抗匹配作用。若电缆两端无电阻或阻抗不正确，则会引起信号波形的散射，造成信号传输错误。

(7) RJ-45 接头

它是非屏蔽双绞线的连接器。该连接器有 8 根连线，在 10BASE-T 标准中仅使用两对(4 根)双绞线。

2. 网卡

网卡作为一种 I/O 接口卡插在主板上数据总线的扩展槽中。典型的网卡基本上都是由接口控制电路、数据缓冲器、数据链路控制器、编码/译码器、内部收发器、介质接口装置 6 大部分组成。网卡是网络通信的瓶颈之一，其质量和兼容性的好坏，将直接影响网络的功能以及网上运行的应用软件的效果。

3. 中继器(Repeater)

在所选择的网络中，一般对网络的最大传输半径都有明确的规定(如 500m)，当网络段超过此最大距离，就需要用中继器(实际上是一个信号放大器）来延伸。中继器不能无限地连接，一般规定必须少于 4，即最多只能连接 5 段电缆。其连接如图 2-18 所示。

中继器的作用是把网络段上的衰减信号经过放大和整形，使之成为标准信号而传递到另一个网络段上。中继器实际上是一种信号再生放大器。用中继器来连接各个网络段后，整个系统仍属于一个网络整体。

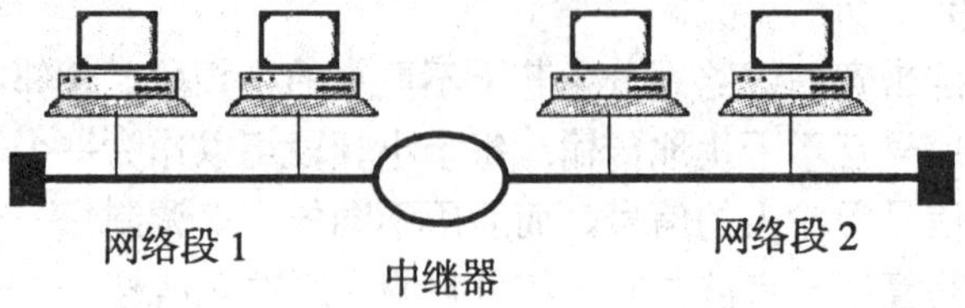

图 2-18　中继器连接网段示意图

4. 集线器(HUB）

集线器可以说是一种特殊的中继器，它作为网络传输介质间的中央节点克服了介质单一通路的限制。如果所设计网络的节点较多，则可以考虑选择集线器，可以将同一子系统(如财务子系统的 5 台计算机，又如生产子系统的 8 台计算机等）的设备先连接在一起，然后再集中上网。这样可以使得网络系统结构合理，便于管理。

集线器一般分为无源(Passive)集线器、有源(Active)集线器和智能(Intelligent)集线器 3 种。

用于网络之间互联的中继设备称为网间连接器，按照它们进行的协议和功能转换对象的不同，可以分为网桥、网关、路由器等。

5. 网桥(Bridge）

在所设计的系统中，如果涉及到两个同类型的不同网络相联，例如同样是微机局域总线结构的网络，同时用 802.X 协议，并且两个网络之间的操作系统一致，则可以选用网桥来互相连接，其连接如图 2-19 所示。网桥的功能比中继器要复杂，它不仅要像中继器那样实现传递信号的放大和整形，还必须具有信号收集、缓冲以及格式变换等功能。

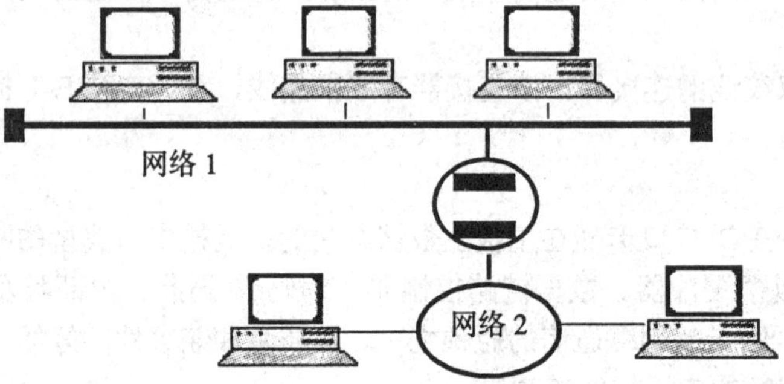

图 2-19　网桥的连接示意图

6.网关(Gateway）

网桥只能用于两个同类型网络之间的连接，在实际系统开发工作中涉及到两个不同类型网络之间的连接。例如，各子公司都设计有自己的网络，它们都希望与地区网络及国际网络相连接，此时如果需要在不同类型的网络之间连接就必须使用网关，如图 2-20 所示。

7.路由器(Router）

路由器比网桥更进一步，它可以处理链路层不同的数据通信问题。如果所设计的系统涉及到多种不同的设备、不同的系统开发平台时，则可以选择路由器为接口，如图 2-21 所示。路由器的功能比网桥要强，它不仅具有网桥的全部功能，而且还有路径选择功能。它能根据当前网络上信息拥挤的程度自动选择传递效率比较高的路径。

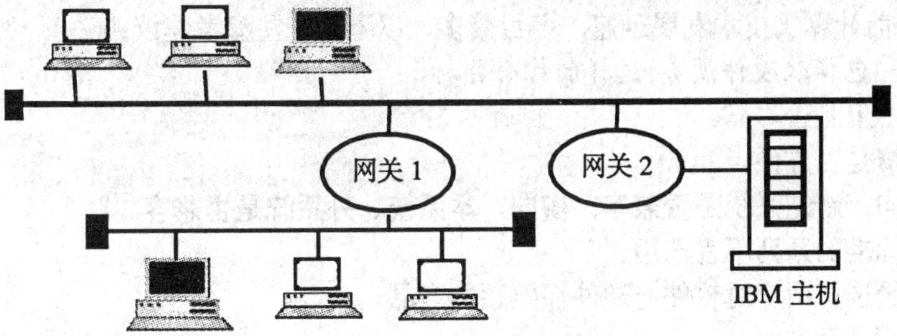

图 2-20　网关的连接示意图

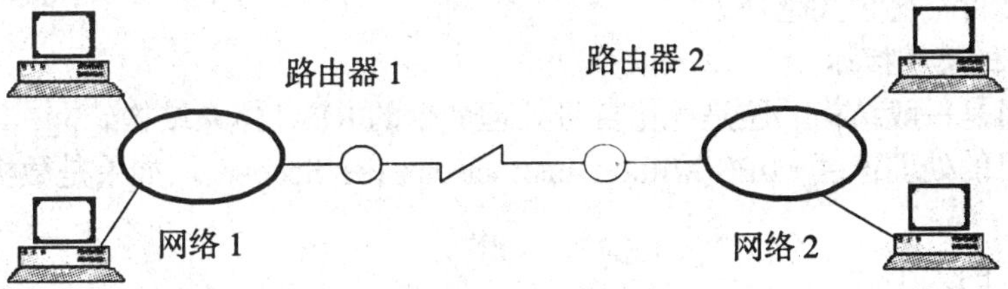

图 2-21　路由器的连接示意图

计算机网络必需配备网络系统软件，例如 Windows NT 、NetWare 等网络操作系统，它们将提供网络的基本功能，包括网络文件系统、存储器管理及任务调度等。

有关中继器、网桥、路由器、网关在选择使用时的区别如表 2-8 所示，它们都是接口(连接）设备(部件）。

表 2-8　中继器、网桥、路由器、网关的区别

连接设备	层次区别		
	物理层	链路层	网络层以上
中继器	相同	相同	相同
网桥	不相同	相同	相同
路由器	不相同	不相同	相同
网关	不相同	不相同	不相同

七、设备(包括软硬件设备）选择的指标

在满足实际业务需要的前提下，只要资金许可，应购买技术上先进、性能价格比较高的系统。目前计算机技术发展迅速，名目繁多，以下是一些参考建议：

1. 设备(包括软硬件设备)选择的综合指标

(1) 技术上是否可靠。

(2) 维修是否方便。

(3) 纵向，新老系统是否兼容；横向，本系统、外系统是否兼容。

(4) 非标准的系列不宜选用。

(5) 尽量选择用户对软件、硬件都熟悉的产品。

(6) 使用是否方便。

(7) 可扩充性，今后扩充系统或升级是否方便。

(8) 对工作环境的要求(如温度、湿度、防尘度等）是否很高。

(9) 性能价格比越大越好。

2. 计算机硬件指标

(1) 主机是一般结构，还是优化自身处理命令的 RISC 体系结构。

(2) 主机的处理速度 MIPS(Million Instructions Per Second)，如果是微机，则看主频速度即可。

(3) 内存的大小。

(4) I/O(输入/输出）通道数。

(5) 系统的读写/存储周期。

(6) 外设的速度，目前计算机技术的发展使主机速度提高很快，而外设速度较慢，常常不配套。

(7) 高速缓存器的大小。

(8) 升级是否方便。

(9) 计算机设备对工作环境的要求。

3. 软件指标

(1) 能否直接使用汉字，操作系统是否代表了主流发展方向。

(2) 数据库系统有 3 种结构：层次型、网络型、关系型，前两种已经不常用了，目前常用的是关系型。市场常用的微机数据库有：FoxBase、FoxPro，大型的关系数据库则有 ORACLE、SYBASE、INFORMAX 等。

(3) 常用的程序设计语言，如 C、Pascal、BASIC、FORTRAN、COBAL、Ada、PL/1、LISP、PROLOG 等。

(4) 工具(Tools 或 Utilities)，如测试工具、需求分析工具等。

(5) 应用系统开发环境，这是未来软件工程的发展方向，在此环境下，用户可以很方便地完成系统分析、系统设计、系统实施和运行管理的全过程。

(6) 图形软件。

(7) 各种应用软件包，如统计分析软件包、多元分析软件包、数据规划软件包、运筹学软件包、预测分析软件包(如 SAS、Excel）等。

第三章　决策支持系统

管理工作的成败在于正确的决策，决策的质量取决于信息的质量，正确及时的信息是减少不确定因素的根本所在。随着信息技术的迅速发展，决策支持系统得到越来越广泛的应用。

3.1　信息与计划控制

一、企业管理的四大职能

一个组织(企业、公司、单位等)的管理主要包括以下 4 大职能：

1. 计划职能

它为组织及其下属单位确定目标，拟定行动方案，制定计划，使得各项工作和活动都能按照预定的目标，在计划的指导下进行，以达到预期的效果。

2. 组织职能

包括人的组织和工作的组织。其职能为：确定管理层次，建立各级组织机构，配备人员，规定职责和权限，明确各部门间的相互关系，协调原则和方法。

3. 领导职能

其作用在于指引和影响个人与组织实现目标。这是一种行为过程，实行这种行为的是领导者，接受指引或影响的是被领导者。

4. 控制职能

它对具体的管理业务进行计量和纠偏，确保管理目标以及为达到目标而拟定的计划得以实现。通常把实际和计划比较，发现偏离，就采取必要的调整措施。

二、计划工作的特点和方法

计划的首要任务是确定具体的目标，并应有全面的观点，需要涉及大量的数据并对历史数据进行分析，选定较好的方案。计划即预测未来，需要考虑各种可能性，拟定多种方案，从中优选。按照计划期限，计划可以分为长期计划、年度计划和作业计划 3 个层次。

计划工作中常用的方法主要有：

1. 统计方法

统计方法是数据加工的重要方法，它用统计学原理的方法进行汇总分析，寻找生产经营活动内在的联系和发展趋势。

2. 预测方法

预测方法是研究如何对未来状况作出估计的专门技术，通常计划在预测的基础上进行，但计划的目标和预测的结果可以不同。预测方法可以粗略分为以下 3 类：

(1) 外推法　用过去和现在的数据作预测，该方法需要大量的历史统计资料，由于没有考虑因果关系，可能产生较大误差。可用于中、短期预测。如时间序列法等。

(2) 因果法　强调找出原因和结果之间的关系，例如回归分析法、投入产出法等。

(3) 直观法　主要凭人的经验和综合判断能力。例如类推法和专家调查法(Delphi 法)等。

3. 计划模型法

计划模型法用于编制计划，例如财务计划模型描述了有关利润率的各种计算方法，其中包括折旧、利润率、损益平衡计算等。网络图、甘特图均是比较有效的计划模型工具。

4. 线性规划法

线性规划法是运筹学的一个较大分支，用于解决如何合理利用现有资源(人力、物力、财力)，使得任务得以完成而耗费最少，收益最大。

三、管理控制的内容

管理控制的基本任务是对待定的管理业务进行分析计算，发现实际执行和计划的偏差，采取措施，确保目标和计划的实现。图 3-1 描述了管理控制过程。

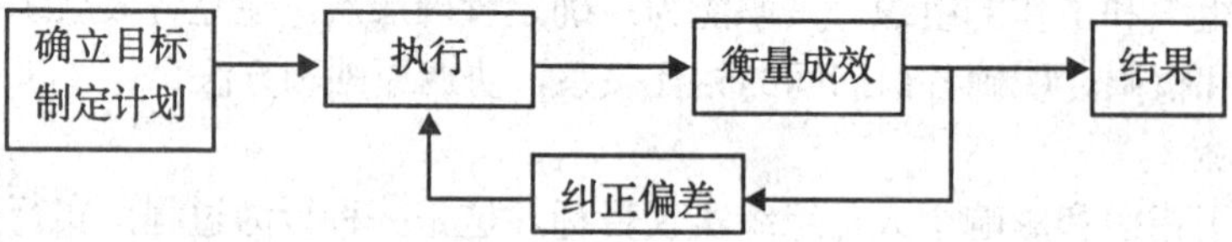

图 3-1　管理控制过程

1. 管理控制的过程

确立标准和制定计划，在执行过程中衡量执行的成效，发现实际执行的结果与标准和计划之间产生偏差时，采取措施纠偏。管理控制信息包括：期望值、预算和标准、偏离目标的差值、偏离原因、可能采取的决策方案等。

2. 管理控制中的反馈控制和前馈控制

反馈控制和前馈控制分别如图 3-2 和图 3-3 所示。

(1) 反馈控制

有反馈回路的控制称为反馈控制，例如某厂实行计件制，职工的收入直接与产量和质量挂钩。在企业管理中反馈控制比较多地用在财务预算、材料消耗和库存管理方面。

反馈控制的优点：控制机构比较简单，控制环节少，适应性强。反馈控制的缺点：由于数据整理、制定纠正措施等造成时间延迟，一些需要立即反应的问题处理不及时。

(2) 前馈控制

前馈控制没有反馈回路，其特点是通过对运行过程输入的监测，确定是否符合标准和要求。若不符合要求，则应立即改变输入或运行过程进行调整，例如卫星研制过程。

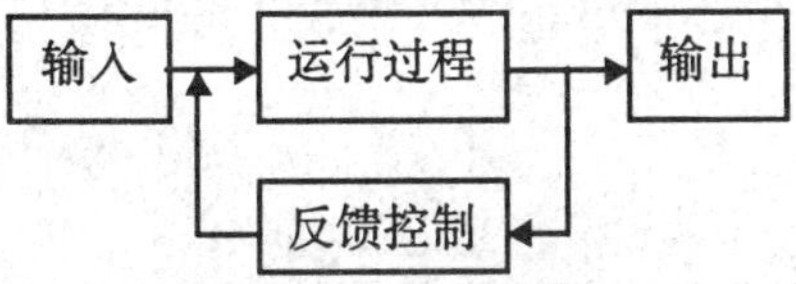

图 3-2　反馈控制

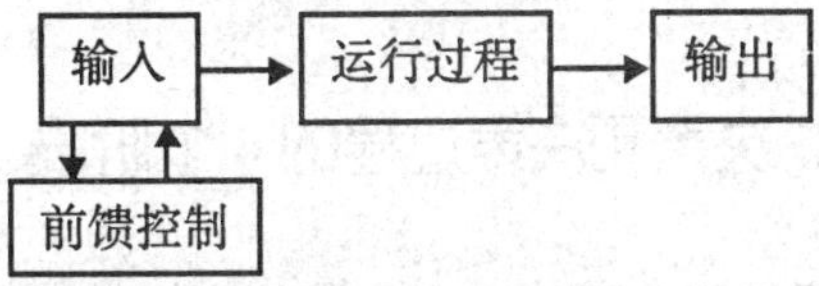

图 3-3　前馈控制

前馈控制要想达到控制目的，必须掌握输入变量对预期成果的影响，并精确预测结果。前馈控制的控制机构比较庞大、复杂，当出现问题考虑不周时，会造成较大失误。

3. 企业管理中主要的的控制内容

一切管理内容都有控制问题，企业管理中的主要控制内容包括：行为控制、人员素质控制、质量控制、库存控制、生产进度控制、成本控制、财务预算控制等。

四、信息系统对计划的支持

1. 支持对计划数据的存取

在计划信息管理中，需要建立计划信息数据库。计划信息数据库可以分为定额信息数据库、计划指标数据库、计划表格数据库。

2. 支持预测

预测是研究对未来状况作出估计的专门技术，而计划则是对未来作出安排和部署，以达到预期的目的。计划必须在预测的基础上进行，计划和预测的结果不一定相同。

五、信息系统对管理控制 3 个层次的支持

1. 支持战略计划和控制

编制战略计划的目的是实现长期战略目标，由于涉及的因素较多，因而用计算机支持和控制战略计划有相当难度。战略信息系统和执行信息系统可以提供信息并予以支持。

2. 支持管理层次上的控制

例如，生产管理子系统在计划付诸实施后，能掌握生产信息，根据管理者的要求，比较分析实际生产与计划的差别，分析原因，提供可能的方案，供管理人员选择。

3. 支持作业控制

该支持确保作业有效实施，在库存控制中，计算机可以比较实际库存与订货点，打印出订货申请方案。在财务控制中，可以打印出欠款用户的清单或超支部门的清单。

3.2　决策和决策过程

一、决策和决策过程的 4 个阶段

决策是在一定的人力、设备、材料、技术、资金和时间因素的制约下，人们为了实现特定目标，从多种可供选择的策略中进行选择，并作出决断，以求得最优或较好效果的行为。决策是领导者的基本职能，科学地进行决策是保证工作顺利的重要条件，也是领导水平的重要标志。

诺贝尔奖金获得者西蒙(H. A. Simon)教授指出：以决策者为主体的管理决策过程经历情报(intelligence)、设计(design)和选择(choice)3 个阶段。可以把决策过程分为 4 个阶段。

1. 情报活动阶段

情报活动阶段的内容是环境调查，并定义要决策的事件和条件。它可分为 3 个阶段：发现问题、确定目标、价值准则(落实目标，作为以后评价和选择方案的基本判据)。

2. 设计活动阶段

实现目标的可能方案应有多种选择。必须研究有关的限制性因素，在其他因素不变的情况下，如果改变这些限制性因素，就能实现期望的目标。

在制定方案的过程中，要注意对决策起决定作用，有关限制性因素的变化。需要建立各方案的物理或数学模型，求得各模型的解，并对其结果进行分析评估。

3. 选择活动阶段

从各种可能的被选方案中，针对决策目标，选出合理的方案，或综合成一，这是决策成功或失败的关键所在。

4. 实施活动阶段

在这一阶段，第一步要进行实验验证。当方案选定后，必须进行局部实验，以验证方案运行的可靠性。如果实验成功，即可进入全面普及实施阶段。否则，就必须重新进行决策。

上述步骤完成后，即可进入全面实施阶段。通过上一阶段的实验，可靠程度一般比较高。要加强反馈工作，制定规章制度，用规章制度来衡量执行情况，并随时纠正偏差。

二、决策的科学化

决策的科学化，一方面是现实管理提出的要求；另一方面是计算机技术和近代数学的发展，为它提供了实现的可能性。目前，决策科学化正在向以下一些方向发展：

1. 定性决策向定量与定性相结合的决策发展

定性决策向定量决策发展是当代决策活动发展的必然趋势。现代科学中的系统工程学、仿真技术、计算机理论、预测学，特别是运筹学用于决策分析，为决策的定量化奠定了基础。但决策的本质是人的主观认识能力，因此它受到人的主观认识能力的限制。

实践表明，尽管定量的数学方法与计算机相结合，能够进行比人脑更精密、更高速的推理和分析，但决不能代替人的创造性思维。

2. 单目标向多目标综合决策发展

决策活动本身构成一个难以确定的大系统。现代决策活动的目标是多目标，还可能包括更广阔的社会的和非经济领域的目标，例如多目标的构成为：利润高，并且污染较少。

3. 战略决策向更远的未来决策发展

决策从本质上说乃是对应于未来的。为了避免远期可能出现的意外，以至于抵消甚至超过近期的利益，要求战略决策在时域上向更遥远的未来延伸。

三、决策问题的类型

决策问题的范围很广，计划、调度命令、政策、法规、发展战略、体制结构、系统目标等都属于决策范畴。但它们的结构化程度不同。西蒙教授提出可按问题的结构化程度不同将决策问题划分为 3 种类型：结构化决策问题、半结构化决策问题和非结构化决策问题。

1. 结构化决策问题

结构化决策问题相对比较简单、直接，其决策过程和方法有固定的规律可以遵循，能用明确的语言和模型加以描述，并可依据一定的通用模型和决策规则实现其决策过程的基本自动化。早期的多数管理信息系统能够求解这类问题，例如：工资计算问题。

2. 非结构化决策问题

非结构化决策问题是指那些决策过程复杂，其决策过程和决策方法没有固定的规律可以遵循，没有固定的决策规则和通用模型可依，决策者的主观行为(学识、经验、直觉、判断力、洞察力、个人偏好和决策风格等)对各阶段的决策效果有相当影响。这类问题往往是决策者根据掌握的情况临时作出决定。例如：产品发展。

3. 半结构化决策问题

半结构化决策问题介于上述两者之间，其决策过程和决策方法有一定规律可以遵循，但不能完全确定。即有所了解但不全面，有所分析但不确切，有所估计但不确定，这样的决策问题一般可建立一定的数学模型或知识推理模式，但无法确定惟一的最优方案。

表 3-1 大致说明了各类决策问题的结构化程度。表中越向右(下)边的决策问题，其结构化程度越低，也越难以实现决策的程序化。决策问题的结构化程度是可变，当人们掌握了足够的信息和知识时，非结构化问题有可能转化为半结构化问题，半结构化问题也有可能向结构化转化，这是人们对客观事物不断提高认识的过程。

不同类型决策问题对信息要求不同。结构化问题所需信息往往是统计性的，大部数据来自组织内部，且有较高精度；非结构化问题所需的信息一般是预测性的数据，大部分来自外界，不具有详尽的内容和高度的结构。

管理决策是一种复杂的活动，有结构化的也有非结构化的。结构化决策可以利用一定的规章或公式来解决，而非结构化决策则往往没有数学模型和知识推理，甚至无章可循。如人才的选拔等，这类决策要更多地依赖人对事物的洞察和判断，依赖于人的经验，更倾向于“艺术”。在现代管理中，更重要的是非结构化决策。

表 3-1 不同结构化程度的决策问题

	结构化 → 非结构化		
结构化	作业管理	管理控制	战略管理
↓	工资计算	短期预测	厂址选择
	库存补充	作业计划	体制确定
非结构化	奖金分配	作业调度	企业合并
	选择销售对象	长期预报	产品发展

在信息处理过程中，计算机能保存大量的历史数据，并进行筛选、分析，能够仿真应用环境和真实的管理系统，产生各种方案的可行解，自动淘汰非优解。

人在信息处理上的长处是：能够根据经验和大量知识进行模糊推理，善于处理各种与人有关的问题。

在信息系统设计中，需要充分考虑人的特点，充分发挥人和计算机各自的长处，努力保持人和机器的和谐，注意人和机器的合理分工。

3.3 决策支持系统及其功能

一、决策支持系统的概念

决策支持系统是以管理科学、运筹学、控制论和信息技术为基础，以计算机技术和仿真技术为手段，应用决策科学及其有关的理论和方法，辅助决策者进行决策的信息系统。它主要支持半结构化和非结构化的决策问题。

DSS 的重点是“决策支持”，而不是替代决策者的工作，传统的信息报告系统可以替代管理人员的工作。DSS 在传统的 MIS 基础上发展起来，现代的 MIS 包括了 DSS。

二、决策支持系统的功能

现在决策支持系统已逐步推广应用于大、中、小企业中的预算与分析、预测与计划、生产与销售、研究与开发等职能部门，并开始用于军事决策、工程决策、区域规划等方面。一个成功的 DSS 应具有以下功能和特征：

1. DSS 支持半结构化或非结构化决策

这些问题难以得到 EDPS 或信息报告系统的支持，而 DSS 可以解决这一部分工作的有关问题；但对这一过程的控制还需要决策者的洞察力和分析判断能力。

2. DSS 是辅助和支持管理者进行决策，而不是替代管理者的判断和工作

不应试图由计算机来提供“现成的答案”，或给决策者提供一套可供参考的分析结果。

3. DSS 是一个人机交互系统

DSS 通过人机接口，为决策者提供辅助分析功能；其人机接口注重人的参与、学习、创造和审核，并让决策者根据自己的实际经验和分析能力，主动利用各种支持功能，在人机交互过程中反复学习和探索，最后根据自己的“判断”，选取一个合适的方案。DSS 的目的不仅是为了提高决策的效率(Efficiency)，更是为了提高决策的有效性(Effectiveness)。

4. DSS 能给管理者以启发和诱导

DSS 能够存储与所研究的决策问题有关的各种模型，如库存控制模型等，模型也易于扩充。在决策过程中，可以从基本模型开始，逐步扩展，拓宽决策者的思路。DSS 能根据决策者的需要在不同的阶段提供不同形式的帮助。可对决策组织内部的横向联系提供支持。决策组织的各成员都可以把自己的见解加到统一的模型之上，增加决策的整体效果。

5. DSS 不会替代电子数据处理系统和信息报告系统

DSS 的目标是辅助管理者的决策过程，因此 DSS 不会也不可能取代以提高管理效率为目标的电子数据处理系统(Electronic Data Processing System，EDPS)和信息报告系统。

6. 传统与现代的结合

DSS 把传统的数据存储和检索功能与现代的模型分析技术、知识与推理技术相结合。

【例 1】　中国电信为面对激烈竞争，采用 DSS 提高管理效率，并对用户的客户资料、通话记录、欠费记录等数据进行分析，挖掘出为运营商提供全局发展的业务模型，采用灵活的统计报表，为管理决策、个性化服务、用户优惠策略等提供有力的决策依据。

【例 2】　国内某纺织厂开发了一个用于配棉计算的 DSS。不同的棉花有不同的强度、不同的耐磨性、不同的吸水性、不同的价格和运输费用，这些将导致每种产品所要求的棉纱也有不同的特性。由于一根成品纱是由几十根不同的纱混纺而成的，那么应当用什么棉花、多少支纱来混纺，才能达到强度、耐磨性、吸水性和成本最低的目标，可以用线性规划建立一组包含几十个变量的数学模型，DSS 用该数学模型来进行这种计算，并辅助决策，每年可以节省资金几十万元。

【例 3】　大型投资谈判的 DSS。外商谈判让我们建设一条大型客轮，需要进行价格估算。DSS 可以根据客轮的吨位，推算出它所需要的各种设备和材料，可以计算出所涉及的费用和加工工时费用，再考虑税收、关税及运输费用等，就可以算出总费用，然后进行报价或核算报价。由于谈判时间很紧，第一天提出新的方案，第二天就要回答是否接受，手工计算无法完成要求。DSS 在谈判过程中能进行有效的支持。

【例 4】　小型海运 DSS。最初，美国冶金公司的子公司负责运输公司的油、煤及有关成品，后来该系统也向市场开放。这个海运估价系统需要计算财务和技术上的运输细目：

(1) 财务运输细目

包括船的成本、燃料、工时、折旧、各种货物的运费率以及口岸的有关开销。

(2) 技术运输细目

包括船时的容量、速度、口岸距离、燃料和水的消耗以及装载模型(即对不同口岸装载的位置不同)等。

在采用 DSS 以前，上述计算用一台大型机，其计算结果连经理也看不懂，只有 MIS 部门一个人能运行这个程序，他要用几周的时间改变参数才能完成计算，而且在已知调度计划和运费率的情况下，他不能回答如下问题：为使利润最大应指定哪艘船？当满足有关要求，同时利润又最大，则船速应是多少？由马来西亚到美国西海岸，船的装载模型应当怎样？该公司使用一台高性能的微机，采用了 DSS，并提供给用户一个操作手册，所有的操作均由管理人员自己进行，获得良好的效果。

3.4 决策支持系统的组成

一、决策支持系统的基本模式

根据 DSS 的功能，可以得到 DSS 的基本模式，如图 3-4 所示。

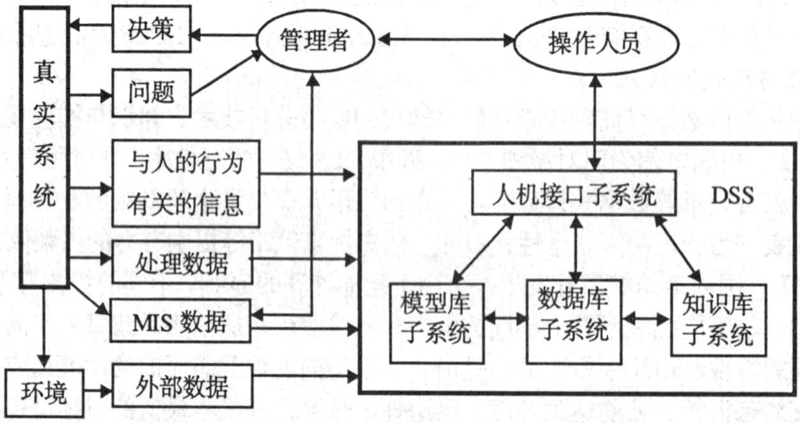

图 3-4 DSS 的基本模式

目前普遍认为能对半结构化和非结构化的决策问题提供支持的才称为 DSS，持这一观点的代表人物是美国的 A. B. Whinston。这是 DSS 结构的发展趋势，已经有越来越多的人赞成这种提法。这种观点提出数据库、模型库和知识库。

另外，需要指出的是，一些教科书区分了模型库和方法库。鉴于模型库和方法库所介绍的均为数学模型，所以本书把模型库和方法库的功能归并，用模型库来表示。

二、决策支持系统的组成

DSS 的组成部分如图 3-5 所示。

1. 数据库子系统

数据库是决策的信息来源，数据库子系统是 DSS 的基础。用户使用 DSS 进行决策时，所需的数据是多种多样的。有的是内部数据，有的是外部数据，因此 DSS 的数据库管理系统应该能管理多种数据库。数据库子系统的组成如图 3-6 所示。

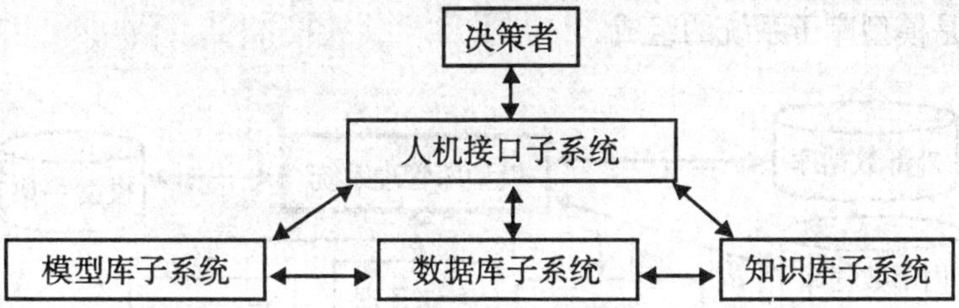

图 3-5 决策支持系统结构图

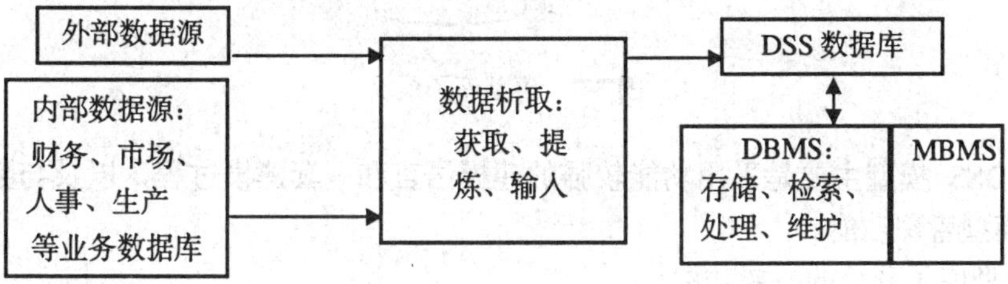

图 3-6 数据库子系统

DSS 数据库子系统的主要工作就是进行一系列复杂的数据转换过程。

(1) 数据库的主要功能

利用数据获取和数据提炼过程，综合多种数据源的数据；能快捷地增添或减少数据源；利用决策者的语言描述数据的逻辑结构，便于决策者进行必要的增加和删除；能处理个人的和非正式的数据的能力，决策者可以在个人判断的基础上进行不同方案的试验；具有管理广泛数据的能力。

(2) 数据库分为源数据库和 DSS 数据库

源数据库：这是原始的数据库，包括外部数据源和内部数据源。这些数据通常不能直接用于模型库的计算或知识库的推理，源数据库就像统计局的统计报表，内容比较庞杂。

DSS 数据库：可以用数据析取部件，从源数据库中抽取某部分内容，形成 DSS 数据库。

(3) 数据库子系统的组成

● DSS 数据库　又称为二级数据库，它由数据析取模块形成，源数据库的数据不全进 DSS 数据库，而是根据需要析取，提供给模型和人机接口部分使用。

在 DSS 中，二级数据库的生成和与模型库的接口，是由计算机自动进行的。

● 数据析取模块　它为模型运行准备和组织数据，包括数据的获取、提炼和输入等。

● 数据库管理系统　用来提供存取数据库中数据的功能。

● 数据字典　用来维护系统中的数据定义、类型描述和数据源的描述。

● 数据查询模块　用来解释来自其他子系统的数据请求，通过查阅数据字典来确定如何满足这些请求，并阐述对 DBMS 的数据请求，最后将结果返回给人机接口子系统。

2. 模型库子系统

模型库子系统包括模型库(Model Base，MB)和模型库管理系统(Model Base Management System，MBMS)，它是决策支持系统的核心，模型库子系统难以实现。

图 3-7 所示的是模型库子系统的组成。

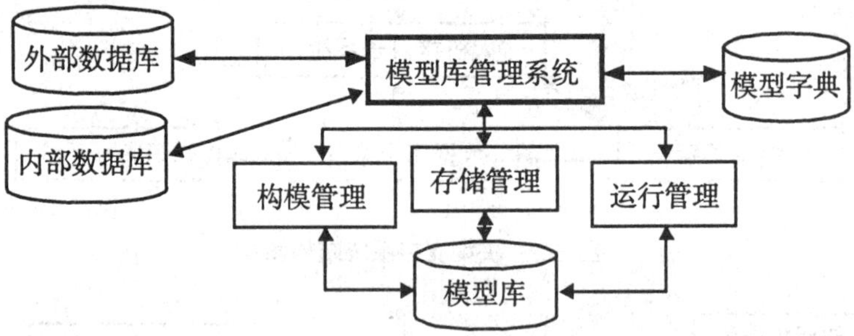

图 3-7 模型库子系统

建立 DSS 模型主要是采用功能较强的建模语言和一套建模过程，以及与数据管理功能类似的模型管理功能。

(1) 模型库子系统的主要功能

具有快捷地产生新模型的能力；具有存取和集成“积木式”模型的能力，即存取和集成模型“建造块”的能力；支持各级决策者广泛利用模型进行分类和维护等能力；通过数据库适当连接相互关联的模型；具有存储、建造、修改、连接和调用模型的机构。

(2) 模型库子系统的 3 个层次

● 应用层　这是为决策者设计的专用的或共享的模型子系统。

● 生成级　由模型库管理系统、用户接口系统、数据管理系统、基础库等部分组成，其用户是 DSS 设计人员。根据用户的要求，可以利用 DSS 来建立和维护有关系统。

● 工具级　这是一些专用的或通用的软件，如构造模型的软件、图形软件、文字处理工具和模型化语言等。

通常的模型库子系统介于应用级和生成级之间，生成级是模型库系统的核心，在它的支持之下，决策者可以根据自己的意图来建立和使用模型。

(3) 模型库子系统的组成

● 模型库　这是 DSS 的核心部分，用于存储模型，模型库由源码库和目标码库两部分组成。它是各种模型的集合，在软件的结构中，由许多程序模块组成。

● 模型字典　用来存放有关模型的描述信息(如限制、约束等)和模型的有关数据。

● 内部数据库　这是模型库系统自己含有的数据库，它与总系统中数据库是两个逻辑上独立的实体，可以由同一数据库管理系统支持。

● 模型库管理系统　其功能是管理模型的建立、维护、调用、查询、运行、检验和评价，并进行集中的控制。

(4) 模型库子系统管理的模型类型

一类是标准模型，如规划模型、网络模型等，这些模型按照某些常用的设计语言编程，并存于模型库中；另一类是用户应用建模语言而自建的专用模型。

(5) 模型库的模型分类

按照模型求解的方法，可以把模型分为模拟方法类、规划方法类、计量方法类、投入产出方法类等。其中每一类又可分为若干类，如规划方法类可以分为线性规划、非线性规划、单目标规划、多目标规划等。

模型按照经济内容可以分为：

● 预测类模型　如产量预测模型、人口预测模型等。

● 综合平衡模型　如生产计划模型、投入产出模型等。

● 结构优化类模型　如能源结构优化模型、工业结构优化模型等。

● 经济控制类模型　如财政、税收、信贷、物价、工资、利率、汇率等对国家经济的综合控制模型。

(6) 模型在计算机中的存储方式

作为子程序存储，该方法适用于一切计算机的子程序，但不利于管理。

作为数据存储，该方法把模型看成一组用数据表示的关系，这种存储方式便于利用数据库管理系统来对模型库的管理，使模型库和数据库能用统一的方法进行管理。

作为语句存储，该方法需要用一定的语言把模型写成语句集合，然后把每条语句作为一个记录存入文件。例如可以把用 C 语言编写的语句集中放到 FoxPro 数据库文件中。

3. 人机接口子系统

人机接口子系统(Dialogue Generation Management System，DGMS)常称为对话子系统。它由用户、终端和会话生成管理系统三部分组成。人机接口子系统如图 3-8 所示。

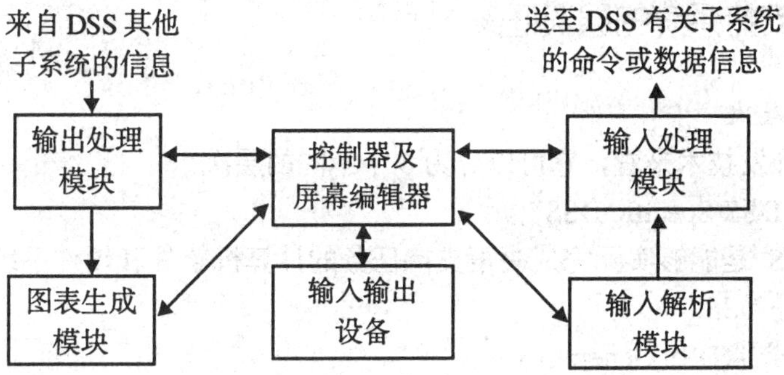

图 3-8　人机接口子系统

(1) 人机接口子系统的主要功能

● 处理各种对话形式的能力，并具备人机相互理解和适应的功能。

● 使用户了解系统中现有的模型情况，包括数量、功能运行等要求。

● 使用户了解系统中现有数据的情况，包括模式、完整程度、数值及某些统计情况。

● 系统可以提示，使用户自由选择模型或方法，通过运行，使用户以合理有效的方式取得分析结果或预测结果。

● 为用户的会话提供灵活支持的能力。例如通过“What-if”方式的提问。通过对用户的学习和自适应，合理调用系统中的数据、知识、方法和模型。

● 在决策过程结束之后，能把反馈结果送入系统，对现有模型提出评价及修改意见。

● 当需要的时候，可以按照使用者要求的方式，方便地输出图形及表格。

(2) 人机接口子系统的组成

它由输入解析模块、输入处理模块、输出处理模块、图表生成模块和控制器及屏幕编辑器共5个部分组成。

(3) 人机接口子系统研制的要求

由于决策者大多是非计算机人员，所以要求系统使用方便、灵活性好。人机接口子系统是DSS开发的重点之一，研制DSS软件费用的大部分是用于该子系统的软件开发与维护，这也是DSS设计成败的关键。

(4) 人机接口子系统所采用的对话技术

目前计算机中使用的人机对话多数采用窗口技术，其对话方式有：菜单式对话、回答式对话、命令语言式对话、输入/输出表格式对话等。

4. 知识库子系统

知识库子系统的作用实际上就是专家系统，知识库主要支持半结构化和非结构化的决策问题(采用知识和推理的方法)。

专家系统(Expert System，ES)是人工智能(Artificial Intelligence，AI)的实际应用。专家系统是指一个基于知识的程序设计方法建立起来的计算机软件系统，它拥有某个特殊领域内专家的知识和经验，并能向专家那样运用这些知识，通过推理，做出智能决策。

由于人类专家的价格昂贵和稀少，而计算机又很普及，专家系统在技术上日益成熟，这些为用计算机专家系统代替人类专家创造了条件。

三、决策支持系统的层次框架

1. 3个技术层次

从DSS的开发技术来看，它可以分为3个不同的层次。

(1) 专用的DSS(Specific DSS)

专用的DSS是能够实际完成决策支持任务的计算机软件和硬件系统，从决策者看，专用的DSS就是DSS。

(2) DSS生成器(DSS Generator)

这是一种能够用来研制专用DSS的软硬件系统，它包括数据管理、模型管理和对话管理所需的技术以及能将它们有机地结合起来的接口。例如，Execucom公司的交互式财务计划(Interactive Financial Planning System，IFPS)是一种DSS生成器，它具有较好的通用性，适用于研制公司计划、财务计划、投资决策等DSS软件。

(3) DSS工具(DSS Tool)

DSS工具是一些可以用来构成专用DSS或DSS生成器的软硬件单元，用来开发DSS的最基本的技术。

2. 3个技术层次间的关系

DSS的3个技术层次间的关系如图3-9所示。

专用的DSS属于最高层次，它可由DSS工具构成，也可由DSS生成器产生。DSS生成器可以被认为是一个由各种DSS工具组成的软件包，它能快速、方便地开发一个专用DSS，比直接从DSS工具来研制专用DSS更为有效。

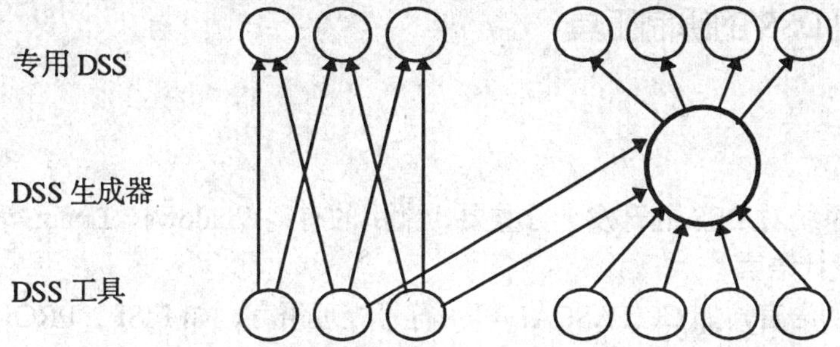

图3-9 DSS的3个层次

3.5 决策支持系统的开发

一、DSS开发方法的特点

开发DSS有多种方法，如原型方法(Prototyping)等。即用户和DSS开发者先在一个小的重要问题上达成共识，快速设计和建造一个初始系统，经使用后，对系统进行评价、修改和完善，经过反复循环，使系统相对稳定并达到要求。

DSS的开发方法有以下几个特点：

1. *反复交互设计*

DSS的开发方法强调分析与设计的动态性，随着决策问题、决策环境、决策者风格的变化，分析设计也要不断发展、演变。DSS的开发方法是一种反复的交互过程。

2. *用户参与设计工作*

对于 DSS 的开发，用户不仅是开发任务的提出者、开发过程的参与者和系统的使用者，而且是DSS的主要设计者，即直接参与系统设计、使用和评价的全过程。

3. *尽可能短的开发周期*

快速开发，尽早交付使用，尽快见效可使决策者树立信心。开发周期过长，不仅使决策者失去信心，而且时间一长，开发出来的系统可能已经不适应变化了的环境。

4. *以生成器为基础的积木式设计*

为适应快速多变的特点，必须有一个好的软件环境。DSS生成器就是这样一种环境，多数DSS是在生成器基础上开发的，虽然也有一些直接使用DSS工具开发。

二、DSS采用原型方法开发

DSS 在研制开始时难以对问题清晰地定义。用户(即决策者)往往不知道他真正需要的是什么，需要的信息和用于决策的模型往往有待于逐步明确；用户往往需要看了实现的系统甚至使用之后才能提出进一步的意见，需要依靠用户对系统的反馈意见来修改和完善DSS的功能，因此DSS常采用原型方法开发。

三、常用 DSS 的研制工具

1. 通用类工具

(1) 操作系统

好的操作系统对 DSS 的开发十分重要，常用的有：Windows、Linux 等。

(2) 程序设计语言

面向问题的语言，如 C、PASCAL 等；符号处理语言，如 LISP、PROLOG 等。

(3) 编辑、编译程序

(4)网络软件和通信软件

如 GDSS 用于支持企业中的一组决策者，需要得到网络软件或通信软件的支持。

(5) 分析和管理工具

2. 专用类工具

(1) 支持对话的工具，如屏幕设计软件、对话生成软件、报表软件和图形软件等。

(2) 支持模型的工具，如财务分析软件包、统计分析软件包、优化分析软件包等。

(3) 支持数据的工具，如数据编辑软件、文件处理系统、数据析取系统和 DBMS 等。

(4) 支持集成的工具，如集成软件 OFFICE、通信软件、接口软件和转换软件等。

【例】 社会科学统计软件包(Statistical Package for Social Science，SPSS)是国际著名的统计分析软件之一。它集数据输入、整理、分析处理、图表输出等功能于一体，具有描述性统计、均值比较、相关分析、回归分析、聚类分析、数据简化、生存分析、时间序列分析、多重响应等统计功能，并可根据需要配置高级回归分析、复杂报表、趋势分析、数据检验、缺损值分析等附加模块。

SPSS 使用 Windows 界面，使用对话框展示各种功能的选择项，并具有完善的在线帮助和向导。目前已广泛应用于社会、经济、管理、商业、金融、心理、医疗卫生、体育、农林等领域的定量研究和决策支持分析。

3. 综合类工具

这是一类多功能的组合性的软件包，其中，工具可以独立或配合使用。

4. DSS 生成器

DSS 生成器又称 DSS 开发系统，是专门用来开发专用 DSS 的软件系统。如 IFPS、GADS 等都是 DSS 生成器，它们可以用于研制多种领域的专用 DSS。

3.6 决策支持系统的发展趋势

一、决策支持系统研究的变迁

20 世纪 70 年代初，国际上展开了对 MIS 为什么失败的讨论，当时美国 MIT 的 Michael Scott Morton 于 1970 年首先提出 DSS 的概念。人们称其为“用于辅助决策的一种计算机化的系统”，主要用于支持单个决策的管理决策活动。

70 年代中期，开始注重人机交互在 DSS 中的作用，并强调利用快速开发工具和软件包支持决策者的决策分析和计算，但只有少数几个学院和研究所关注和进行研究。

70 年代末和 80 年代初，人们对 DSS 的认识演变为“利用适宜的和可得到的技术改善管理决策和专业活动的有效性和效果”，群体决策支持系统的概念开始出现。计算机企业管理的重点逐渐由事务性处理转向企业的管理、控制、计划和分析等高层次决策制定方面，DSS 的研制和应用迅速增加。

80 年代中期，Elam 等人提出将 DSS 的概念发展为利用智能技术和计算机技术支持重大决策中的创造性思维和推理判断。

进入 90 年代，微型电子计算机系统和办公自动化设备的迅速发展，国内外相继出现了多种高功能的通用和专业的 DSS。DSS 与人工智能的结合，出现了智能决策支持系统(Intelligent Decision Support System，IDSS)；DSS 与计算机网络的结合，出现了群体决策支持系统(Group Decision Support System，GDSS)等。DSS 也从早期解决简单的 what-if 问题，发展到现在支持处理高度复杂和智能的半结构化与非结构化的决策问题。从主要支持个人决策的 DSS 发展到支持群体决策活动和具有人工智能能力的系统。

90 年代中期，随着 Internet/Intranet 的兴起，企业组织迫切需要强有力的 DSS 来辅助其经营决策，而传统的 DSS 难以胜任。近年来，新兴的数据仓库和数据挖掘技术以及网络上的分布式人工智能技术将 DSS 的研究推向了实用化阶段。

近年来 GDSS 和 IDSS 发展呈现上升趋势。我国单用户决策理论与应用研究处于发展阶段，并开发了一些成功的应用。但 GDSS 和 IDSS 离实用阶段尚有距离。

二、群体决策支持系统

GDSS 是支持一群共同决策的决策者为获得一个有效决策结果而运行的计算机辅助决策信息系统，它由硬件、软件、通信网络和 GDSS 协调员(或称系统操作员)组成。协调员的主要任务是协调决策群体的决策过程和解决 GDSS 运行中的技术问题。决策者可以在会议室内进行群体决策，也可以分散在不同地点，围绕一个称为“主题”的决策问题，在某种规程的控制下实现群体决策。

GDSS 大致有以下四种类型：

(1) 决策室，决策者在室内通过互联的计算机共同完成决策。

(2) 局域决策网，决策者在近距离的不同房间内(一般是自己的办公室)进行群体决策。

(3) 虚拟会议，虚拟会议能使分散在各地的决策者在某一时间内进行集中决策。

(4) 远程决策网，这是一种利用广域网等信息技术来支持群体决策的形式。

GDSS 通常配有数据库、模型库、知识库和各种应用软件(如辅助表决软件、会议议程、会议组织软件和会议记录保存软件等)。会议中每个决策成员可以自己运行不同的决策模型或查询共享数据库；计算机网络完成各成员间的信息交流；公用屏幕则能动态地反映各个成员的决策过程，显示各种决策方案或公布表决结果等。

GDSS 的实现涉及决策者个人风格和不同偏好，要综合决策科学、人工智能、计算机网络、数据库技术、运筹学、心理学及行为科学等多种学科的理论、方法与技术，有一定的难度，但是对于一个组织来说，重大决策几乎都是由集体参与制定的，所以如何运用

GDSS来显著提高高层领导的决策有效性是一个很重要的问题。

1. GDSS研究的主要内容

(1) GDSS的评价。建立科学的评价指标体系，对GDSS的功能和效果进行综合评价。

(2) GDSS的设计。与GDSS软硬件设置有关。

(3) 信息交流模式。研究群体成员间相互作用的流程，发现GDSS技术对群体的认识、行为、感情和决策结果之间关系的影响，需要研究与GDSS有关的信息交流模式。

(4) 成员参与效果。不同的参与模式对成员在GDSS讨论的结果会产生影响。例如，匿名输入方法能够鼓励成员更好地参与，但成员也会担心以后别人会看见他们的意见。

(5) 距离对GDSS的影响。距离会影响成员间的吸引力，例如在面对面的会议中，GDSS可使用电子通信来代替直接的语言交流，以增加可以觉察到的距离，减少相互影响。如果群体成员距离很远，GDSS可以用增加相互作用和语言交流等方式减少可察觉到的距离。

(6) 权力的影响。为防止权力对GDSS中成员的影响，GDSS将意见与提意见者分离，成员所关注的是讨论的目标而不是提意见者。意见是匿名的。

2. GDSS研究中存在的问题

(1) 群体决策影响因素众多。决策中经常受到政治、经济、社会、动机等因素的影响。这些因素具有不确定性和不稳定性。高层决策支持的需求是变化的，其决策过程十分复杂。参与者对决策议程、参与者的态度、社会规范和群体动机比较敏感。

(2) GDSS开发成本高。GDSS难以采用快速原型法的方法开发。开发费用昂贵，开发者对GDSS评价也比较困难。

(3) GDSS研究重技术轻应用。群体决策的理论研究尚未形成完善的体系。GDSS中有许多技术问题，如通信技术、信息的描述和模型化技术等。目前研究比较重技术，轻应用。

(4) 难以突破传统的决策方法。GDSS的介入拉开了群体成员间的距离，限制了情感交流，打破了常规的组织秩序和决策方法。匿名特征打破了上下级的权力分配，领导不愿意采纳GDSS。GDSS提倡技术性和模型驱动的决策方法，而我国的传统是“重视情面和关系，重先知轻结果”，再加上我国领导层计算机能力不足，所以GDSS的发展受到阻碍。

(5) 我国的群体决策研究偏重于理论和技术研究，对具体的开发和应用重视不够，成功的GDSS案例少。我国的GDSS还处于学术研究阶段，尚未进入案例和实际研究阶段。

3. 其他与GDSS有关的系统

(1) 计算机支持协作工作(Computer Supported Cooperative Work，CSCW)

CSCW是国际上20世纪80年代后期才发展起来的。它综合运用计算机和通信的最新技术，并融合管理心理学、组织行为学等社会科学的成果，提高了组织行为的有效性，信息充分交互，使组织对环境的变化作出准确及时的反应。

(2) 谈判支持系统(Negotiation Support System，NSS)

NSS是对冲突任务给予支持的信息系统，其目的是帮助解决成员间的冲突。NSS支持一个中介者来协调双方的谈判过程，谈判的每一方可以控制自己的数据。中介者要首先确定一个双方都认可的数据集合，并以此作为一个开始点，一旦实际的谈判开始，数据集合可以随着时间而变化。GDSS与NSS的不同点如下：

- GDSS的目标是帮助协调群体决策，而NSS的目标是支持冲突解决。
- GDSS是开放和相互信任的，而NSS则相反，谈判各方希望用自己的数据和决策模型。这就需要解决如下的问题：使用哪一方的数据？用什么样的协议和谈判技术？在 NSS 模型管理中要用什么样的对策？

三、智能决策支持系统

IDSS 是将人工智能(Artificial Intelligent，AI)技术引入 DSS 而形成的一种信息系统。传统的 DSS 难以解决非结构化问题。AI 技术尤其是专家系统(Expert System，ES)的迅速发展促进了 DSS 的发展。

IDSS 是 AI 技术与传统 DSS 相结合所形成的系统。它能够综合利用 DB(数据库)、MB(模型库)和 KB(知识库)进行推理和求解，把定量的计算功能，定性的知识推理功能有机地结合起来，提供有效的、高于专家本人的决策服务。通常认为只要在 DSS 基本结构中任一子系统中使用 AI 技术(智能部件)，系统就可称为 IDSS。

1. 基于知识的 IDSS 研究的主要内容

(1) 注重人机交互的友好性和具有某种智能

用户和 IDSS 通过人机接口相互作用，因此对人机接口的研究值得重视。

(2) 注重智能部件的模式

IDSS 由 DSS 和智能部件组成，这个智能部件最初是 ES，后来发展成为较广泛的“问题求解系统”，它即是 IDSS 中的知识处理机构。

(3) 注重智能部件的接口技术

DSS 与智能部件的接口技术研究目前是 IDSS 中最迫切与最现实的课题。如何在 IDSS 中相互接口、相互沟通以构成一个整体是一个重要的问题。

(4) 注重各种相关技术的集成应用

IDSS 的集成是 IDSS 的一个重要问题。对于涉及复杂的、综合性评价的 DSS，仅用定量分析方法，或者仅用基于知识的 ES 方法均难以完成。钱学森提出处理复杂系统要采用从定性到定量的综合集成方法。有必要将专家群体、统计数据、信息资料与计算机三者有机地结合起来，构成一个高度智能化的人机交互系统，它具有综合集成各种知识，从感性上升到理性，实现从定性到定量的功能。

2. 基于人工神经网的 IDSS 研究的主要内容

传统的人工智能通过对人的大脑进行功能模拟来实现，人工智能在许多高层次智能问题领域都得到成功的运用，但对于一些低层次的智能问题，如视觉和自然语言理解等则不理想。人工神经网系统根据人类大脑的结构进行模拟，并应用于 DSS 的基本部件。

(1) 对话部件

在过去十年神经网已被用于对话子系统的设计中，如手写体识别、语音识别和语音合成。这些应用提高了对话管理的功能，将使用户与 DSS 间用自然语言进行交互成为可能。

(2) 数据管理

在数据管理中应用神经网有重要的意义。人们收集了大量的信息，但缺少统一的数据结构和索引机制。采用神经网可把数据自动归类，并有助于数据组织、分类和汇总。

(3) 模型管理

在 DSS 中一般由模型库来存储模型，神经网可以看作是一种数据分析模型，可把它包括在模型库中。模型库管理应该允许神经网的用户从模型库中接收输入或输出。模型管理系统还可以提供对其他神经网资源的存取，如联想记忆网等。

3. IDSS研究存在的问题和发展

(1) 技术和设计原则的研究，尚未总结出一种普遍适用的概念框架。

(2) 对于自然语言接口的研究。理想的方式是自然语言输入与完全自适应输出。但由于对自然语言的理解还没有解决，完全的自然语言的接口还难以实现。

(3) 关于知识的表示和推理。人们试图通过模仿人的神经网络来提高 IDSS 的智能化水平，但目前还难以有所突破。

(4) 对于不精确推理和随机产生的决策问题，人们开始采用模糊控制的方法来构造具备模糊处理特征的IDSS，如何利用模糊控制的方法来创造新型的DSS是待探讨的问题。

(5) 我国在GDSS研究中存在的问题在IDSS中也不同程度地存在。

IDSS 的发展前景主要有三方面：统一的表示方式；进一步发挥智能部件的作用；更注重集成应用。IDSS 的发展将综合：数据库技术、定量分析方法、模糊理论、人工神经网、面向对象的方法、AI中的问题求解和搜索技术、机器学习(machine learning)等方法的集成运用，为决策者提供一个集成化的决策支持环境。

近年来，我国逐渐重视对 DSS(特别是 GDSS、IDSS)的研究，将其列入“863”高技术智能计算机应用的一个重要分支，并且在许多领域取得了成绩。

第四章　管理信息系统开发概述

管理信息系统的开发是一项复杂的系统工程，它涉及面广，包括技术、管理业务、组织和行为。它不仅是科学和技术，而且是艺术。近几十年，人们探索和发展了许多指导管理信息系统开发的理论和方法。虽然至今还没有一种完全有效的方法来很好地完成系统的开发，但有一些方法在系统开发的不同方面和阶段仍然带来了有效的帮助。

4.1　概　　述

MIS 的开发时间长，费用高，一个典型的中等规模的企业(1 000 人左右的职工)，全厂规模的 MIS 开发所需时间约 2～3 年，所需开发资金约 200 万元以上。为了保证 MIS 的开发质量，提高系统开发的成功率，必须采用正确的开发策略和科学的开发方法。

下面是开发 Windows 2000 的有关数据，从中也可以看出 MIS 开发的巨大工作量。

Windows 2000 是新一代商务计算理想的基础平台，它的开发是世界上迄今为止最大的商业软件研发项目。它以 2 500 多名优秀的开发人员为核心，源程序代码超过 3 500 万行，历经三年半，研发费用达 20 亿美元，全球共有 79 万客户和合作伙伴参与了该工程。

Windows 2000 的测试工作量：测试用代码行数超过 1 000 万行，测试兼容性的应用软件数量 1 000 种，应用软件测试中的脚本程序 6 500 种，每月备份数据 88 Terabytes，每晚模拟打印数量 25 万页，测试试验室占地面积 20 万平方英尺，89 家 OEM 公司共制造了 333 种“Windows 2000 Ready PCs”。

一、MIS 开发方法的演变

20 世纪 60 年代人们开始注意信息系统开发的方法和工具，Richard Canning 于 1956 年和 1957 年出版了两本有关的书。

到 70 年代，生命周期(Life Cycle)法诞生。它较好地给出了过程的定义，改善了开发的过程。这一阶段的系统开发工作特点：人们根据自己的经验和喜好，编出各种程序。同样一个业务，可以用 100 条指令，也可以用十几条指令完成。程序难写、难懂、难维护。用户迫切希望开发标准化、结构化。这时系统的开发方法是根据著名的“瀑布模型”，如图 4-1 所示。

结构化是指开发工作标准化，减少随意性。结构化开发的目标是有序、高效、高可靠性和少错误。应按规矩办事，相同情况得出相同结构，减少编程的随意性，要求建立标准的文档。结构化的负面影响是有可能妨碍程序员的创造性。但对一个大系统，只有用纪律才能维护高的生产率，才能有效地整合各种资源达到目标。

20 世纪 60～70 年代是结构化系统分析和设计时代。

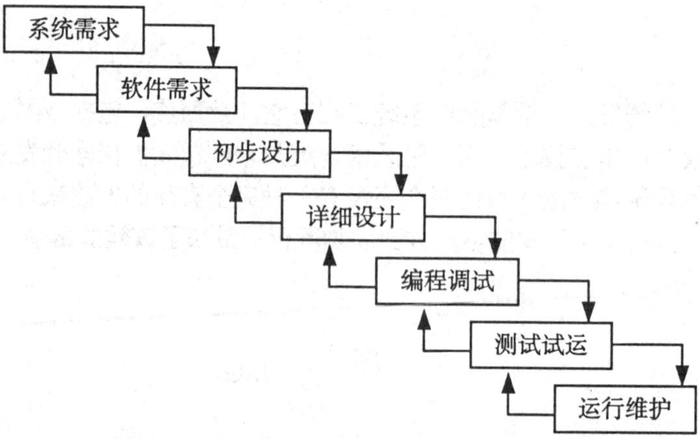

图 4-1 瀑布模型

进入 80 年代以来，开发方法进一步发展，友好的语言和自动化编程工具出现，但维护费用大量增加，差不多占去了 70%～80%的系统开发费用。

80 年代初，一些开发环境逐渐成熟，其中包括第四代语言(4GL)。开发者有可能使用原型方法(prototyping)来开发系统。4GL 是一种面向问题的语言，它包含如下环境：关系数据库系统、数据字典、非过程语言、报告生成器、图形处理、数据分析和模型工具、宏命令库等。只有在这些环境上应用 4GL 的开发，才能算作是 prototyping。

4GL 有很强的交互能力。第一代的交互是主干机和终端的交互；第二代的交互是 PC 机间交互，第三代交互是 Client/Server，即客户机/服务器的交互；第四代交互是 Web 的交互，即因特网的交互，浏览器/服务器(Browser /Server)的交互。

80 年代末期，计算机辅助软件工程(Computer Aided Software Engineering, CASE)和面向对象(Object-Oriented，OO)的开发方法得到很大的发展。OO 方法在 80 年代初已用于计算机科学，80 年代末开始用于企业系统。

90 年代初，面向对象的分析与设计方法和面向对象的语言(如 C++)等，开始实际应用。

90 年代初(包括 80 年代后期)，利用模块化和模块连接大大降低了维护成本，提高了开发者的劳动生产率；90 年代中期，Web 技术出现，开发方法又出现了新的机遇。

90 年代是客户机/服务器的时代和基于 Web 的浏览器/服务器时代。客户希望采用现成的商品化软件包，用户请有关公司把软件集成起来，这就是系统集成。

二、MIS 开发方法分类

按时间过程的特点来分，可以把开发方法分为生命周期法和原型法。按关键分析要素，可以把开发方法分为以下 3 类：

(1) 面向处理方法(Processing Oriented，简称 PO)

PO 主要就是系统分析。这里又分为两种：面向功能(function)的，即由企业的职能出发，例如市场、生产、会计和人事等管理功能出发；面向过程(process)的，即跨越企业职能，由企业运营流程出发，划分为一些过程进行处理分析。

(2) 面向数据方法(Data Oriented，DO)

该方法首先分析企业的信息需求，建立企业的信息模型，再建立全企业共享的数据库。

(3) 面向对象的方法(Object Oriented，OO)

该方法首先分析企业的一些对象，把描述对象的数据和操作放在一起，对象的数据和操作内容是对外封闭的。如果多个对象可以共享某些数据和操作，共享的数据和操作就构成了对象类。对象类可以有子对象，子对象可以调用其他类所定义的数据和操作。

以上的分类用表格来说明，见表 4-1。

表 4-1　系统开发方法二维分类表

按关键分析要素 / 按时间过程	面向处理 PO	面向数据 DO	面向对象 OO
生命周期法 LC	LC-PO	LC-DO	LC-OO
原型法 PROT	PROT-PO	PROT-DO	PROT-OO

现在流行的面向过程的系统分析方法，在概念上是把功能与数据结合，因而从本质上可以认为是面向对象的方法。

4.2　结构化系统开发方法

结构化系统开发方法(Structured System Development Methodologies，SSDM)，也称 SSA&D(Structured System Analysis and Design)或 SADT(Structured Analysis and Design Technologies)，这是一种自顶向下的结构化方法、工程化的系统开发方法和生命周期方法的结合，它是迄今为止开发方法中应用最普遍、最成熟的一种。

结构化系统开发方法用系统工程的思想和工程化的方法，按用户至上的原则、结构化、模块化、自顶向下地对系统进行开发。

一、结构化系统开发方法的特点

1. 自顶向下整体性的分析与设计和自底向上逐步实施的系统开发过程

在系统分析时从整体考虑，要自顶向下地工作(Top Down，从全局到局部，从领导到普通管理者)；在系统实施时，则要根据系统设计的要求先编制一个个具体的功能模块，然后自底向上逐步实现整个系统，即 Bottom Up。

2. 用户参与与用户至上

用户参与与用户至上关系到系统开发的成败，要充分了解用户的需求和愿望。

3. 严格区分工作阶段

整个系统开发过程划分为若干个工作阶段，每个阶段都有明确的任务和目标。在实际开发过程中要求严格按照划分的工作阶段，逐步展开工作。

4. 充分预料可能发生的变化

系统开发耗费人力、财力、物力，而且周期很长，当需求发生变化，将直接影响系统的开发。SSDM 强调在系统分析时，对可能的变化予以重视，系统应有较强的适应能力。

5. 开发过程标准化

要求开发过程的每一步都按标准规范执行，文档资料也应标准化。

二、结构化系统开发的生命周期

用 SSDM 开发一个系统，将整个开发过程划分为 3 个阶段，一般称为系统开发的生命周期(Life Cycle)。按照生命周期法开发系统的各个阶段如图 4-2 所示。

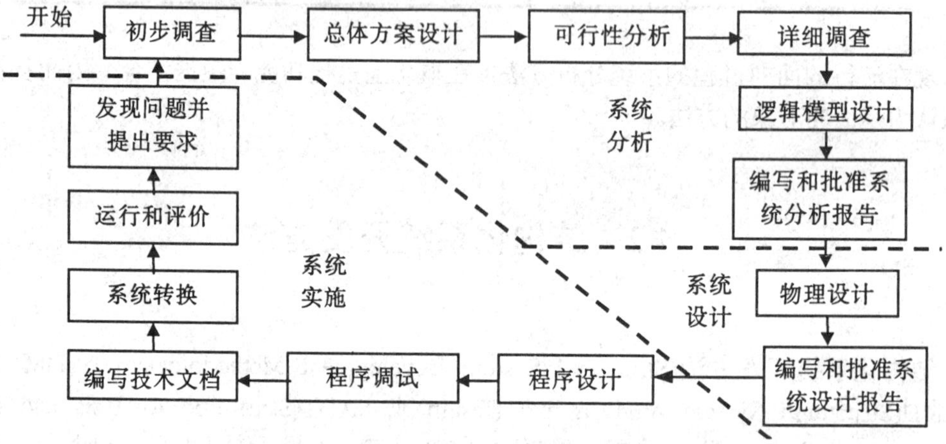

图 4-2 管理信息系统的生命周期

三、结构化系统开发方法的优缺点

1. 优点

(1) 强调系统开发过程的整体性和全局性。强调在整体优化的前提下考虑具体问题，即自顶向下的观点，而且文档齐全。

(2) 严格地区分开发阶段。强调一步一步严格地进行系统分析和设计，发现问题及时反馈和纠正，避免了开发过程的混乱状态。

2. 缺点

(1) 所需时间较长，用户需等到系统完工时才能知道结果。

(2) 开发费用较高，用户需求变化时，系统维护代价高。开发要从头开始，重用性差。

(3) 适应性较差，开发出来的产品难以维护，提供的大量文档对维护工作的帮助有限。

4.3 原型方法

原型方法是 20 世纪 80 年代随着计算机软件技术的发展，特别是在关系数据库系统(Relational Database System，RDBS)、第 4 代程序生成语言(4GL，4th Generation Language)和各种系统开发生成环境产生的基础之上，提出的一种从设计思想、工具、手段都全新的系统开发方法。与结构化系统开发方法相比，它扬弃了那种一步步周密细致的调查分析，然后逐步整理出文字档案，最后才能让用户看到结果的繁琐作法。

一、原型方法的概念与工作流程

原型方法的基本思想是在识别用户最基本需求的基础上，先开发一个初始的原型系统，通过使用原型系统，开发者与用户交换意见，反复修改和完善原型，直到形成最终满意的系统。在开发的过程中需要用户的积极参与。原型方法要求有 MIS 开发的快速生成工具，以便按要求快速生成所需系统。

图 4-3 是原型方法的开发示意图。

1. 原型方法的 4 个基本阶段

(1) 确定用户的最初要求

在这一阶段，研制人员与用户一起研讨对系统的基本要求。

(2) 研制系统原型

原型只要能满足系统的基本要求即可，通常是构造一个规模较小而又能反映用户需求的原型。构造原型时，应使用现成的软件和模型，并尽量采用 DSS 工具和生成器，以减少设计工作量。

(3) 使用、评价系统原理

通过用户使用原型系统，提出改进意见，使系统功能逐步趋于明朗。

(4) 修改和完善模型

如果用户认为所研制的模型根本不可行，则需要重新研制系统模型；如果用户对所研制的模型不满意，则需要对模型进行完善和修改，这是一个反复修改，不断完善的过程，直到用户满意为止。最后把完善的系统转换成原型产品。

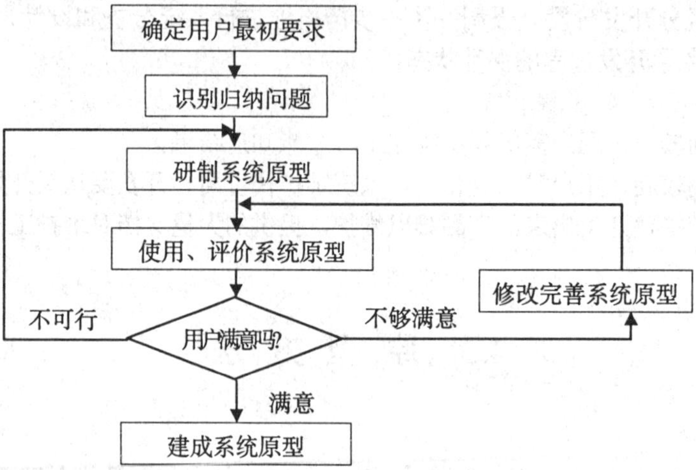

图 4-3 原型方法开发过程示意图

2. 构造原型的原则

(1) 集成原则。尽可能使用现成软件和模型来构造原型，这需要有开发工具。

(2) 最小系统原则。初始系统要求规模较小，但能反映用户的基本要求和系统的基本特性，一般耗资不超过总投资的 10%。在此基础上可以扩充完善，最后达到系统的要求。

二、原型方法的优缺点

1. 优点

(1) 开发人员与用户间便于相互交流，用户能较好地参与系统的开发。用户的要求能及时地得到反映，通过反复修改，能得到较好的用户满意度。用户能很快地看到未来系统的原型，增强了用户对新系统的信心，而不像生命周期法要到实现后才能接触到系统。

(2) 开发周期短，费用相对少。原型方法提倡用工具开发，能很快形成原型，而且使用方便、灵活，修改容易。这样从设计到修改的时间短，开发费用也相对较低，适合于管理体制结构不稳定，要求经常变化的系统。

(3) 易学易用，减少对用户的培训时间。原型开发借助于快速的建造工具，随着工具的日益完善，用户稍加培训就能很好地使用系统。

2. 缺点

(1) 文档不系统，难以维护升级。对于大系统、复杂系统，直接使用原型方法很难适用。

(2) 开发过程管理困难。原型方法的整个开发过程要经过修改、评审、再修改多次反复，要花费大量人力、物力。如果开发者与用户合作不好，盲目地进行纠错、改错，会导致系统开发进程拖延下去。

(3) 用户很早看到原型，可能错认为就是新系统，使用户缺乏耐心。

(4) 开发人员很容易潜意识地用原型取代系统分析。

原型方法的关键之一是用户对界面的满意程度，友好的界面一般有如下要求：

(1) 界面形式应保持一致性，适合用户的能力和需求；命令及菜单应有相同的形式。

(2) 界面应有帮助功能，提供给用户以必要的帮助信息。

(3) 界面的输入采用菜单式输入，以避免出错。

原型方法比较适用于如下情况：用户需求不明确；业务处理不稳定，需求经常发生变化。当系统规模较小，不太复杂，并且数据不一定要求集中处理，可以相对分散处理时，采用原型方法可能会获得较好的效益。

4.4　面向对象的开发方法

面向对象的开发方法是从 20 世纪 80 年代各种面向对象的程序设计方法，如 smalltalk、C++等逐步发展而来的，最初用于程序设计，后来扩展到了系统开发的全过程，出现了面向对象分析和面向对象设计。

传统的 MIS 开发方法只能单纯反映管理功能的结构状态，数据流程图(Data Flow Diagram，DFD)只反映事物的信息特征和流程，所建立的 MIS 模型(逻辑模型、物理模型)只能被动地迎合实际问题的需要。

面向对象方法是一种认识问题和解决问题的思维方法，它把客观世界的事物理解为具有不同属性和操作的对象。不同对象间的相互联系和相互作用构成了完整的客观世界。对象是一组数据和一组操作的集合，这组操作可以存取和处理这组数据，如图 4-4 所示。

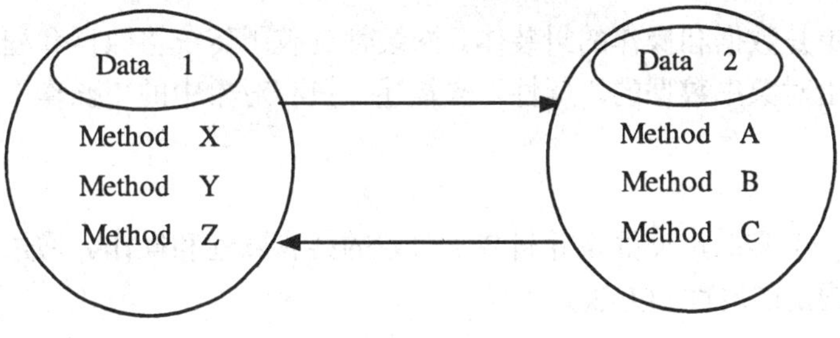

图 4-4　对象

一、概述

1. 对象

客观世界中的任何事物都可以在一定前提下看成是对象。例如，“原材料”、“账户管理”、“窗口”、“按钮”等都可以定义为一个对象。面向对象方法以对象为中心。在面向对象方法建立的系统中，对象是基本组成单位。它是一个封闭体，由一组数据和施加于这些数据上的一组操作构成。对象可由以下部分描述：

(1) 对象的名称。

(2) 数据：用来描述对象的属性，它表明了对象的一种状态，“学生”对象的属性是出生地、年龄、身高、体重、爱好等。

(3) 操作：即对象的行为，分为两类：一类是在对象接受外界消息触发后引起自身的操作。这种操作的结果是修改了对象自身的状态；另一类是对象施加于其他对象的操作，这是指对象将自己产生的输出作为消息向外发送。

(4) 接口：主要指对外接口，用来定义对象与外界的关系和通信方式。接口是指对象受理外部消息所指定的操作的名称集合。

对象的本质就是数据与操作的封装。通过封装，对象就有了控制自身状态的独立性。惟一能改变对象状态的方式是其他对象发来的消息。面向对象方法的这一特征使得外界的变动对整个系统结构的影响降到最低限度。

2. 类

类是对象的模板，或称类是所有相似对象的状态和操作构成的模板。模板可以想象为浇铸毛坯用的模具。模具是固定的，当钢水倒入并冷却，便出现一个具有该模具形状的毛坯。类可以生成对象。

3. 实例

实例是由同一个类建立起来的具体对象。

二、特点

1. 封装性

封装性指对象是数据和操作的封装体。封装性突破了传统将数据和程序分离的处理模式，对象的状态由对象中数据的“属性”来描述。只有对象中的“操作”可以改变对象的状态。

2. 抽象性

对象是类的一个实例，类抽象并封装了对象的共有属性和操作。通过一个类创建的对象自动具有类中规定的属性和方法。

3. 继承性

类可以派生出子类，子类自动继承父类的属性和操作。在子类的开发中，只需说明它不同于父类的特性，因而提高了软件的可重用性。

4. 多态性

对象间通过消息传递建立动态连接，实现对象间的联系。同一消息发送到不同对象可引起不同的操作。

传统的结构化系统开发方法的基本特点是把功能作为系统的基本组成单位，在设计中注重对系统功能的模拟。面向对象方法的基本组成单位是“对象”，在设计中注重的是：通过对对象及其关系(系统结构)的模拟，最终实现系统的功能。

三、优点和缺点

1. 优点

(1) 面向对象方法描述的现实世界更符合人们认识事物的思维方法，用它开发的软件更易于理解，易于维护。

(2) 面向对象的封装性在很大程度上提高了系统的可维护性和可扩展性。

(3) 面向对象的继承性大大提高了软件的可重用性。

2. 缺点

(1) 需要一定的软件基础支持才可以应用。

(2) 由于采取自下而上的方式，而不是自顶向下的整体划分，有可能造成系统结构的不合理、各部分关系失调等问题。

四、工作阶段

1. 面向对象的需求分析 OOA

对系统将面临的问题以及用户对系统开发的需求进行调查研究，弄清要解决的问题并从问题中抽象地识别对象以及其行为、结构、属性、方法等。具体任务集中在三方面：

(1) 通过对问题空间的分析，识别出问题所涉及的对象、对象间的关系和服务，建立对象模型。

(2) 在对象模型基础上，完成相应的需求描述(如需求规格说明和初步用户手册等)。

(3) 对需求描述再进一步作需求评审(复审与确认)。其核心是利用 OO 的概念和方法为软件需求建立模型，并使用户的需求逐步精确化、一致化、完全化。

OOA 的步骤具体如下：

(1) 识别对象

对象是实际问题域中有意义的个体或概念实体，它必须具有目标软件系统所关心的属性，并能与系统中其他有意义的对象进行消息传递和提供外部服务。例如，在“图书馆管理信息系统”中，符合上述原则的对象有：读者、管理员和书。

(2) 标识对象的属性

OOA 的属性用来描述问题域中对象的性质，属性的取值决定了对象所有可能有的状态。标识对象的属性可以按识别属性、定位属性和指定属性等步骤来进行。识别属性指在众多的属性中识别出与当前属性相关的属性；定位属性指将每个属性放到它最合适的对象中；指定属性是指使用标准词汇规范属性的命名，要做到含义准确，可读性好。

(3) 定义对象的外部服务

在需求分析阶段，只有外部可观察的行为才能构成对象的外部服务。定义过程包括提取外部服务、标识消息传递、描述外部服务与消息传递。

(4) 识别结构

在 OOA 中，结构有两种形式：分类结构和部分——整体结构，与之相应的有类继承关系和部分——整体关系。类是对一组对象的公共属性和行为模式的抽象，是生成对象的模板，每个对象都有自己所属的类。在此阶段，OOA 的任务是标识对象所属的类并建立类之间的继承关系和部分——整体关系。识别结构的目的是为了简化问题的分析和描述。

(5) 定义主题词

主题词是一种指导开发人员或用户研究大型复杂模型的机制。引入主题词有助于将大型的项目分解成一个个子系统，并据此来设置各工作小组。确定主题词的原则是使类和对象间依赖性最小和交互最小。

2. 面向对象的系统设计 OOD

对分析的结果作进一步抽象、归类、整理，并最终以范式的形式将它们确定下来。

系统设计是获取高质量、低耗费、易维护软件的重要阶段，它以需求分析阶段所生成的需求模型和需求规格说明书为基础。从面向对象分析 OOA 到面向对象设计 OOD 是一个逐渐扩充模型的过程。OOA 模型反映了系统的问题和任务，OOD 模型则进一步反映需求的一种实现。OOD 的任务正是根据所应用的开发环境功能强弱的不同。

OOD 的工作内容由 4 部分组成：主体部件设计，用户界面部件设计，任务管理部件设计，数据管理部件设计。

3. 面向对象的软件实现 OOI

用面向对象的程序设计语言，将上一步整理的范式直接映射(即直接用程序语言来取代)为应用程序软件。这一阶段一般被称之为面向对象的程序，简称为 OOP。

此阶段用程序设计语言实现软件功能。任何一种具有数据抽象能力的语言，都可用来实现描写对象的软件设计。但利用 OO 语言及其相应的语言机制则比较方便。

OO 方法不同于传统的软件工程方法，传统的结构化开发方法是面向功能的，而 OO 所分析的基本单位都是对象类。OO 方法较自然地模拟了人认识客观世界的方法，为人们提供了一个分析、设计、实现的统一方法。它减低了用户和开发者之间的通信障碍，避免了系统分析和设计在实现之间的复杂的信息转换，降低了系统开发的成本，有利于提高软件质量和效率。

五、应用

OO 方法可应用于不同领域，除了 OOA、OOD、OOI 外，还有：面向对象语言(OOL)、面向对象数据库系统(OODBS)、面向对象操作系统(OOOS)、面向对象智能程序设计(OOIP)、面向对象人工智能(OOAI)、面向对象知识工程软件(OOKES)、面向对象智能决策支持系统(OOIDSS)、面向对象软件工程(OOSE)、面向对象程序设计环境(OOPE)、面向对象地理信息系统(OOGIS)、面向对象多媒体软件(OOMS)、面向对象体系结构(OOSA)、面向对象虚拟现实(OO Virtual Reality，OOVR)等。

4.5　计算机辅助系统开发方法(CASE 方法)

计算机辅助系统开发方法是运用计算机软件工具辅助系统开发的一种方法。CASE 方法是一种开发环境，不是一个独立的方法，具体开发时，仍需采用其他开发方法。

自从计算机应用于管理领域以来，系统开发过程，特别是系统分析、设计和开发过程，就一直是制约信息系统发展的一个瓶颈。这个问题一直延续到 20 世纪 80 年代，计算机图形处理技术和程序生成技术的出现才得以缓和。解决这一问题的工具就是集图形处理技术、程序生成技术、关系数据库技术和各类开发工具于一身的 CASE。

上面对开发方法的分类不是严格的分类，这些方法之间有交叉。例如，用生命周期法开发时，可能部分采用原型法；用 CASE 方法开发时，首先要进行结构化的系统分析。

一、CASE 方法的基本概念

CASE 方法的思路如下：在前面所介绍的任何一种系统开发方法中，如果在自对象系统调查完后，系统开发过程中的每一步都可以在一定程度上形成对应关系的话，那么就可以借助于专门的软件工具来实现上述一个个的系统开发过程。这些对应关系包括：

(1) 结构化方法中的业务流程分析→数据流程分析→功能模块设计→程序实现；指标体系→数据/过程分析→数据分布和数据库设计→数据库系统等。

(2) OO 方法中的问题抽象→属性、结构和方法定义→对象分类→确定范式→程序实现等。

CASE 环境具有如下特点：

(1) 在实际开发一个系统时，CASE 环境的应用依赖于一种具体的开发方法，例如结构化方法、原型方法、OO 方法等，而一套大型完备的 CASE 产品，应能为用户提供支持上述各种方法的开发环境。

(2) CASE 只是一种辅助的开发方法。这种辅助主要体现在它能帮助开发者方便、快捷地产生出系统开发过程中各类图表、程序和说明性文档。

(3) CASE 方法常用的软件工具有：查询语言。它是指用来从数据库中检索数据的高级语言，如 FoxPro、报表生成器、图表软件、DSS 生成器、应用软件包等。

(4) 用 CASE 方法开发一个系统时，在考虑问题的角度、开发过程的做法以及实现系统的措施等方面都与传统方法有所不同，人们常将它称为 CASE 方法。

二、CASE 的发展

20 世纪 70 年代早期开始，CASE 提供一些功能单一的工具，旨在解决 Developing in the

Small，提高个体开发能力。

80 年代早期开始，引入“工作台”等概念，支持生命周期中的某个阶段，使某种特定方法自动化。这一阶段，CASE 旨在解决 Developing in the Large，解决各种工具之间的协同，以高性能工作台支持大型软件的开发。

80 年代中后期开始，产生了集成化的 CASE，基于一种特定方法的工作台支持生产周期的许多阶段，旨在解决 Developing in the Many，为软件产品开发过程自动化建立基础。

在美国，1995 年 CASE 工具软件在软件开发技术人员中普及率约为 50%。比较典型的产品有：Intersolv 公司的 Excelerator II，其运行环境是 Windows 和 Windows NT，价格为 4 000 美元。另外还有 IDE/SRA 的 Stp、Narrageware/arthuryoung 的 IEW 等。

三、CASE 的特点

CASE 方法与其他方法相比有如下几方面的特点：

(1) 解决了从对象到软件系统的直接映射问题，支持软件/信息系统开发的全过程。

(2) 使结构化方法更实用，使原型化方法和 OO 方法易于实施。

(3) 自动检测的方法大大地提高了软件的质量，简化了软件的管理和维护。

(4) 使开发者从繁杂的分析设计图表和程序编写工作中解放出来。

(5) 产生出统一的标准化的系统文档，使软件的各部分易于重复使用。

(6) 使软件开发的速度加快而且功能进一步完善，加速了信息系统的开发过程。

4.6 各种开发方法的比较

CASE 方法等工具技术的应用，改变了信息系统开发工作的重心。表 4-2 是美国有关机构对信息系统开发过程的统计。从表中可见，过去占相当工作量的编程与调试工作，现在可能只占不到 10%的工作量。这也是由于 4GL、RDBS 等开发工具的出现产生的。

表 4-2 开发过程中各环节工作量所占的比重

阶 段	系统分析	设 计	实 施
工作量	>70%	<20%	<10%

前面讨论的几种常用方法对系统开发过程中的几个主要环节的支持情况：

1. *原型方法*

它是一种基于 4GL 的快速模拟方法。它通过模拟以及对模拟后原型的不断讨论和修改最终建立系统。该方法不可能应用于一个大型信息系统开发过程中的所有环节，可用于小型局部系统或处理过程比较简单系统的设计和实施环节。

2. 面向对象法

这是一种围绕对象来进行系统分析和系统设计，然后用面向对象的工具建立系统的方法。该方法可以普遍适用于各类信息系统开发，但是它不能完成系统分析前阶段的开发。

3. CASE 方法

这是一种除系统调查外全面支持系统开发过程的方法，同时也是一种自动化(实际为半自动化)的系统开发方法。该方法不仅具有前面所述方法的各种特点，同时又具有高度自动化(实际为半自动化)的特点。

上面介绍的几种方法不是相互独立的，它们经常是可以混合应用的。

综上所述，只有结构化系统开发方法是能较全面支持整个系统开发过程的方法。其他几种方法尽管有很多优点，但都只能作为结构化系统开发方法的在局部开发环节上的补充。他们都还不能替代其在系统开发过程中的主导地位，尤其是在占目前系统开发工作量最大的系统分析阶段。目前国内应用最广、最成熟的方法还是结构化系统开发方法。

【例】　MIS 项目开发方法的对话如下，请以丙的身份谈谈你的看法。

甲：企业 MIS 项目是工程项目，应按工程要求开展工作，工程各阶段要严格规定、检查、交接。

乙：企业 MIS 项目开发是非结构化工作，要试探地循序渐进。

丙：二位所说有一定道理，但……

4.7　管理信息系统开发趋势

1. 系统开发的自动化

MIS 开发时间长、维护工作量大，在开发时可以选用第四代语言，目前的发展方向是采用 CASE 开发工具。

2. 系统开发的商品化

近年来，软件系统自我开发的工作正在逐步减少，软件系统专业化、商品化的趋势在增加。应当尽量采用成熟的商品化软件，例如采用有关的应用软件、工具软件等，如 Oracle 公司的 Develop/2000、Powersoft 的 PowerBuilder 等。

目前世界上的许多大公司均直接采用有关商品化的管理模块，构成信息系统。

3. 混合方法的应用

混合方法的基本思想是改善各类工具和技术使其融合在一起。把新思想、方法、工具扩展到其他应用成功的系统中，并不断改进，使其成为一种通用的方法。

4. 数据库系统将向分布式的方向发展

目前使用的数据库大多数是集中式，它们将被分布式的 DB 所代替，用户界面更加友好，将引入人工智能技术，采用启发式、自动推理等功能。

5. 系统分析的新思维——活性系统模型

由世界管理控制论权威 Stafford Beer 创立的活性系统模型(Viable System Model，

VSM)，也称新思维。VSM 抽象且通用性强，强调通过研究分析，把组织结构调整好，关系理顺，因而具有灵活性，适用于天然和人工系统，并会有明显的效益。

VSM 对系统分析员的素质要求更高，系统分析员应分析和研究企业管理者的个人能力、对应组织结构的功能，同时还能提出调整组织结构及其功能的新方案，其次才是应用计算机的能力。VSM 的应用研究在国外已有几十年的历史，我国尚处于起步状态。

4.8 管理信息系统的标准与规范

在 MIS 的开发过程中，应严格遵照国家的 MIS 开发规范和标准。正在建立或以后准备建立的 MIS 系统，都要统一执行规范的要求。

一、建立 MIS 开发标准与工程规范的必要性

我国所开发的 MIS 中，失败比例很高。其中不遵循 MIS 开发的客观规律是最根本的原因。一个单位在建设 MIS 过程中遇到的问题，造成的恶果，常常又在另一个 MIS 开发中重蹈覆辙。

制定 MIS 开发标准，有利于对各单位 MIS 建设的正确引导，防止反复和多走弯路，使我国 MIS 的推广应用更有实效。这样开发出来的 MIS 具有通用性和可借鉴性。

至 1997 年，我国已制定信息技术类国家标准 400 余项，采用国际标准的比例超过 80%，制定软件工程标准 20 项，这些对提高我国软件生产率和软件质量起到重要的作用。

在 MIS 开发中常用到有关标准、规范、指导性技术文件等概念，具体如下：

1. 标准

标准是对重复性事务和概念所做的统一规定。它以科学、技术和实践经验的综合成果为基础，经有关方面协商一致，由主管机构批准并发布，作为共同遵守的准则和依据。

标准具有经济性、民主性、科学性和法规性。标准的制定、发布、出版、实施等整个过程则称为标准化。

2. 规范

规范是对设计、施工、制造、检验等技术事项所作的一系列统一规定。它是标准的一种特殊形式。

3. 指导性技术文件

指导性技术文件是对需要标准化但尚未完全成熟的对象，或是有标准化价值但不急于强求统一，或者需要结合具体情况执行，不宜于全面统一的对象等，可以制定行业指导性技术文件。

我国标准按级别可以分为：国家标准、行业标准、地方标准和企业标准四级；按标准化应用范围可分为：技术标准和管理标准两类；按标准执行程度可分为：强制性标准(国家要求必须予以强制性执行的标准)和推荐性标准(国家鼓励自愿采用)。

二、国内外标准化组织简介

1. 国内标准化组织简介

我国已成立了200多个全国专业标准化技术委员会，主要的有关标准化组织如下：

(1) 全国信息技术标准化技术委员会

负责研究、制定全国信息技术领域的标准和规范，并归口负责ISO/IEC JTC1 工作。

(2) 全国文件格式标准化技术标准化委员会

归口负责ISO/TC154行政和工商业中文件及数据工作。

(3) 全国金融标准化技术委员会

归口负责ISO/TC68 银行、证券及金融业务。

(4) 中国电子数据交换委员会(CEC)

是中国有关行政主管部门间促进EDI应用的联席会。

(5) 全国计算机与信息处理标准化技术委员会

归口负责ISO/TC97、ISO/TC74、IEC/TC83，并归口于信息产业部标准化研究所。

2. 国际标准化组织简介(1999年)

(1) 国际标准化组织(International Organization for Standardization，ISO)

ISO下设180多个标准化技术委员会，已制定标准10 000余项，ISO/TC176质量管理与质量保证委员会，发布软件工程标准19项。

(2) 国际电工委员会(International Electrotechnical Commission，IEC)

IEC下设100多个标准化技术委员会，已制定标准4 000余项。IEC于1996年正式成立“合格评定局”，大力开展产品质量认证工作、负责制定政策管理及国际认可工作。

ISO 和 IEC 都是全球性专门从事标准化活动的组织，它们从各自角度开展标准化工作(包括电子商务)，是两个互为补充的国际组织。

(3) 美国电气与电子工程师协会((Institute of Electrical and Electronics Engineers，IEEE)

该协会发布软件工程标准6项。

(4) 国际电信联盟－电信标准部门(International Telecommunication Union，ITU)

ITU 是各国政府间关于电信协调的标准化国际组织，其前身是国际电报电话咨询委员会(International Telegraph and Telephone Consultative Committee，CCITT)。

(5) UN/EDIFACT 国际标准机构

UN/EDIFACT (联合国用于行政、商业和运输业的电子数据交换)是国际电子商务标准的重要组成部分。UN/EDIFACT 标准由联合国欧洲经济委员会负责发布、管理和维护。

(6) Internet 协会

Internet 协会是一个国际性非赢利的专业协会。它采用开放形式，任何人都可以参加。Internet 协会标准化工作重点在于协议的互操作性，它下设多个委员会。

(7) 美国国家标准协会(American National Standards Institute，ANSI)

ANSI 是一个非赢利性的全国标准化组织，负责协调组织美国国家标准的制定，它的成员包括专业性协会、贸易组织、政府机构、科研机构、公司和消费者团体。

(8) 行业组织

W3C(World Wide Web Consortium，国际 Web 联盟) 成立于 1994 年 10 月，专门负责研究、制定有关 Web 的标准、规范。

三、软件工程的国家标准

软件标准化是以软件生产、运行、销售与维护过程为重点，从任务功能和生命周期两个角度进行划分，全面开展标准化，并推动 ISO9000 软件质量体系认证，也是指软件产品的功能、开发过程和质量保证体系的标准化。软件工程的国家标准就是 MIS 的标准。

中国标准出版社于 1996 年 11 月将 13 个重要的软件工程国家标准汇编成册出版，书名为《计算机软件工程规范国家标准汇编》。有关的国家标准如下：

(1) GB 1526-89(ISO 5807-1985) 信息处理数据流程图、程序流程图、系统流程图、程序网络图和系统资源图的文件编制符号及约定。

(2) GB/T 8566-1995 信息技术软件生存期过程。

(3) GB 8567-88(UDC 681.3) 计算机软件产品开发文件编制指南。

(4) GB 9385-88 计算机软件需求说明编制指南。

(5) GB 9386-88 计算机软件测试文件编制规范。

(6) GB/T 11457-1995 软件工程术语。

(7) GB/T 12504-90 计算机软件质量保证计划规范。

(8) GB/T 12505-90 计算机软件配置管理计划规范。

(9) GB/T 13423-92 工业控制用软件评定准则。

(10) GB 13502-92 信息处理、程序构造及其表示的约定。

(11) GB/T 14079-93 软件维护指南。

(12) GB/T 14085-93 信息处理系统、计算机系统配置图符号及约定。

(13) GB/T 15532-1995 计算机软件单元测试。

四、MIS 工程规范

MIS 工程规范是指导性技术文件，它是对软件工程规范的国家标准的引用和具体贯彻，并具有自身的特点和内容。它既遵循软件产品开发、运行的特点，又涉及 MIS 工程中各单位均要遇到的共性的问题。采用相对统一的 MIS 工程规范，有利于各单位 MIS 工程的正确建设，使我国 MIS 的应用健康地发展。

MIS 工程规范目前还不宜作为标准发布，原因如下：

第一，制定标准的基础之一是实践经验。我国目前缺乏开发 MIS 的成功经验。

第二，各单位之间存在着千差万别：管理体制、基础、方法、生产规模、方式、意识等均不竟相同。这就要求根据具体情况，因地制宜灵活执行规范。

对 MIS 工程规范，急于强求全面和统一，作为标准发布是不妥的。不仅强制执行不尽合理，即使作为推荐性标准，也很勉强，仅适宜作为一份指导性文件发布。

五、国际上通行的有关网络和信息安全的标准

目前国际上通行的与网络和信息安全有关的标准可分为三类：

1. 互操作标准

例如，对称加密标准 DES、3DES、IDEA，以及被普遍看好的 AES；非对称加密标准 RSA；VPN 标准 IPSec；传输层加密标准 SSL；安全电子函件标准 S-MIME；安全电子交易标准 SET；通用脆弱性描述标准 CVE。这些都是经过一个自发的选择过程后被普遍采用的算法和协议，也就是所谓的“事实标准”。

2. 技术与工程标准

例如，信息产品通用测评准则(CC/ISO 15408)；安全系统工程能力成熟度模型(SSE-CMM)。

3. 网络与信息安全管理标准

例如，信息安全管理体系标准(BS 7799，正在争取成为 ISO 17799 的进程之中)；信息安全管理标准(ISO 13335)。

4.9 管理信息系统成功的经验

一、管理信息系统成功的经验

(1) 必须有建立管理信息系统的实际需求和迫切性。

(2) 管理方法的科学化和管理现代化是管理信息系统建设的基本保证。

(3) 领导者的重视和主要管理者的支持是管理信息系统成功的先决条件。

(4) 建立本单位的计算机应用队伍。

(5) 吸收国内外相关的管理信息系统建设中的经验。

(6) 制定切实可行的系统目标，确定投资金额。

(7) 严格按照有关的国家标准进行 MIS 的开发工作。

(8) MIS 的成功三分靠技术，七分靠管理。

二、选择管理信息系统的标准

1. 成熟的管理软件

成熟的管理软件的标志是：商品化、集成化和模块化的商品软件包，用户使用方便、

安全、可靠；符合国家或行业的有关标准和规范；建立在成熟的生产管理理论基础之上，并拥有大量的用户和成功的案例；应尽量建立在计算机辅助软件工程环境之上。

近年来，用户对产品的售后服务、升级换代方面又提出了更高的要求。

2. 本地化的、拥有实际经验的专家队伍的支持

“本地化”可以降低企业系统实施和员工培训的费用，便于供需双方语言思想的交流；“拥有实际经验的专家队伍的支持”可以帮助企业结合自身的实际情况，成功地实施和应用 MIS，实现企业的管理目标。

3. 先进的实施方法

先进的实施方法是众多企业成功实施经验的总结和提升，可以使专家和用户遵循规范化的方法实施和应用 MIS，提高实施效率，保证实施的成功。用户可以运用这一方法独立处理自身系统面临的新课题。

4. 系统的培训教材

系统的培训教材可以满足不同管理层次和最终使用者的学习，便于用户掌握和参考。

三、中国软件开发的不足

1999 年，中国的软件产值仅为 21 亿美元，与欧美差距巨大，和印度与韩国相比较，也相差很多。软件业市场的主要部分：数据库、操作系统市场都已被国外所占领，我们自己的软件目前主要集中在前端应用和系统集成领域。中国软件业的不足主要如下：

1. 管理的思想和模式

一种应用软件代表一种管理模式，中国不缺少好的设计人员，但缺少好的管理理念和系统分析。这是中国软件疲软的关键，并导致了中国的软件从设计到实施都受到了国情的局限，缺乏长期战略和市场竞争力。随着企业管理逐渐走向正规化和国际化，国产管理软件的先天不足就更突出。

2. 软件的整合和集成

一个软件公司如果只专注于一两种软件的开发未免过于单薄，不利于长期发展。Oracle 和 IBM 成功的经验就是有完备的产品线和集成能力，例如除数据库外他们还拥有自己的中间件、应用软件以及成套的解决方案，具备了多项产品整合的优势。我国的软件公司大都是靠一个产品打天下，难以满足用户的需求，常因与其他软件的集成性不好而失败。

3. 软件企业认证

我国的软件企业对企业认证重视不够，例如软件企业必须通过的 CMM 认证。

软件能力成熟度模型(Capability Maturity Model，CMM)由美国卡内基–梅隆大学软件研究工程所制定并在全世界推广实施，是软件评估和出口的事实标准。CMM 已经成为目前衡量软件企业国际竞争力的最权威的认证体系，培养出一名 CMM 认证师就需要 10 万美金。2001 年全球通过 CMM 的软件企业不超过 400 家。

CMM 是一种国际公认的用于评价软件企业能力并帮助改善软件质量的方法。企业通

过 CMM 认证表示企业开展软件工程质量管理，并具有一套规范而严格的系统化管理模式，企业的软件研发和管理能力大幅提高。

到 2001 年 4 月，除了摩托罗拉在中国的软件研究中心，国内已经获得了 CMM2 级认证的软件企业有东大阿尔派、联想、鼎新 3 家。

印度通过 CMM4 级和 5 级认证的企业就有 24 家，并在近 10 年中成为除美国以外的最大软件出口国，出口量是中国的 100 倍以上，我国必须进一步重视软件业的国际化管理，加快 CMM 认证。

4. 品牌的宣传和推广

品牌的宣传和推广至关重要。一个软件无论性能如何好，牌子打不响也难以成功。一个成功的软件公司在于它能把自己的品牌推广开来。

5. 市场的支撑与消化

中国的经济还不发达，软件缺乏资金，缺乏市场的支撑和消化。大多数中国人对软件消费的认可程度停留在一个低起点上，导致中国的软硬件市场发展不协调。国民经济的发展和计算机技术的普及是中国软件业健康成长的重要前提。

第五章　管理信息系统的战略规划

5.1　战略规划与管理信息系统战略规划

一、战略规划

战略规划通常是指关于一个组织的发展方向、环境条件、长期目标、重大政策与策略等方面的规划，一个组织的不同层次均应有战略规划。组织的战略规划在动态中发展和调整。

1. 战略规划的三要素

(1) 方向和目标

方向和目标一般由经理设立，经理们虽然有自己的价值观和抱负，但必须考虑外部环境和自己的长处，最后得到的往往是折衷的目标。

(2) 约束和政策

需要找到环境和机会与自己的组织资源之间的平衡，这些约束和所需考虑的政策将形成可能的机会。

(3) 计划和指标

领导的责任是进行机会和资源的匹配，即考虑现在或近期的情况，短期的安排有可能达到近期的优化，但也应兼顾长远规划，以便进行资源的合理分配。

2. 战略规划的层次

企业的战略规划通常分为：公司级、管理级(业务级)、作业级(执行级)。在每一级均有 3 个要素：方向和目标、约束和政策、计划和指标。这 9 个因素构成了战略规划矩阵，也就是战略规划的框架结构，如图 5-1 所示。

在图 5-1 中，比较独立的元素是①，它仅受到一个主要的约束(外界环境的影响)，并受到④的影响。例如要考虑一个大型电子公司的战略规划时，需要考虑国家的宏观的政策、市场，同时还要考虑公司内部的生产能力和财务状况。

其他元素都是互相关联的，例如管理级要确定自己的目标④时，他要考虑上级的目标①，要考虑公司的约束和政策②，也需要考虑对管理级的约束和政策，还要考虑作业级的目标。一个运行良好的公司，应当要求自己的下属做到“上有政策，下有对策”。公司的各个层次也应科学地确定自己的目标。上级的计划实际上是下级计划的汇总。

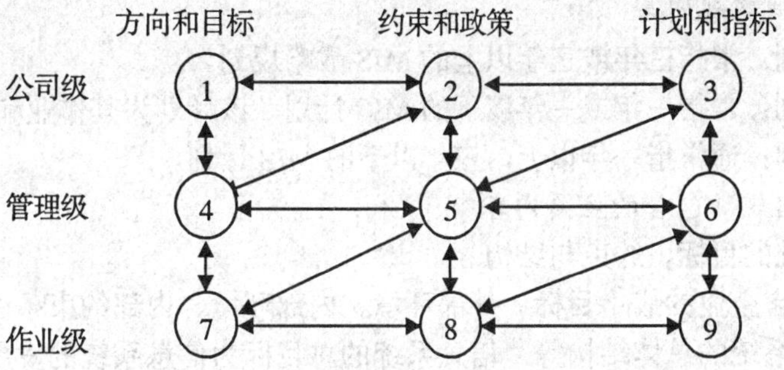

图 5-1　战略规划的框架结构

二、企业战略规划

企业需要先进的方法使企业的活动实现一体化，需要为企业提供有关发展方向和目标、约束和政策、阶段任务与衡量指标等信息，这就是企业的战略规划。

企业战略规划通常涉及以下内容：

1. 目标规划

包括企业规模、市场占有率、利润预测、投资回收率等。

2. 范围确定

包括产品、市场、用户以及产品价格与质量关系等。

3. 竞争优势

包括特种市场定位、独特产品的优势、管理技术优势及信息资源优势等。

4. 资源分配

包括物质资源和信息资源的投入、分配、开发等。

三、MIS 战略规划

MIS 战略规划是关于 MIS 长远发展的计划，是企业战略规划的一个重要组成部分，它包括 MIS 的整个建设计划、战略计划、信息需求分析和资源分配。例如，是否需要对关键成功因素进行信息需求分析，或是否需要安装一个具体的决策支持系统等。

MIS 的战略规划应服从企业的总目标、各职能部门的分目标，还应考虑到企业信息部门的活动与发展。MIS 的战略规划应注意和企业战略规划整体的协调和一致。

1. MIS 战略规划的作用

(1) 可以使信息系统和用户建立好关系，节约信息系统的投资，合理利用信息资源。

(2) 可以作为一个标准，考核信息系统开发人员的工作，明确他们的努力方向。

(3) 制定过程本身还能使企业领导回顾过去的工作，发现可改进的地方。

(4) 可以保证信息的一致性，避免信息系统成为沙滩上的房屋。

2. 3种MIS战略规划

(1) 长期计划：常指三年或三年以上的MIS战略规划。

(2) 短期计划：常指一年或一年以下的MIS计划，该计划为其作业和资金提供依据。

(3) 中期计划：通常指一年以上，三年以下的MIS计划。

3. MIS战略规划包含的主要内容

(1) 信息系统的目标、约束与结构

战略规划包含企业的战略目标、外部环境、内部环境、内部约束条件、信息系统的总目标计划和信息系统的总体结构等。信息系统的总目标为信息系统的发展提供准则，信息系统的总体方案和结构规定了信息的主要类型、主要的子系统，为系统开发提供了框架。

(2) 当前的能力状况

战略规划包括硬件情况、通用软件情况、应用开发人员情况、硬件与软件人员及费用使用情况、项目进展状况及评价。

(3) 对影响计划的信息技术发展的预测

MIS战略规划受到当前和未来信息技术发展的影响。对软硬件的可行性、方法论的变化、周围环境的发展以及它们对信息系统产生的影响也应该在所考虑的因素之中。

(4) 近期计划

在战略规划适用的几年中，应对将到来的一段时期(比如一年)作出具体的安排，例如：硬件设备的采购时间表、应用项目开发时间表、软件维护与转换工作时间表、人力资源的需求以及人员培训时间安排、财务资金需求等。

MIS的战略规划需要不断地修改，人员的变化、技术的革新、组织自身的变化、财务限制、政府的规章制度、竞争对手采取的行动等因素，均可能影响整个MIS的战略规划。

四、MIS战略规划的组织

1. 规划领导小组

MIS规划领导小组在企业最高层的直接领导之下，进行MIS战略规划工作，它由信息资源规划负责人和企业中有关部门的主要负责人组成：

(1) 信息系统规划负责人

负责MIS的全面规划工作，具有一套成熟的科学规划方法，最好出自企业内的最高层管理人员，也可以是外请的顾问，但通常不能把全部的规划工作交由外请顾问来处理。

(2) 有关部门的主要负责人

包括数据处理负责人、系统分析负责人、财务负责人、各业务经理等。

(3) 系统分析员

他们既是规划工作的具体参加者，又是规划领导小组与广大管理人员的联系者。

2. 人员培训

包括最高层管理人员的培训、用户分析员的培训以及规划领导小组其他成员的培训，通过培训使他们能够进行识别企业过程、分析业务活动等有关工作。

3. 时间规定

自顶向下的战略规划工作一般在半年左右完成。如果规划过程不加严格管理，规划工作可能被拖得很长，以至最后被迫放弃。

5.2　制定管理信息系统战略规划的步骤

美国哈佛大学的理查德·诺兰（Richard Nolan）教授调查了大量企业，于 1973 年首次提出了(企业)MIS 建设的阶段划分理论，该理论通称“诺兰模型”。他认为无论从微观（一个企业）或宏观(整个国家)上看，MIS 的开发均需要经过 6 个阶段。

一、诺兰(Nolan)模型

诺兰模型反映了信息系统的发展阶段，把信息系统的各种特性与发展的不同阶段相对应，从而成为信息系统规划工作的框架。企业明确了自己 MIS 建设在诺兰模型中的地位，将有利于企业的 MIS 建设。

诺兰的阶段模型如图 5-2 所示，图中的水平轴列出了发展阶段，垂直轴列出增长要素，曲线表示 6 个阶段的 MIS 预算。显然，曲线基本上是 S 形，即在第一、二阶段，预算上升很快，在第三阶段较为平缓，第四阶段又逐步上升，第五、六阶段又变得平缓。

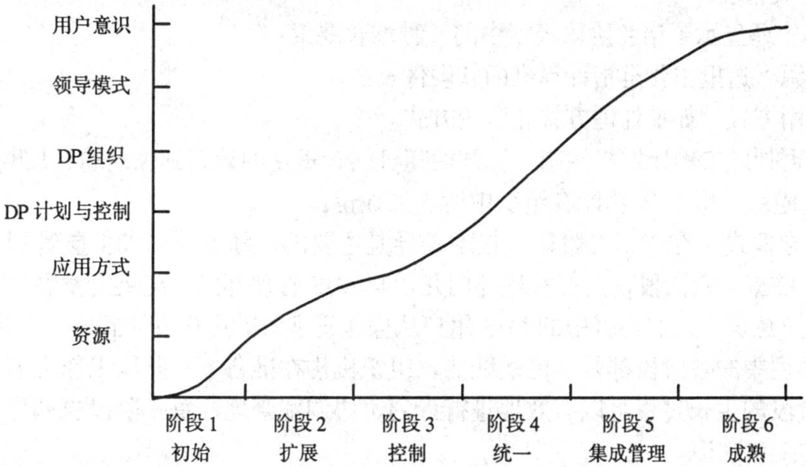

图 5-2　诺兰的阶段模型

1. 第一阶段：初始(初装)

从购买第一套计算机系统开始，初步开发管理应用程序。初始阶段的计算机一般是在会计、统计等部门。此阶段计算机应用不广泛，通常完成一些报表统计、计算工作，信息系统停留在一个较低的水平。

2. 第二阶段：扩展(蔓延)

随着计算机应用见到效果，信息系统从最初的一些部门向各个部门扩散。这一阶段发展较快，但由于缺乏综合系统开发，出现了信息冗余、代码不一致、信息难以共享等混乱局面。由于比较盲目地购买机器，开发软件，缺少计划和规划，应用水平仍不高。

3. 第三阶段：控制

通过检查计算机的应用，发现其应用效果并不好，甚至是花钱多、效益低。企业领导和有关部门负责人对计算机的使用进行控制，并对整个企业的系统建设进行统筹规划，首先用好现有设备，然后在计划指导下发展，并注重利用数据库技术解决数据共享问题。

4. 第四阶段：统一(集成)

系统设计人员努力把一个机构内部不同的计算中心和处理中心统一在一个系统中，比如采用统一的数据技术、统一的处理标准，建立集中式数据库，逐步建设成一个能有效地为中层管理提供辅助决策的、充分利用和统一管理系统资源的系统。由于需要重新装备大量设备，预算又一次迅速增长。

5. 第五阶段：数据管理

数据真正成为企业的重要资源，不仅有了数据库，而且要建立统一的数据管理体系、数据库管理方法，真正做到对整个机构的数据进行统一的规划和管理。鉴于在 20 世纪 80 年代美国的多数企业还处在第四阶段，诺兰先生对第五阶段还无法给出详细的描述。

6. 第六阶段：成熟

信息系统进入成熟阶段，并可以满足企业的各管理层次要求，这时从操作层的事务处理(EDP)到中间管理层的控制管理(IRM)，再到高级管理层的决策支持(DSS)，都实现了信息资源的有效管理。

图 5-2 中还显示了诺兰阶段模型中的 6 种增长要素：

(1) 资源　这里主要是指计算机的软硬件资源。

(2) 应用方式　如批处理方式和联机方式。

(3) 数据处理(DP)计划与控制　从开始随机的、短期的计划到长期的、战略的计划。

(4) DP 组织　即 MIS 功能在组织中所占的地位。

(5) 领导模式　在一、二阶段，技术领导是主要的，随着用户和上层管理人员越来越了解 MIS，在五、六阶段，上层管理部门开始与 MIS 管理部门一起决定发展战略。

(6) 用户意识　人们心目中的 MIS 用户从操作管理级的用户发展到中、上层管理级。

诺兰模型中的各阶段都是不能跳跃的，组织机构在准备下一阶段工作之前需要有一定经验，各阶段的生长过程可以有效地进行计划、协调和管理，每一阶段也都代表着计划与管理工作的变动次序。

诺兰的阶段理论既可以用于诊断当前处于哪一个阶段、向什么方向前进、怎样管理对开发最有效，也可以用于对各种变动的安排，进而以一种可行方式转至下一阶段。

诺兰模型所体现的基本思想在目前仍然适用。用诺兰模型评价我国企业的 MIS 建设现状，我国大部分企业处于第二、第三阶段，比较先进的企业已发展到第四阶段，极少数企业在向第五阶段发展。

【例】 某企业 MIS 应用现状的描述如下，请认定该企业所处 MIS 发展的阶段，并提出今后发展意见。

某企业现有联网的 5 种型号的 80 台微机和两台服务器、3 种数据库管理系统；应用管理软件有上级下发的、有自行开发的、有与外单位合作开发的、有外购的商品软件，服务器中存放了部分应用系统的共享数据。

二、制定 MIS 战略规划的具体步骤

(1) 确定规划的性质：检查企业的战略规划，确定 MIS 战略规划的时间和规划方法。

(2) 收集相关信息：收集来自企业内部和企业环境中与战略规划有关的信息。

(3) 进行战略分析：对 MIS 的战略目标、开发方法、功能结构、计划活动、信息部门情况、财务状况、所担的风险程度和政策等方面进行分析。

(4) 定义约束条件：根据财力资源、人力资源、信息设备资源等方面的限制，定义 MIS 的约束条件和限制。

(5) 明确战略目标：根据分析结果与约束条件，确定在规划结束时 MIS 应具有的能力(包括服务的范围、质量等多方面)。

(6) 提出未来略图：选择将要开发的 MIS 方案，勾画出框图，划分子系统等。

(7) 选择开发方案：对 MIS 略图进行分析，根据资源的限制，确定每个项目的优先权，制定总体开发顺序。

(8) 提出实施进度：估计项目成本、人员要求等，并根据每个项目的优先权，制定整个时期的任务、进度表。

(9) 通过战略规划：将战略规划书写成文，书写过程中要注意不断征求用户和信息系统工作者的意见，最后提请企业领导批准，并将它合并到企业战略规划中。

5.3　管理信息系统战略规划的常用方法

管理信息系统的规划方法有多种，其中主要有关键成功因素法、战略目标集转化法和企业系统规划法。其他还有企业信息分析与集成技术(BIAIT)、产出方法分析(E/MA)、投资回收法(ROI)、征费法、零线预算法等。其中几种用于特殊情况，或者作为整体规划的一部分使用。下面对常用的 3 种方法进行简要介绍。

一、关键成功因素法(Critical Success Factor，CSF)

CSF 方法是帮助企业识别关键成功因素的方法。企业中存在着对该企业成功起关键作用的因素，在不同类型的业务活动中，CSF 会有很大的差别，即使在同一类的业务活动中，在不同的时间，CSF 也可能不同。

CSF 方法是 1970 年由哈佛大学教授 William Zani 总结出来的，他在 MIS 规划中用了关键成功变量，这些变量是确定 MIS 成败的因素。过了 10 年，有人把关键成功因素法提高成为 MIS 的战略。使用 CSF 方法的常用步骤如下：

(1) 了解企业(或 MIS)的战略目标。

(2) 识别所有成功因素。可以用树枝图画出影响战略目标的各种因素以及影响这些因素的子因素。

(3) 确定关键成功因素。对所有的成功因素进行评价，根据企业现状与目标确定出关键成功因素，可以采用 Delphi 法、模糊综合评判法等。

【例】 汽车工业的关键成功因素为：节约燃料、汽车式样、高效供货渠道、成本的严格控制；软件公司的关键成功因素为：产品的革新、产品和文档的质量、国际市场和服务、产品的易用性。

(4) 识别性能指标和标准。给出每个 CSF 的性能指标与测试，识别联系子系统目标的主要数据库及其关系，建立数据字典。上述 4 个步骤可以用图 5-3 来表示。

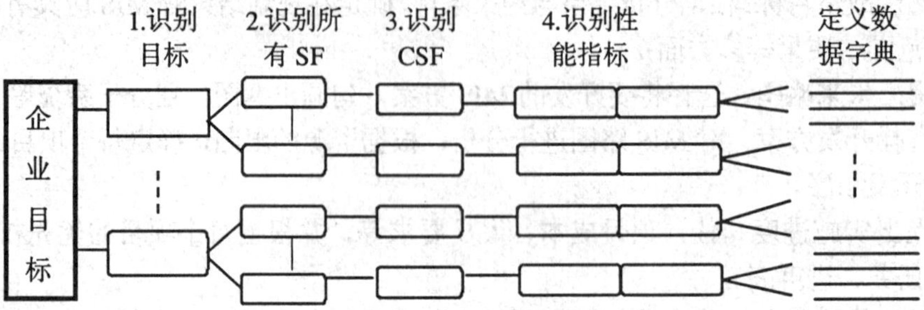

图 5-3 关键成功因素法步骤

识别关键成功因素所用的工具是树枝因果图。例如，某企业有一个目标是提高产品的竞争力，可以用如图 5-4 所示的树枝因果图表示，图中画出影响其目标的各种因素以及影响这些因素的子因素。

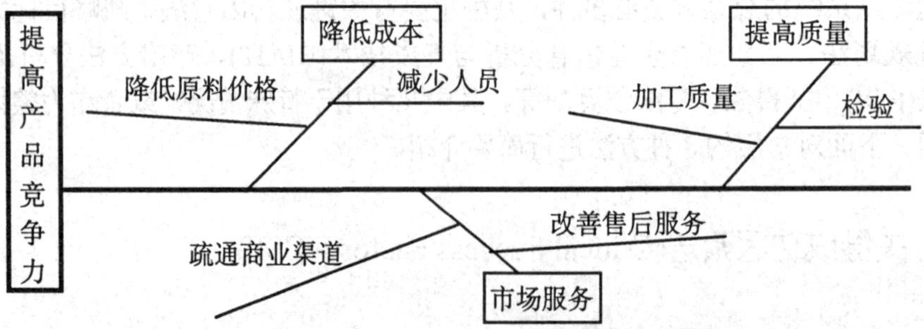

图 5-4 树枝因果图

如何评价这些因素中哪些是关键成功因素，不同的企业是不同的，有的主要由高层人员个人在此图中选择，有的用德尔斐法或其他方法把不同人设想的关键因素综合起来。

关键成功因素法在高层应用的效果比较好，因为高层领导人员日常总在考虑什么是关键因素。而对中层领导来说一般不大适用，因为中层领导所面临的决策大多是结构化或半结构化的，其自由度较小，对他们可以采用其他方法。

二、战略目标集转化法(Strategy Set Transformation，SST)

该方法由 William King 于 1978 年提出，它把整个战略目标看成是一个“信息集合”，由使命、目标、战略和其他战略变量（如管理的复杂性、重要的环境约束等）组成。MIS 的战略规划过程是把组织的战略目标转变为 MIS 战略目标的过程，其具体步骤如下：

1. 识别组织战略集

先考察该组织是否有现成的战略规划，如果没有，就要去构造。可以采用以下步骤：

(1) 描绘出组织各类人员结构，如卖主、经理、雇员、供应商、顾客、贷款人、政府代理人、地区社团及竞争者等。

(2) 识别每类人员的目标。

(3) 对于每类人员，识别其使命及战略，当组织战略初步识别后，应立即送交总经理审阅和修改。

2. 把组织战略集转化成 MIS 战略集

MIS 战略应包括系统目标、约束以及设计原则等。这个转化的过程包括对应组织战略集的每个元素识别对应的 MIS 战略约束，然后提出整个 MIS 结构，最后选出一个方案。

三、企业系统规划法(Business System Planning，BSP)

BSP 是一种结构化的方法，由 IBM 公司于 20 世纪 70 年代提出来，它通过一整套把企业目标转化为 MIS 战略的过程，帮助企业作出 MIS 战略规划。该方法有效，应用广泛。BSP 方法基于用信息系统支持企业运行的思想，其核心是需要先自上而下地识别系统目标、识别企业过程、识别数据，划分子系统(识别信息系统的结构)，然后再自下而上地设计信息系统，以支持企业目标。如图 5-5 所示。

1. BSP 方法的基本原则

(1)企业的 MIS 必须支持企业的战略目标，可以将 BSP 看成是一个转化过程，即将企业的战略转化成信息系统的战略，见图 5-6。

(2) 信息系统的战略应表达出企业各个管理层次的需求。对不同层次的管理活动有着不同的信息需求，必须建立一个合理的框架，以便定义信息系统的结构。

(3) 一个信息系统应该向整个企业提供一致的信息。由于历史的原因，各种单项业务处理系统的分散开发，形成信息的不一致(例如形式上、定义上)。为了保证信息的一致性，有必要制定信息一致性的标准，以及技术和安全的规范与策略。

(4) 一个信息系统应具有可变更性和对环境的适应性，BSP 方法采用了定义企业过程

(功能)的概念与技术，使得信息系统的构建独立于组织机构中的各种因素，即与具体的组织体系和具体的管理职责无关。

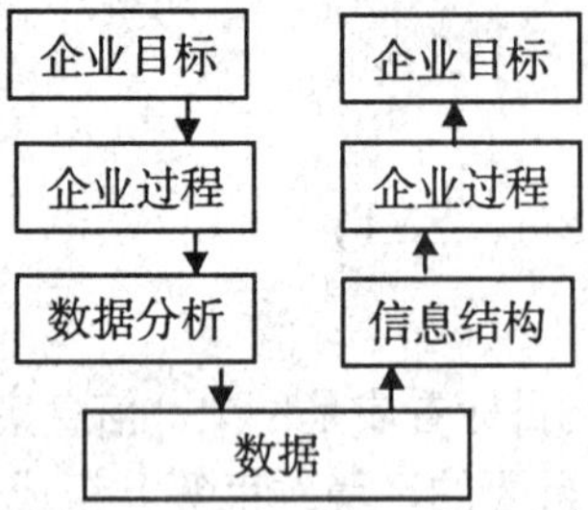

图 5-5 BSP 方法步骤

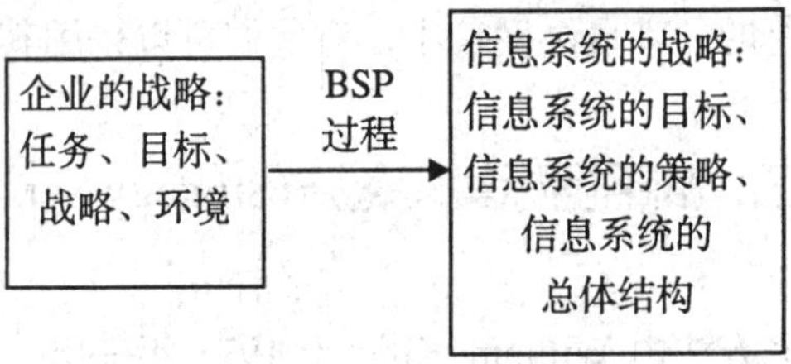

图 5-6 由企业战略到信息系统战略的转化

(5) BSP 对大型信息系统所采用的基本方法是：先“自上而下”地识别系统目标、企业过程、数据类，划分子系统(识别信息系统的结构)。再“自下而上”地分别设计信息系统。

BSP 把企业目标转化为信息系统的结构。它所支持的目标是企业各层次的目标，实现这种支持需要许多子系统，其步骤如图 5-7 所示。

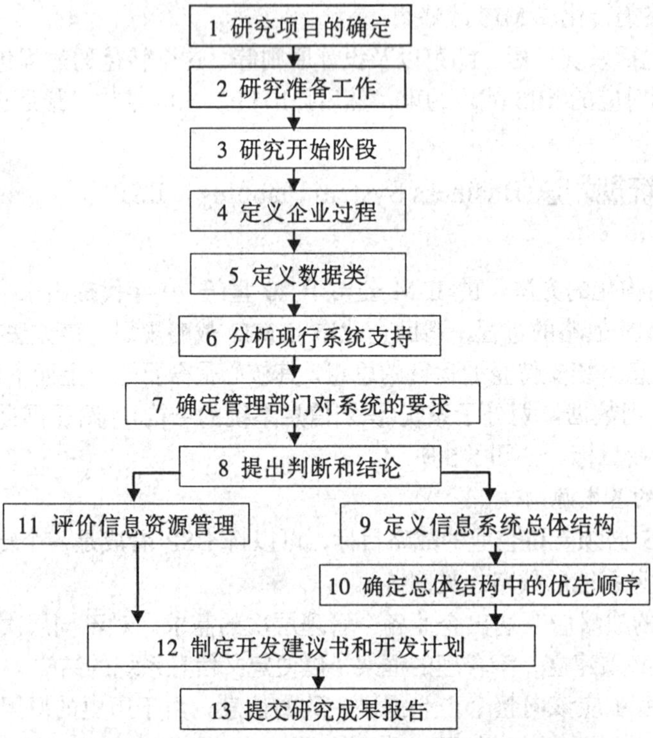

图 5-7 BSP 方法详细步骤

BSP 方法虽然也首先强调目标，但它没有明显的目标引出过程。它通过管理人员酝酿“过程”引出了系统目标，企业目标到系统目标的转换是通过组织/系统、组织/过程以及系统/过程的分析得到的。这样可以定义出新的系统以支持企业过程，也就把企业的目标转化为系统的目标，所以识别企业过程就是企业系统规划法的重要任务。

2. BSP 方法的具体步骤

(1) 研究项目的确定

BSP 的研究需要得到最高领导的积极参与和支持，并且立项。

(2) 研究准备工作

需要成立 MIS 领导小组，专门组织人进行规划研究工作，拟定研究计划、调查计划、研究报告大纲以及必要的经费确定，准备工作十分重要。

(3) 研究开始阶段

研究企业的如下情况：目标、期望的成果、研究的远景、企业的活动和目标的关系；分析企业的决策过程、组织和职能、开发策略等问题；了解数据处理部门的历史、现状、目前的主要活动和存在的主要问题，了解企业和对信息支持的要求。

(4) 定义企业过程(功能)

企业的过程就是企业的功能，定义企业过程是 BSP 方法的核心。企业过程是指在企业资源管理中所需的、逻辑上相关的一组决策和活动，这些活动将作为分析现行系统、确定系统总体结构的基础。

(5) 定义数据类

定义和识别由过程所产生、控制和使用的数据。数据类是指支持企业过程所必需的逻辑上相关的数据，即将数据按逻辑相关性归成类。

(6) 分析现行系统支持

对目前存在的企业过程、数据处理和数据文件进行分析，发现缺陷和冗余部分，对未来的行动提出建议。

(7) 确定管理部门对系统的要求

通过与高层管理者的对话来明确目标、问题、信息需求和它们的价值，MIS 开发者应密切与管理者的关系。

(8) 提出判断和结论

通过调查研究获得资料，并进一步完善和理解。对问题进行分析，采用问题/过程矩阵等方法将数据和企业过程关联起来，以便解决信息系统的改进问题。

(9) 定义信息总体结构

目的是由现行情况转向对未来计划方案，信息总体结构将得出未来的信息系统框架，将采用 U/C 矩阵进行子系统划分。

(10) 确定总体结构中的优先顺序

对信息系统中的子系统根据有关准则进行重要性评价，以便排定开发优先顺序。

(11) 评价信息资源管理

为了完善信息系统，使得信息系统能有效地、高效率地开发，应对与信息系统相关的的信息资源的管理加以评价和优化，并使其适应企业战略的变化。

(12) 制定开发建议书和开发计划

建议书用于帮助管理部门对所建议的项目作出决策，并将考虑项目开发的优先顺序和信息管理部门的建议来完成。开发计划需要确定具体的资源、日程、工作规模等。

(13) 提交研究成果报告

向最高管理部门提交 BSP 研究成果报告，报告应该完整和规范。

3. 定义企业过程(功能)

企业的管理活动由企业过程所组成，识别企业过程有助于理解企业完成目标的过程。按照企业过程所构建的信息系统，在企业组织变化时不必改变，或者说信息系统独立于组织。如果其他类似的企业已经识别了企业过程，则本企业过程的识别也可用类比的方法。

(1) 识别企业过程

识别企业过程需要依靠所收集的材料和分析研究，更重要的是和有经验的管理人员讨论商议，因为只有它们对企业的活动最了解。定义企业过程的步骤见图 5-8。

企业过程按来源划分可分为计划/控制、产品/服务、支持资源。

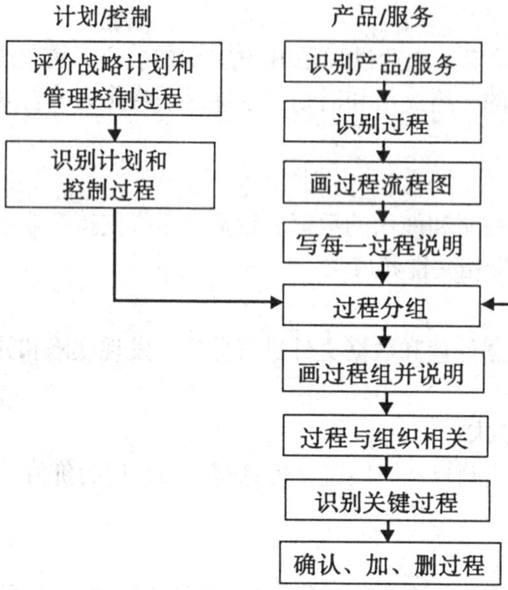

图 5-8　定义企业过程的步骤

① 计划/控制

计划/控制可以定义企业战略规划和管理控制方面的过程。

战略规划的过程有：经济预测、组织计划、政策开发、放弃/追求分析、预测管理、目标开发、产品线模型等。

管理控制的过程有：市场/产品预测、工作资金计划、雇员水平计划、运营计划、预算、测量与评价等。

② 产品/服务

各种产品都有其生命周期，即要求、获得、服务、退出，在每一阶段都需要一些过程对其进行管理，如表 5-1 所示。

表 5-1　产品的生命周期及所需要的过程

生命周期	需要的过程
要求	市场计划、市场研究、预测、定价、材料需求计划
获得	工程设计开发、产品说明、工程纪录、生产调度、生产运行
服务	库存控制、接收、质量控制、包装存储
退出	销售、运输、购买

对于来源于产品/服务类的企业过程，可以沿着生命周期去识别这些过程，过程之间的关系可以通过"过程流程图"的形式表示出来。图 5-9 是一个企业产品/服务过程流程图的例子，图中方框表示一个过程，箭头表示过程间的关联和顺序。

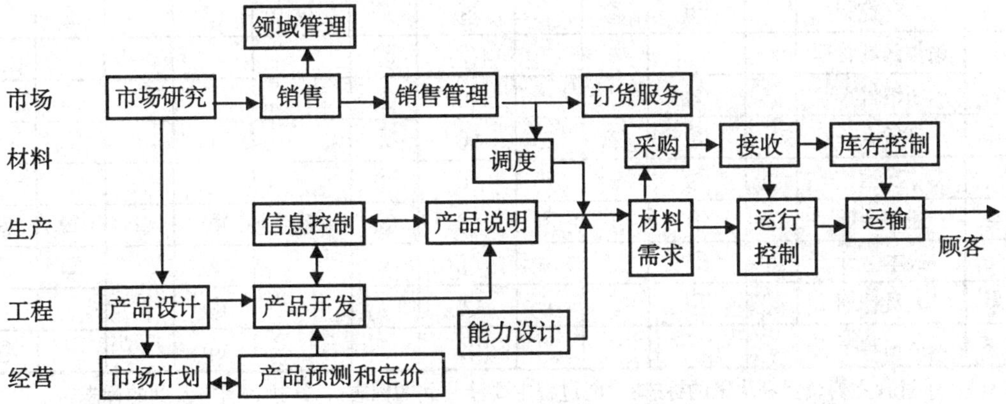

图 5-9　企业产品/服务过程流程图

③ 支持资源

其识别方法和产品/服务类似，包括人(人事) 、财(资金) 、物(材料与设备)，这些资源都有其生命周期：对"人"， 生命周期中的要求、获得、服务、退出对应过程为人事计划、招聘、补充、退休；对"财"，对应过程为财务计划、资金获得、财务管理、会计支付；对"物"，对应过程为生产材料和设备需求、购买材料和设备、库存控制与机器维修、订货控制与设备报废等。

(2) 过程分组

识别过程后，要进行过程分组，以便合并同类过程并减少过程在层次上的不一致。再用建立过程/组织矩阵的方法，把企业组织机构与企业过程联系起来，从而说明每一过程与机构的联系。表 5-2 是某企业过程/组织矩阵的一部分。

(3) 识别企业过程后应产生的文档

分别列出计划/控制、产品/服务、支持资源所导出的过程。第一类按管理控制列出，第二、三类按生命周期列出。

表 5-2　某企业的过程/组织矩阵

过程	组织	总裁	财务副总裁	控制员	人事部长	销售副总裁	销售经理	工程副总裁	生产副总裁	设备经理	采购经理	部门律师
经营	经营计划	①	②	②		②		②		①		②
	财务规划		①	②		③						②
计划	资产规模	①	①						②			
技术	产品预测	②		②		②		①	②		②	
	产品设计开发	②				②	②	①	③			
准备	产品工艺					②	②	①	③			
生产	调度					②	③		①		②	
	生产能力计划	②	②	③		②		②	①	②	③	
制造	材料需求		②						①			
	作业流程	②	③						①		③	
计划	库存控制		③	②		③		②	①		②	
	销售区域管理					①	②					
销售	销售	②	②			①	②					
操作	订货服务	③	③	③		①	②				②	
	发运		③			①	②					
财会	通用会计	③	①	③	③	②	③	③	②	③	②	③
	成本会计	③	①	②		③			②		②	③
人事	人员计划	②	③	②	①	②			③			
档案	人员招聘考核				①	②			③			③

注：①过程主要负责和决策的标志；　②过程主要涉及到的标志　；③过程有涉及到的标志。

分别对每一过程作简单说明，例如，对生产计划的说明为“为生产出满足需求预测的产品，而对材料、人员、设备所进行的计划活动”。

作出产品/服务过程的流程图，并列出关键过程名。

【例】 某发电厂识别出成本预测、总产值预测、发电量预测等共计 244 个过程类。

4. 定义数据类

数据类是指支持企业过程所必要的逻辑上相关的数据。

(1) 识别数据类的目的

了解支持企业过程的数据准确性和数据提供的及时性；识别在建立信息总体结构中要使用的数据类；发现企业过程间的数据共享情况；发现各个过程产生、使用和缺少的数据。

识别数据类的常用方法是企业实体法，即以企业实体为线索，通过其生命周期各阶段相关的数据的类型去识别数据类。图 5-10 所示是联系各实体生命周期诸阶段的各种数据。

(2) 用数据类型/企业实体矩阵识别具体数据类

表 5-3 列出了识别数据类的数据类型/企业实体矩阵，表中每一框中的数据表示对应于每一种企业实体、相对于每一个数据类型的具体数据类。

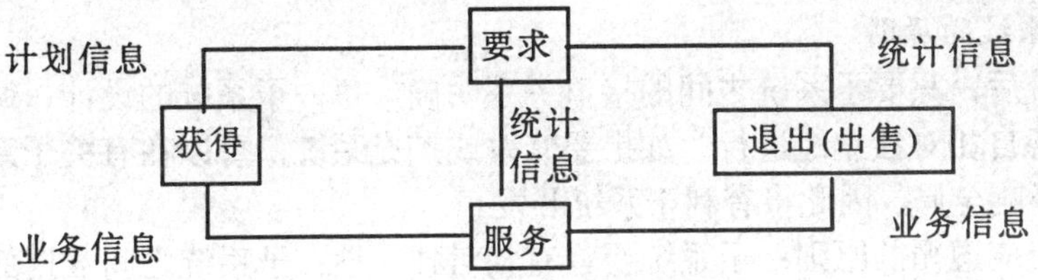

图 5-10　识别数据类

表 5-3　数据类型/企业实体矩阵

企业实体 数据类型	产品	顾客	设备	材料	卖主 (供应商)	现金	人员
计划/模型	产品计划	销售领域 市场计划	能力计划 设备计划	材料需求 生产调度		预算	人员计划
统计/汇总	产品需求	销售历史	运行 设备利用	需求汇总	卖主行为	财务统计	生产率、 盈利历史
库存	成品、半成品、零件	顾客	设备 机器负荷	原材料 出入库单	卖主	会计总账	雇用、工资、技术
业务	订货	运输		采购订货	材料接收	接收支付	

(3) 用企业过程法确定数据类

数据类的最后确定还需要企业过程法的支持。各个过程使用或产生了哪些数据类也是由企业过程法来确定的。企业过程法的具体工作是按产品/服务生命周期的顺序，构造一系列的输入输出数据类图(如图 5-11 所示)。其中，每个输入和输出都是待定的数据类，要识别的是输入或输出数据的实体。

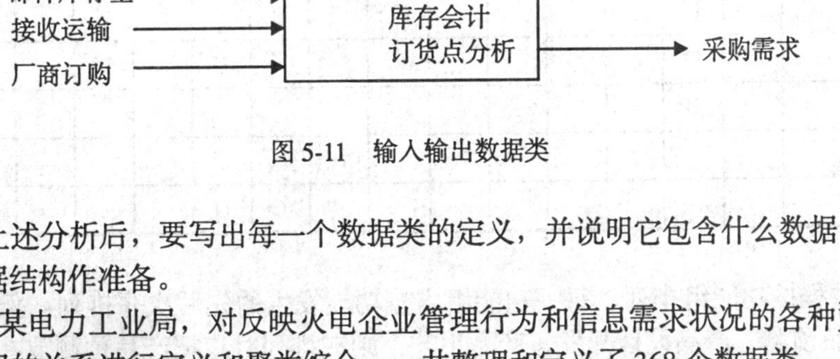

图 5-11　输入输出数据类

在作完上述分析后，要写出每一个数据类的定义，并说明它包含什么数据，为以后讨论和定义数据结构作准备。

【例】 某电力工业局，对反映火电企业管理行为和信息需求状况的各种资料、数据及数据类之间的关系进行定义和聚类综合，一共整理和定义了 368 个数据类。

5. 划分子系统的原则

划分子系统后，只要子系统之间的接口关系明确，每一子系统的设计、调试，基本可以互不干扰地各自相对独立地进行。如果要修改或扩充系统，可以在有关子系统的范围内进行，不致于影响全局，因此将有利于系统开发。

划分子系统应遵循的原则：子系统要具有相对独立性；子系统之间数据的依赖性尽量小；数据的冗余度应较小；要考虑今后管理发展的需要；应便于系统分阶段实现；应考虑到各类资源的充分利用。

6. 用 U/C 矩阵图划分子系统

过程类与数据类之间的关系可用 U/C 矩阵来表示，矩阵最上面一行表示数据类，最左一列表示功能类，并以字母 C(Create)和 U(Use)来表示过程对数据的产生和使用。表 5-4 是一个初步的 U/C 矩阵的例子。建立初步 U/C 矩阵的步骤如下：

表 5-4　初步 U/C 矩阵示例

数据类 功能类	客户	订货	产品	工艺流程	材料表	成本	零件规格	材料库存	成品库存	职工	销售区域	财务计划	计划	设备负荷	物资供应	任务单
经营计划		U				U						U	C			
财务规划						U				U		C	U			
资产规模												C				
产品预测	U		U								U		U			
产品设计开发	U		C	U	C		C									
产品工艺			U		C		C	U								
库存控制							U	C	C						U	U
调度			U	U				U				U		U		C
生产能力计划				U										C	U	
材料需求			U		U			U							C	C
操作顺序				C										U	U	U
销售区域管理	C	U	U						U		U					
市场分析	U	U	U								C					
订货服务	U	C	U						U		U					
发运		U	U						U		U	U				
财务会计	U	U	U						U	U		U				
成本会计		U				C										
人员计划										C						
业绩考评										U						

(1) 把过程按功能组排列，每一功能组内按功能发生的先后次序排列。例如某一功能组包括：产品预测、产品设计开发、产品工艺，则在排列时应把产品预测放在前，然后是

产品设计开发，最后是产品工艺。

(2) 排列数据类，并将相关密切的数据类构成同一数据类集，再依次排列。

(3) 在矩阵中，根据企业各项管理功能和数据类之间的关系形成 U/C 矩阵，其中 U 表示这类功能使用相应的数据类，C 表示这类功能产生相应的数据类。

说明：C 通常隐含 U 的功能，因为这类功能产生的数据类，其自身也要使用。

建立好初步 U/C 矩阵后需要进行以下两方面的正确性检验：

完备性检验：每个数据类应至少有一个功能产生它，并至少有一个功能使用它，否则，这个 U/C 矩阵的建立是不完备的。

无冗余性检验：U/C 矩阵中不允许有空行空列出现。如果有则表示要么漏填了 U 或 C，要么说明功能类或数据项的划分是冗余的或没有必要的。

(4) 调整 U/C 矩阵，划分子系统。

对 U/C 矩阵中数据类所在的列进行调整，使得 U 和 C(特别是 C)尽量靠近对角线。

在不破坏功能组逻辑性的基础上可以适当调配功能的分组，使得 C 尽量靠近对角线。

在调整后的 U/C 矩阵图上，根据最大内聚与最小外界耦合的原则，将功能相近的的过程组成同一功能集，将关系密切的数据类组成同一数据类集。将 U 和 C 最密集的地方框起来，形成一个一个的小方框，这就是划分出的子系统。对表 5-4 调整后得表 5-5。

表 5-5　调整后的 U/C 矩阵示例

数据类 功能类	计划	财务计划	产品	零件规格	材料表	材料库存	成品库存	任务单	设备负荷	物资供应	工艺流程	客户	销售区域	订货	成本	职工
经营计划	C	U												U	U	
财务规划	U	C													U	U
资产规模		C														
产品预测	U		U									U	U			
产品设计开发			C	C	C						U	U				
产品工艺			U	C	C	U										
库存控制				U		C	C	U		U						
调度		U	U			U		C	U		U					
生产能力计划									C	U	U					
材料需求			U		U	U		C		C						
操作顺序								U	U	U	C					
销售区域管理			U				U					C	U	U		
市场分析			U									U	C	U		
订货服务			U				U					U	U	C		
发运		U	U				U						U	U		
财务会计		U	U				U					U		U		U
成本会计														U	C	
人员计划																C
业绩考评																U

在表 5-5 中划分小方框的原则是：

沿对角线划分，不要漏掉任何一个数据或功能，不要对功能和数据进行交叉划分。

小方框的划分应尽可能多包括 U 和 C，并尽量包括所有的 C 元素。

下面对子系统划分的可能结果进行讨论：

如果某子系统之内有 C，说明该子系统有关功能产生了相应的数据类，该数据类通常由本子系统管理。注意：自己产生，也可以自己使用。

如果某子系统之内有 U，说明该子系统的有关功能调用了某数据类(该数据类或者由本子系统所产生或其他子系统所产生)。

如果 U/C 矩阵图中，U 和 C 全在子系统框内，这说明各子系统完全相互独立，子系统之间不存在数据交换。

如果子系统之外有许多 U ，说明各子系统之间存在大量的数据调用。

如果子系统之外有 C，说明某子系统有关功能所产生的相应数据类的数据被其他子系统管理，通常我们应当尽量避免出现这种情况。

整个 U/C 矩阵的划分可能是一个反复过程。

说明：采用 U/C 矩阵划分子系统可以使用如下工具：Excel、Lotus 1-2-3、Word。

在实际开发过程中，划分子系统的工作往往是由富有开发经验的系统分析员来完成。他们具有较丰富的开发经验，还可以根据经验或用类比的方法划分子系统。

【例】 按照上述方法，表 5-5 中的系统被划分成经营计划、技术准备、生产制造、销售、财会、人事共 6 个子系统。其中经营计划子系统包含经营计划、财务规划、资产规模 3 个功能(过程)，并管理计划和财务计划两个数据类。

【例】 某发电厂采用 U/C 矩阵的方法，划分了厂领导查询、党群管理、规划和预测、计划与企业管理、生产技术管理、检测管理、工程管理、运行设备管理、安全监督管理、科技教育及档案管理、燃料管理、物资供应、财务与监督、劳动人事、公安保卫武装管理、综合服务、多种经营、筹建管理共计 18 个子系统。其 U/C 矩阵有 244 个过程类、247 个数据类，采用 7 号字打印拼接后，U/C 矩阵的图纸大小约为 $1m^2$。

四、CSB 方法

把上述 CSF、SST 和 BSP 3 种方法结合起来使用，并把它称为 CSB 方法。这种方法的步骤如下：

(1) 首先用 CSF 方法确定企业目标。

(2) 然后用 SST 方法补充完善企业目标，并将这些目标转化为信息系统目标。

(3) 再用 BSP 方法校核企业目标和信息系统目标，并确定信息系统结构。

CSB 可以避免单个方法的不足，但是也使得整个方法过于复杂，削弱了单个方法的灵活性。在选择企业的战略规划方法时应具体情况具体分析。

5.4　管理信息系统开发的几个观点

一、Murphy 和 Caltuhan 定律

MIS 是一个复杂的人机系统，需要从系统的观点出发，运用系统工程的方法，按照系统发展的客观规律开发研制，国外曾提出有关 MIS 研制特点的两条“定律”。

墨菲（Murphy）定律：工作比想象的更为复杂；花费的时间比预计的更长；所需的费用比设想的更多；毛病能够出到什么程度，就一定会出到那个程度。

卡尔丘亨（Caltuhan）定律：“墨菲是一位乐观主义者”。

这两条定律生动地说明了 MIS 研制工作的复杂性和艰巨性。

MIS 项目对开发而言是费时、费力、费钱的艰巨复杂的社会系统工程：费时，几乎每一个 MIS 项目都难以按时完成；费钱，几乎每一个 MIS 项目都要追加投人；费力，是几乎每一个开发者都感到筋疲力尽；艰巨复杂，是指总体清晰，细节朦胧，问题比预计的要多，需要反复探索前进；社会系统，是指包含了太多的非技术因素，尤其是人为因素，难以有效控制进度。

二、MIS 开发的两种策略

1. 自上而下(Top-down)的方法开发 MIS

自上而下的方法强调由全局到局部，由长远到近期，由上到下的分析设计方法。它从整体上协调和规划，要求较强的逻辑性。整体性是系统的基本特性。

该方法的特点：自上而下的策略是一种演绎式的分析方法，其逻辑条理清楚，总体上把握系统的总目标；是一种整体性、系统性强的分析方法。

自上而下适合于较大系统的开发。例如开发一个省部级的 MIS。

2. 自下而上 (Bottom-up) 的方法开发 MIS

这种策略从现行系统的业务状况出发，先实现一个个具体的功能，逐步地由低级到高级建立整个 MIS。“自下而上”的方法是逐层地归纳和总结，最后构造成一个完整的系统。这是一个客观地总结现状、逻辑归纳的过程，所以这种方法不失为一种有效的方法。

该方法的优点：在条件不很具备的情况下，易于实行；但在归纳和综合的过程中，往往保留了某些不合理的现状。例如某厂先实现了财务和库存管理两个具体的功能系统，通过归纳和总结，最后构成一个完整的 MIS。

自下而上的策略多用于小型系统的开发，它适用于对系统开发缺乏经验的情况。

3. 自上而下和自下而上的方法相结合

实际工作中，常把这两种方法结合起来使用，即采用自上而下的方法定义、

规划整个系统，另一方面采用自下而上逐步开发，也就是自上而下地总体规划，自下而上地应用开发。这是建设 MIS 的正确策略。

【例】 我国要开发国家级的银行信用卡 MIS，为了取得经验，先在个别地区进行开发实验，取得一定的经验，然后在局部地区推广。国家再自上而下地拟定总体规划，在条件成熟时，再在全国大面积地推广，直至建成全国的银行信用卡 MIS。这种 MIS 的开发是自上而下和自下而上的方法相结合。

三、MIS 开发的用户观点

MIS 的分析设计人员要自始至终地与用户一起进行系统的分析和设计，因为 MIS 的信息需求以及信息处理的要求都是用户最熟悉的，而且 MIS 的最终受益者是用户。只有系统开发人员和用户真诚合作，MIS 才可能成功。

MIS 的开发不是“我来设计，你去用”，而应该是“我来设计，为了你的使用”。更明确地说：“我们一起来设计，共同为了用户满意地使用”。

四、MIS 项目的开发方式

1. 自行开发

属主动积极型。优点：有利于与用户协调，用户适应性好；缺点：容易导致用 IT 加固传统的管理方法，可能不利于推动组织变革，成功率不高。

2. 委托开发

属资金投入先导型，是主流方式之一。优点：质量满意度较高，有利于推动组织变革；缺点：不利于培养自己的 MIS 人员，易造成依赖性。

3. 购置商品软件

属图省事求快型，这是未来的主要趋势之一。优点：可靠性好，促使企业变革较有力；缺点：投资较大，依赖性强，特殊要求可能难以满足。

4. 结合自行开发与委托开发的合作开发

两者的配合与互补是合作开发的关键。一般以外部力量为主，内部力量为辅。前者重点放在技术问题上；后者重点放在与用户的联系和协调上。

5. 集成加合作开发

多方分工与协调是开发成功的关键；但组合因素复杂，项目管理难度大。

五、MIS 开发的成功率问题

一般都认为企业 MIS 项目开发成功率很低，实际是达标率低，目标过高(要求太多、变化太快)，难以达标。

企业 MIS 建设开始时，受计算机发展水平的限制，主要考虑企业的哪些工作可以应用计算机来代替人的劳动，系统建设是闭门造车式的编写程序，应用效果十分有限。其主要原因是在系统开发中没有融合现代化的管理思想和方法，使得 MIS 的开发只是简单地用计算机系统去模拟原手工操作系统，减轻了管理人员的手工劳动。

MIS 的规模越大，关系越复杂，风险也越大；MIS 的档次越高，成熟度越低，达标可能越小。鉴于目前 MIS 开发失败较多，设备利用率较低的现状，MIS 项目的规模的选择应取较保守型，不应盲目求大。

MIS 可以在 3 个层次支持管理，要使 MIS 发挥作用，则不仅应在作业层运用 MIS 解决结构化的问题，在战术和战略层应运用 MIS 支持中高层管理人员解决半结构化、非结构化的问题决策，这也是 MIS 成功的重要因素。

第六章　系 统 分 析

6.1　系统分析的任务

系统分析的主要任务：调查企业管理现状和用户对信息的需求；完成新系统的总体方案设计；完成新系统的详细调查，提出新系统的逻辑模型。

1. 逻辑模型

逻辑模型是系统分析的结果，它主要规定新系统应具备的功能，即应做什么，并从逻辑概念上予以描述，逻辑模型尚不能实施。新系统的逻辑模型描述了新系统的功能、输入、输出和数据存储等，并摆脱了原有的物理内容。

2. 物理模型

物理模型是系统设计的结果，需要具体涉及许多管理信息系统实施的细节。

在 MIS 研究领域有这样一种说法，在系统分析前有 1 份错误未被发现，在系统分析结束后若想纠正，则需要 5 份的努力；若在系统设计结束后想纠正，则需要 5^2 份的努力；若在系统实施后想纠正，则需要 5^3 份的努力，由此可见系统分析工作的重要性。

系统分析的结果直接影响到将来新系统的设计质量与经济性，应予以高度重视。

3. 结构化系统分析的概念

(1) 要求明确定义 MIS 的逻辑模型，描述系统是干什么的。

(2) 结构化系统分析不是用繁琐的语言，而是采用一组标准化的准则和工具来进行。

4. 系统分析的具体工作

系统分析中的具体工作包括：初步调查、总体方案设计、可行性分析、详细调查、系统化分析，并完成新系统的逻辑模型等。

为了便于描述，下面将从一个中等规模的企业开发 MIS 的角度来分析问题。

6.2　初 步 调 查

MIS 的开发一般都是从用户提出要求开始的，需要先投入少量的人力和财力，对企业管理的现状和用户对信息的需求大致而定性的了解。

一、调查方法

(1) 访问

系统人员通过提问的方式与用户交谈，收集有关信息。

(2) 发调查表征求意见

该方法耗时短、调查范围广，需要拟定调查目的明确、栏目清楚的信息调查表。调查项目一般应是共性的、要求比较明确的项目。通过调查表只能收集表面的与一般的信息。

(3) 召开调查会

调查会由开发人员主持，会上可听取管理人员介绍业务范围、内容、特点、存在问题以及对新系统的要求或想法，开发人员也可作些启发性的发言，介绍计算机在辅助管理决策方面的功能。通过讨论，使管理人员和开发人员在一些问题上取得较一致的意见。

(4) 参加业务实践

这是了解系统最好的办法，可以比较深入细致地掌握手工作业数据产生、传送、加工、存储和输出的具体过程与内容；了解现有系统的功能、效率以及存在的问题。

二、用户基本目标

初步调查的第一步是考察用户的基本目标：了解企业的领导和主要的管理干部，他们对 MIS 的要求与设想，再根据目前企业的资源，提出一个企业 MIS 的基本目标，以及各子系统的目标。基本目标在后续的工作中，将会根据情况而予以修正，以求科学、完善。

【例】　某电力企业 MIS 的初步基本目标：

建立一个生产、经营、资金、成本与物资的动态数据收集、处理与控制的 MIS。

(1) 能准确、完整、及时、可靠地收集各种信息，实现信息加工处理自动化，并能根据不同的需要及时生成各种报表。

(2) 各部门之间能够在符合保密要求的条件下，进行信息传送和查询处理。

(3) 建立统一的信息资源，实现信息共享。

(4) 为企业高层领导提供综合查询、检索全企业生产、经营管理信息，并具有分析、预测等辅助决策功能。

三、企业管理的现状和信息需求

1.企业概况

(1) 企业的规模，企业的目标，包括近期和长远的战略目标，总目标和各分项目标。

(2) 企业的生产、管理和经营现状，了解生产管理和经营现状，基础数据管理的状况，基础数据管理指标体系是否健全、统计方法和程序是否合理、用户对于新系统的期望值有无实际的数据支持。

(3) 企业与外部的交往。

2. 管理组织机构及人员配置

组织机构是指组织内部的部门划分以及它们的相互关系。在组织中，各部门之间存在着各种信息和物质的交换关系。物料由外界流入，进入组织的某一部门，加工或处理后，又流向另一部门，最后流出成为系统的最终产品，物流的同时也伴随着信息流。

(1) 了解企业的内部组织机构及人员配置，画出组织机构图。

(2) 了解企业上下级关系的组织机构，画出上下级关系组织机构图。

【例】 某公司组织机构如图 6-1 所示，它由两个层次组成：决策层和事务处理层。

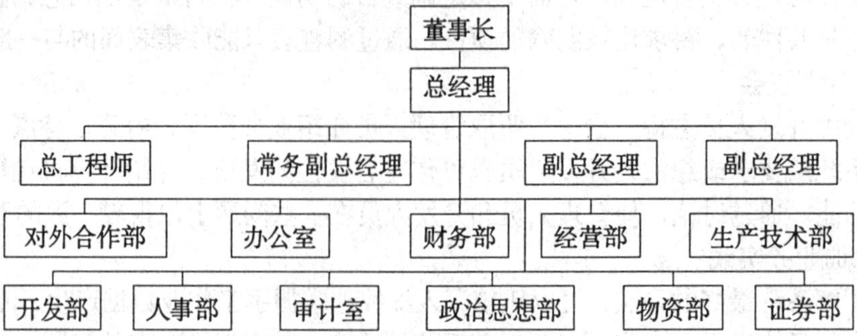

图 6-1 某公司组织机构图

3. 职能体系与业务流程

全面调查现行业务管理职能体系，各部门的工作职责及其业务工作流程。调查的内容主要是定性的，而不是定量的，定量的工作将在详细调查时进行。

4. 信息需求

信息需求包括数值信息、文字信息、图形信息三种类型。数据的需求分析要估算今后未来 5 年、10 年的逐年增长，也即对新系统的信息量从发展的角度来进行估算。

有关数据调查的主要内容包括：

(1) 各项业务管理所用的数据。

(2) 统计各部门的输入、输出数据量及互相间交换的数据量；按不同存储周期要求(日、月、年或不定期)进行统计，要统计出高峰及全年的数据量，编制统计分析表。

(3) 按数据类型进行统计分析，包括：原始凭证、台账、报表类数据及各种文字数据和图形数据等。

(4) 分析单位总体对外数据流向。统计对外交换的高峰数据量，及全年数据量。根据高峰数据总量绘制企业总体对外的交换图。

数值型数据以报表、台账凭证为主；文字型数据以文件资料为主；图形图像型数据主要有职工照片等。调查的主要内容分类列于表 6-1 中。

5. 信息管理现状

调查现有信息系统的运行状况；为提出新系统总体方案设计，论证方案在技术上是否可行打下基础。具体工作包括：现有计算机与通信资源及其应用情况；统计分析现有专职、兼职计算机工作人员；统计分析已用计算机处理的各种信息量；编制统计分析报表。

6. 原有信息系统存在的问题

根据调查材料分析原有系统存在的问题；听取用户对原有系统的意见；综合分析调查结果和用户意见，进一步明确用户对新系统的期望。

【例】 某公司原有信息系统存在以下的问题：

(1) 数据出自多门，无统一的进、出口径，不同部门重复收集数据，数据冗余度大。

(2) 数据大多依赖人工收集，手段落后、速度慢、不准确、数据不规范。

(3) 数据保存手段主要是将报表或文件装订成册进行保存，数据检索速度慢，安全性不高，数据查找不便。

表 6-1　数据调查内容

输入信息	信息处理过程	输出信息	存储方式	代码信息	信息需求
名称	处理内容	名称	文件名称	代码名称	所需信息
使用目的	处理周期	使用单位	保管单位	代码方式	需求目的
收集方式	处理方法	保存时间	保存时间	使用目的	需求单位
发生周期	处理时间	使用目的	总信息量	使用单位	需求者
信息量	处理场所	发送方式	保密要求	确认单位	时间期限
保存期	处理单位	输出时间	使用频率		信息表达的要求
相关业务	处理过程	输出方式			
取值范围					
信息来源					

(4) 数据共享程度低，信息资源利用不充分。虽然一些计算机配置较高，但由于处于单机运行，信息交换方式主要是电话、报表和口头，因此信息处理无法高效和准确。

(5) 各部门业务人员、管理人员大量精力耗于事务性、重复性工作，如数据收集、整理、分类、计算、制表等繁杂事项；办公自动化程度不高，劳动强度大；致使他们不能将精力充分用于创造性的管理工作，妨碍管理水平的提高。

(6) 信息分析手段落后，数据处理分析能力有限，难以利用当前和历史数据预测发展趋势，或为重大问题决策的定性和定量提供依据。

(7) 没有消息传递和工作控制机制。

要分析原有信息系统存在的问题，提出对新系统的期望，完善 MIS 的初步目标。

四、系统环境分析

通过对企业环境的调查，分析拟建 MIS 的环境和周边关系，包括与上、下级以及地方的有关 MIS 的关系，与本单位其他相对独立的信息系统的关系。

(1) 地位和地理分析：MIS 所在的地位，指业务、管理和逻辑上，以及地理区域位置。

(2) 接口分析：指与其他信息系统的接口关系，包括与外部的其他 MIS 的信息连接，与系统内部的控制检测系统的信息接口关系，与办公自动化的系统连接。

(3) 用户环境分析：包括资源环境、需求环境等。

【例】　图 6-2 是××发电厂对外信息交换情况的示意图。

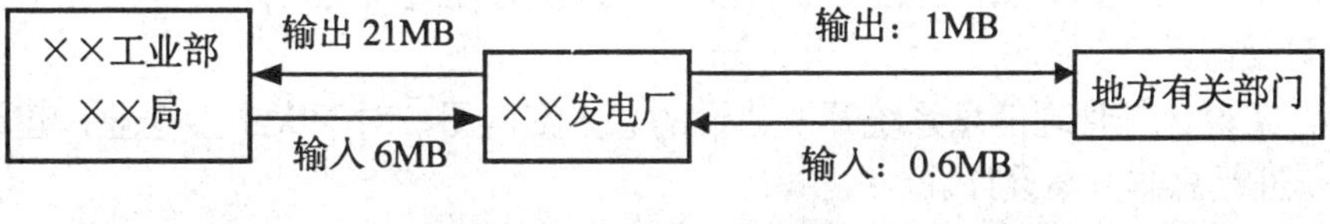

图 6-2　××发电厂对外信息交换图

五、系统目标分析

通过对企业目标、业务流程及信息需求的调查分析，明确新建 MIS 的目标。首先明确系统的总目标，再逐层细化到具体目标，建立起新系统的目标体系，绘制目标体系图。

【例】 下面是某公司的 MIS 建设例子，并给出系统具体的目标分析。

1. 系统的工程建设目标

将建设全公司范围的 Intranet，即以 Internet 技术为核心，以 Web 技术为基础，以浏览器为软件集成环境、基于网络对象连接技术、多媒体文档结构，建立一个能跨越多种操作系统和多种数据库平台，适应公司生产、经营和管理需求的信息综合应用环境。

2. 系统的基本功能目标

将实现如下基本功能：消息传递、资源共享、事务处理、决策支持，并用局域网与广域网技术实现不同地域、单位、部门的数据交换和数据存取。

3. 系统的应用性能目标

面向日常业务：能满足公司本部日常业务的信息处理需求，所建设的系统能及时、准确、完整地收集和处理各项业务所需的数据，并将处理结果发送到目的地。

面向经营管理：应能辅助经营决策，所建系统能及时准确地反映全公司生产、基建、经营、销售等各方面的运转状况，能辅助领导进行科学决策。

4. 系统的技术性能目标

● 具有良好的可靠性、稳定性和可维护性，具备检错、纠错和容错的功能，可昼夜不停地持续工作，局部故障不应危及整个系统，并能快速恢复。

● 具有良好的开放性、伸缩性和扩展性，符合计算机信息技术发展的方向，能适应企业管理行为和信息需求的局部变化。

● 具有数据安全控制机制，防止病毒侵扰机制。

● 具有较大的数据吞吐量、较强的数据处理性能、较快的查询速度，能满足高峰时对处理时间的要求。

● 人机界面友好，操作简便统一。

6.3 总体方案设计

初步调查后，对信息系统的现状、需求、目标等情况有了底，通常需要整理一份资料(标书)，以供开发方设计标书应答，准备投标。开发方经过研究，所设计的标书应答，就是总体方案设计。

总体方案设计是管理信息系统开发建设的总方案蓝图，对于大中型企业，建设较大的 MIS，必须进行总体方案设计。

1. 总体方案设计的基本任务

对企业状况及信息需求进行全面调查，对新建系统功能进行总体分析，提出新建系统的总体结构、数据库系统和计算机网络系统的方案，为可行性研究和进一步的详细调查（指系统分析中的详细调查阶段)做准备，并确定 MIS 的建设计划。

2. 总体方案设计应具备的条件

(1) 适用性。适应企业生产、经营、管理活动对多种媒体信息加工管理的需求，能承受系统各种运行环境的工作负荷，能依据生产经营目标提示生产经营行为和偏差。

(2) 适应性。适应企业生产、经营、管理模式的局部变化，除非企业的生产、经营活动发生本质的变化(如主要生产经营产品转向等)。

(3) 清晰性。总体结构的各个组成部分之间应有明确功能和明确的边界，不同功能之间的交叉应尽可能少，功能之间的信息交换应相对少。

(4) 可分性。总体结构中各部分的功能与功能实现的技术细节无关，易于技术更新。

(5) 扩充性。适应企业生产规模扩大和追踪信息处理技术的发展，换句话说，系统功能的扩大或更新以及重大的信息处理新技术的引入不应中断管理系统的运行。

(6) 开放性。易与其他信息系统互联。

总体方案设计的主要步骤如下：

一、确定系统目标

在初步调查的基础上进一步明确目标，为将来对 MIS 的检查和评价提供标准。明确系统目标有利于从全局观点制定逐步扩大功能的远景方案。

二、制定 MIS 战略规划

可以采用 BSP 等方法，通过一整套把企业目标转化为 MIS 战略的过程，帮助企业作出 MIS 战略规划。其具体步骤已在第五章中作了详细介绍。

三、Intranet 的四大平台设计

基于 Intranet 的企业级的 MIS 结构主要由四大平台组成：信息资源管理平台、办公应用平台、事务处理平台系统和网络通信平台。具体内容可以参阅第十一章。

四、数据库系统总体结构设计

数据库系统的主要任务是通过合理的组织结构方式对 MIS 的数据进行存储。

1. MIS 数据库的设计目标

建立一个结构合理，数据完整、独立，能适应战略层、管理层和事务处理层的数据库。并应具备良好的可靠性、完整性、一致性、安全性、可扩展性和可维护性。

2. MIS 数据库设计的注意事项

数据应布局合理，存放应靠近数据的定义者和使用者，就近存放，就近处理，减少数据传输，提高系统效率。各基础数据库的分布基本应与各子系统一致，按子系统建立共享数据库，根据需要可以分布存储。为提高系统处理效率，允许有一定的数据冗余。

数据库的建立要统一分类和编码，编码应规范、标准，以支持系统内外的信息交换。

3. 数据库设计的阶段和原则

● 概念结构设计，从系统分析的数据流程图出发，建立数据库的概念模型，用 E-R 图等工具绘制，并列出各实体的联系。概念结构设计所作的工作是确定系统有哪些数据库文件，每个数据库文件(DBF 文件)由哪些字段科学地组成。

● 逻辑结构设计，从概念模型出发，确定各个实体相联系的关系属性，确定所有属性的类型、宽度与取值范围，设计出基本表的主关键字，建立逻辑结构。

● 物理结构设计，确定数据库的物理结构，数据库在物理设备上的存储结构、存取方式、数据表示和数据存储方式等。

● 加载测试，其工作贯穿于程序测试工作的全过程，整个录入、修改、查询、处理工作均可视为对数据库的加载测试。

说明：概念结构设计应在系统分析的“系统化分析”阶段进行；逻辑结构设计和物理结构设计在系统设计的“数据存储设计”阶段进行。

4. 数据库管理系统的选择

(1) DBMS 的选择原则

选取 DBMS 的前提是要了解用户的实际需求、数据规模，以及今后的发展趋势。

● 技术先进性：考虑是否为 Browser/Server 结构，是否支持数据的分布式处理，是否具备并发控制机制，是否支持 Internet/Intranet 技术等，要考虑性能价格比。

● 支持多种硬件平台，支持多种操作系统，丰富的开发工具，强有力的技术支持。

(2) DBMS 的选型

一般企业均采用关系数据库系统，如广为应用的 Oracle、Sybase、Informix、Visual Foxpro、FoxPro 等。

(3) 数据库开发工具

现在的数据库开发工具可分为两种：第三代语言和第四代语言。第四代语言开发工具能更有效地提高 MIS 的开发速度，减轻开发人员和维护人员的负担，具有代表性的开发工具有：Sybase 公司的 Power Builder；Oracle 公司的 Develop/2000；Compuware 公司的 Uniface 等。

【例】 某发电厂经过分析，确定了 48 个共享数据库，现列举若干，如表 6-2 所示。

表 6-2 共享数据库和相关子系统

共享数据库	共享数据库的内容	相关子系统
设备信息库	设备检修计划、发电设备检修、发电设备完好率、发电设备技术状况综合、设备技术状况综合、设备故障、设备缺陷	生产技术管理、设备综合管理、安全检查管理、物资供应管理、财务审计管理、综合查询
固定资产信息库	固定资产、分类、统计信息、固定资产变动信息、固定资产折旧信息	生产计划管理、财务审计管理、生产技术管理、综合查询、物资供应管理、设备综合管理
生产运行信息库	生产运行信息、各种运行指标	生产技术管理、生产计划管理、燃料管理、设备综合管理、安全监查管理

五、决策支持系统结构设计

决策支持可以分为两个层次：高层 DSS 和管理层 DSS，如图 6-3 所示。

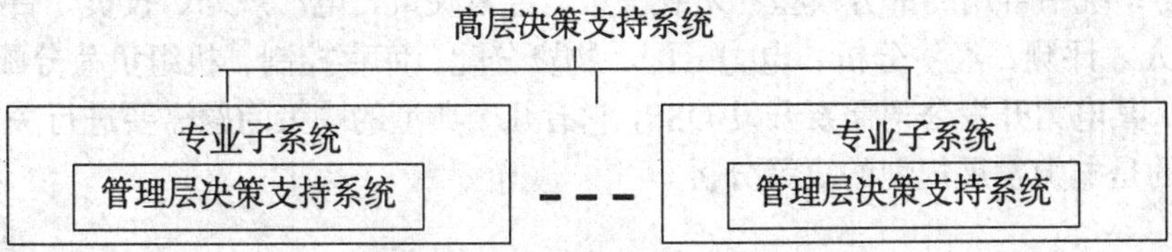

图 6-3　决策支持系统层次关系

1. 高层决策支持系统

它可以视为 MIS 中的一个独立的特殊的子系统。其框架结构包括：数据库系统、模型库系统、知识库系统和人机接口子系统。这里的高层是相对的，例如公司级、厂级等。

2. 管理层决策支持系统

管理层决策支持系统通常放在各子系统中，可以视需要的迫切程度和开发力量的情况分期开发。这里的管理层通常是指中层。

3. 常用的模型库

根据需要可以建立模型库，下面列出在电力系统中常用的计算方法和模型。

问 题 提 出	产生数据类
电力发展规划（资金、能源等）	所需资金和资金来源预算、电厂建设规模规划、新增生产能力计划、需电量预测、最大负荷预测、行业用电预测、当地经济发展计划

问题处理系统
用语言系统描述问题、集成知识进行推理

决 策 模 型	决 策 知 识	决 策 数 据
需求分析、设备安排、投资分析、线性回归、滑动回归、协调决策、模糊理论、投入产出、数据拟合、数据特征计算、经济活动分析	电力建设、生产、规划、设计的一般规律性知识和各种数学计算公式、电厂、电网和电力施工知识、经济学知识、其他行业生产特点、股份制和证券投资方面的知识	电网当前能力、电力负荷情况、全公司发展指标、基建工程财务情况、基建工程投资情况、各类设备容量情况、单位生产计划和指标、水利资源、并网电量综合情况、行业用电情况、行业发展情况

图 6-4　某公司电力发展规划的决策分析

(1) 电力系统常用的部分计算方法：线性规划、非线性规划、目标规划、回归预测分析、决策分析、随机优化、技术经济分析、价值工程、计划评审、可靠性计算、线损计算、数理统计、概率统计、线性代数、模糊数学、ABC 分析法、经济控制理论。

(2) 电力系统中常用的部分模型：宏观决策、经营决策、电厂规划、投资、目标管理、人才选拔、人才评测、经济分析、电力分配、物资分配、库存控制、机组负荷分配模型。

【例】 某电力开发公司需要开发 DSS，它有几个典型的决策问题需要进行决策分析，图 6-4 所示的是电力发展规划的决策分析。

六、编码方案的总体设计

MIS 中的数据类别多，数据量大。为便于数据处理，必须对数据按照统一的标准编制代码。数据分类编码是根据数据内容的属性或特性，按一定的原则和方法对数据进行分类编码。代码是代表事物名称、属性、状态等的符号，一般用数字、字母和它们的组合来编制代码。建立编码体系应遵循国家和有关行业制定的信息编码标准。

1. 编码方案的总体设计所做的具体工作

明确哪些数据应采用代码，采用何种代码表示方法。具体的数据编码工作将在系统设计阶段进行。这里仅是总体方案。

【例】 在开发某个库存管理系统时，对于机制螺钉，我们决定用代码来表示，且采用 4 位数字的区间码，具体表示方法如表 6-3 所示。

表 6-3 机制螺钉代码的总体设计

第 1 位	第 2 位	第 3 位	第 4 位
材料	螺钉直径	螺钉头形状	表面处理

2. 我国 MIS 开发中常用的部分国家代码标准

(1) 中华人民共和国行政区划分代码，GB 2860-88

(2) 国际单位制代码，GB 9648-88

(3) 地区码，GB 2260-84

(4) 行业码，GB 4754-84

(5) 人的性别代码，GB 2261-80(国际标准：ISO 5218-77)

(6) 世界各国和地区名称代码，GB 2659-86(国际标准：ISO 3166-81)

(7) 全数字式日期表示法，GB 2808-81(国际标准：ISO 3307-75)

(8) 信息交换用时间表示法，GB 2809-81

(9) 信息交换顺序日期表示法，GB 2810-81(国际标准：ISO 2775-77)

(10) 中国各民族名称的罗马字母拼写法和代码，GB 3304-82

(11) 文献类型与文献载体代码，GB 3469-83

(12) 中央党、政机关、人民团体及其他机构名称代码，GB 4657-89

(13) 文化程度代码，GB 4658-84

(14) 国民经济行业分类和代码，GB4754-84

(15) 家庭关系代码，GB 4761-84
(16) 政治面貌代码，GB 4762-84
(17) 党派代码，GB 4763-84
(18) 本人成分代码，GB 4764-84
(19) 家庭出身代码，GB 4765-84
(20) 婚姻状况代码，GB 4766-84
(21) 健康状况代码，GB 4767-84
(22) 世界语种代码，GB 4881-85
(23) 中国标准书号，GB 5795-86
(24) 运输方式代码，GB 6582-86
(25) 中华人民共和国学位代码，GB6864-86
(26) 语种熟练程度代码，GB 6865-86
(27) 文献保密等级代码，GB 7156-87
(28) 星期编号，GB 7408-87
(29) 全国工农业(商品、物资)分类与代码，GB 7635-87
(30) 荣誉称号和荣誉奖章代码，GB 8560-88
(31) 专业分类代码，(ISO 02955-83)
(32) 专业技术职务代码，GB 8561-88
(33) 纪律处分代码，GB 8562-88
(34) 奖励代码，GB 8563-88
(35) 中国标准刊号，GB 9999-88
(36) 县以下行政区划代码编制规则，GB 10114-88
(37) 出国目的代码，GB 10301-88
(38) 社会保障号码，GB 11643-89
(39) 全国企业、事业单位和社会团体代码编制规则，GB 11714-89
(40) 发文稿纸格式，GB 826-89
(41) 国家机关公文格式，GB 9704-88
(42) 文书档案案卷格式，GB 9705-88
(43) 事物特性表定义和原理，GB 10091.1-88
(44) 全国工农业产品(商品、物资)分类与代码，GB7635-87

3. 国际标准化组织(ISO)制定的标准

(1) 国家与地区名称代码，ISO3166
(2) 货币与资金代码，ISO4217
(3) 顺序日期表示，ISO2711
(4) 日期的表示，ISO3370
(5) 信息处理——有限字符集系统中使用的国际单位和其他单位的表示，ISO2955
(6) 地方时间差别的表示，ISO4031
(7) 信息处理——人的性别表示，ISO5218
(8) 地理位置的纬度、经度和高度的表示法，ISO6709

(9) 星期编号，ISO2015

4. 联合国制定的分类目录

(1) 国际标准贸易分类，Standard International Trade Classification

(2) 国际标准货物与服务分类，International Standard Classification of All Goods and Services

(3) 国际标准经济活动行业分类，International Standard Industrial Classification of All Economic Activities

(4) 国际标准职业分类，International Standard Classification of Occupations

(5) 国际标准教育分类，International Standard Classification of Education

七、计算机与网络系统总体方案设计

计算机与网络系统总体方案设计即系统物理配置的总体方案设计，在可行性分析之前应做好系统物理配置的总体方案设计工作。应从系统需求的角度提出对系统配置的基本要求。物理配置总体方案设计考虑以下几个方面：

(1) 客观条件约束。包括资金，原有计算机系统、技术力量(开发和维护)。

(2) 处理方式。为实现系统要求，采取的是实时处理方式还是批处理方式。

(3) 联机存储量。包括应用软件和系统软件的大小，信息系统联机存储数据量。一般应在估算的基础上增加 50%～100%或者更多作为联机存储量。

(4) 设备。包括服务器类型、终端类型及数量、打印机类型及数量、绘图设备等。

物理配置总体方案设计不一定涉及准确的系统硬件型号，但一般情况下，往往需要提出一个实际计算机系统作为方案的模型，以方便讨论问题。

(5) 软件。包括操作系统、网络软件、DBMS、高级程序语言、应用软件包等。

【例】　图 6-5 所示是××企业 MIS 物理配置中计算机与网络系统总体方案。

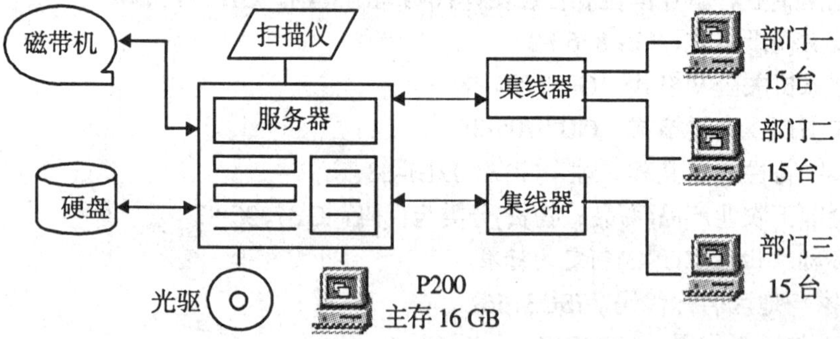

图 6-5　××企业 MIS 物理配置的总体方案

八、工程费用概算与效益分析

1. 工程费用概算

(1) 一次性投资，包括计算机系统设备费、机房建设费、网络设备费、软件购置费、安装费、人员培训费等，需要拟定一次性投资的分期投入计划。

(2) 非一次性投资，包括设备和软件租金、维修费、水电费、人员工资及管理费用等。

2. 效益分析

包括直接经济效益、间接经济效益、社会效益等。

九、实施计划

(1) 安排好 MIS 工程建设各阶段的进度日程，并制定工程进度表或网络图。

(2) 如 MIS 工程大，财力或物力(包括经验)暂时不足时，MIS 可以分期完成，制定分期完成的计划。首先进行必要的基础建设，优先开发效益显著的关键子系统，其余子系统可等条件成熟时再开发。

十、系统总体方案

总体方案设计完成后应给出一个完整的系统总体方案，供可行性研究时使用，其内容包括：系统目标、功能、性能描述；子系统划分结果；各子系统的主要功能模块描述；数据库系统的总体结构；编码方案；系统物理配置总体方案；费用估算及效益分析报告；工程进度表或 PERT 图等。

6.4 可行性分析

一、投标资格预审

对投标资格进行审查有多种方法。世界银行贷款项目采用“强制性标准法”；亚洲开发银行贷款项目采用“定项打分法”。

中国的基础设施项目资格预审常采用“打分法”， 把对承包商的各项资格的评价量化，采用比较简便的百分制计分，对承包商报送的资格预审内容，按一定的标准判分，并确定每项的最低得分要求及授予投标资格的最低分数线，凡是达到或超过这些分数线的承包商，即算预审合格。

招标单位通常把影响投标资格的评价因素分成若干组，并根据项目的特点和评价因素的重要程度来评分。亚洲开发银行贷款项目的投标资格预审评分根据下列情况而定：

1. 财务能力

评审财务能力，从年营业额(仅包括工程收入)、财务投标能力、可获得的信贷资金 3 个评价因素来评价。有的评审方法是从公司的财务能力和经营情况，如贴现率、赢利率、资本结合率、资产收益率、运营资本收益率、速动比率等几个指标来考核。

2. 技术资格

评审技术资格是为了判别公司在承包此项工程时的技术能力。影响技术资格和实力的因素有：现场管理、主要技术人员和项目经理、分包工程等。

3. 施工经验

施工经验可根据承包商是否承担与投标项目工程性质和规模类似的项目与施工经历来考核。以往的工程业主验收该承包商承担的工程项目时的评价或工程验收合格证书也是评审的重要参考资料。

二、可行性分析的任务

可行性分析在初步调查和总体方案设计的基础上进行，其基本任务是从目标和方案、经济、技术、操作、管理、社会等方面分析论证项目开发与总体方案是否可能和必要，提出可行性意见。可行性分析包括必要性和可能性两个方面，具体如下：

1. 目标和方案的可行性

目标是否明确，方案是否切实可行，是否满足组织进一步发展的要求，研制周期的长短是否合适。

2. 经济可行性

经济方面的可行性主要是从组织的资源：人力、财力、物力来考察系统开发的可行性。投资是否合算，有多少资源可以利用，应建立多大规模的系统，资金如何投入等。

需要考虑投资费用、运行与维护费用、人员训练费用、可获利益等。

3. 技术可行性

技术方面的可行性就是根据现有的技术条件，考虑所提出的技术要求能否达到。

(1) 技术人员力量的可行性：有多少科技人员，技术力量和开发能力能否胜任开发，是否需要同其他单位合作开发。

(2) 计算机硬件的可行性：各种外围设备、通信设备、计算机设备的性能(如速度、容量等)能否满足系统开发的要求，设备的使用、维护及其充分发挥效益的可行性。

(3) 计算机软件的可行性：各种软件的功能能否满足系统开发的要求，软件系统是否安全可靠，本单位对使用、掌握这些软件技术的可行性。暂时不能被本单位开发人员掌握的技术，一般应视为不成熟或是没有可行性的技术。

(4) 需自行开发的硬件和软件是否能研制成功。

4. 操作可行性

操作可行性应从用户的角度来考虑：当系统实施之后，能否有效地处理相关的日常事务；在系统实施时是否会遇到大的阻碍，用户是否愿意使用。

此外，系统操作人员的素质，包括道德修养、文化程度、业务熟练程度、掌握计算机方面的知识、对某些联机处理的操作能否适应、是否有可能通过培训达到要求等，也必须给予充分的重视。

5. 管理可行性

从一个企业看，管理可行性主要考虑以下几方面：高中层领导对信息系统态度如何；管理人员是否有抵触情绪，是否有心理准备，期望和态度如何；管理制度和方法是否科学，规章制度是否健全；原始记录和原始数据的收集是否正确、齐全。

6. 社会方面的可行性

社会方面的可行性是指一些社会的或者人的因素对系统的影响，如由于某些特殊的原因(如体制问题、安全保密问题、制度问题等)，不能向系统提供运行必须的条件。由于信息系统的实施将给组织带来很多变化，如工作方式的变化、管理模式的变化，以及人的权力、作用、职责、工作范围的变化等，这些将对信息系统的开发和今后的系统运行造成影响。

例如，一个企业财务信息系统所打印的会计核算账册与报表，是否能取得上级的承认，是否符合审计机关的要求，是否符合现行的财政制度与政策。

上述诸因素，都是开发一个 MIS 的约束条件，只有满足这些约束条件，才认为是可行的 MIS 方案。

【例】 ××研究院于 1999 年 10 月研制成功“工业电视实时信息与 MIS 系统联网”。该系统通过图像多媒体技术，把工业电视视频信号(监视用的模拟信号)经过编码处理变为数字信号，再经过对数字信号进行压缩处理，使其符合 LAN 网络信道的传输要求。在接收端的网络工作站能以硬件或软件的形式解压还原视频信号(数字信号)，信号引进 MIS 系统后，在计算机屏幕上可以观察到工业电视的图像。

该系统可以实现对电厂主要生产部位：输煤、灰尘、水位、设备、保安等图像的监视。厂长、总工等办公室利用原有的 MIS 终端，配备一定的外围终端和专业软件，成为多媒体监控工作站，可以在微机终端上直观地看到生产现场情况、读取控制室的有关数据并与控制室进行双向通话。

主要部件 Motion_ JPEG 视频压缩解压卡，其压缩比可以达到 16:1～120:1，经试验在 50:1 时，图像质量与压缩比可以兼顾。此时按 PAL 制，352×288 的视频分辨率，24bit 色彩深度(真彩色)，25FPS(Frames Per Second)的帧频，则每秒的视频数据量为：

$$352\times288\times24\times25=60\text{Mb/s}$$

按 50:1 的压缩比，则需网络传送的数据量为 1.2Mb/s，这完全可以满足 10Mb/s LAN 的传输要求。

说明：

● 在目前技术情况下，只有将视频信息压缩到其绝对数据传输率 1.5Mb/s 以下，才有工程上实现的可能性。

● MPEG 压缩算法是目前最优秀的压缩算法，其最大压缩比可以达到 200：1。我国的电视制式 PAL-D、帧频为 25FPS，视频分辨率采用 QCIF 标准，即 352×288。

● 对于 10Mb/s 的 LAN，即使按 CSMA/CD 协议的最大有效带宽 10×0.5＝5Mb/s 来考虑，在技术上是可行的。

● 美国、日本的电视采用 NTSC 制式，每秒传送 30 幅图像，每幅图像扫描 525 行；中国、英国等国的电视采用 PAL 制式，每秒传送 25 幅图像，每幅图像扫描 625 行。

每秒只传送 25 幅画面会让人感到明显的闪烁，所以 PAL 制式下普通电视将每幅图像 625 行分成两次扫描。第一次扫描奇数行，第二次扫描偶数行，奇数行一场，偶数行一场，每秒可以发送 50 场图像，闪烁感减轻，这种扫描方式称为 50Hz 隔行扫描。

三、可行性分析报告

经过系统的可行性分析，最后应撰写一份可行性分析报告交上级审核。内容包括对应用项目的总体方案设计进行全面评估，仔细分析待开发系统，包括系统概况、项目目标、开发所需资源和预算安排、期望的效益等。

根据上述分析，对系统开发工作提出下列 3 种结论之一：

(1) 可以立即开始进行。

(2) 不能或没有必要进行，例如经济上不合理，投资相差太多。

(3) 需推迟到某些条件具备后才能进行，例如：增加资源(人力或投资)、进行某些调整(例如组织机构的调整)和修改(例如对系统目标作某些修改)。

可行性分析报告经评审通过后，MIS 的开发将进入系统分析中的详细调查阶段。

6.5 详 细 调 查

详细调查的范围不仅局限于物流与信息流，还应该包括企业的生产、经营、管理等方面，调查范围可以大致归纳如下：组织机构和功能业务、组织目标和发展战略、工艺流程和产品构成、数据与数据流程、业务流程与工作形式、具体业务的管理方法、决策方式和决策过程、可用资源和限制条件、现存问题和改进意见。

调查目标要明确，要积累和分析有关资料，利用各种分析技术和工具，把系统准确地描述出来。在详细调查中，例如可以在以下几方面提出问题：

(1) 输出方面：计算机输出的目的是什么，希望计算机输出怎样的报告，哪些报告可以取消或合并，以前输出的数据的精确度如何，过去用什么办法发现和修改错误。

(2) 处理方面：采用何种处理方法，由谁来处理，何时处理，处理时间长短，采用哪些计算方法，例外问题的处理方法等。

(3) 输入方面：输入原始凭证的格式，何时何地由谁输入，采用何种传递方式，合理的输入持续时间是多少，输入数据的数据量是多少，采用何种数据类型。

(4) 数据存储方面：目前数据存储在何种介质或设备上，需要使用多少数据库文件或数据文件，访问中要做好新系统的宣传工作，并充分听取各方面的要求和希望。

说明：部分详细调查的工作已在初步调查和总体方案设计中有所涉及，这里的详细调查将强调“深入和细节”。

调查组应由用户单位的领导人员、业务管理人员和 MIS 开发人员共同组成。

6.6　组织机构与功能分析

通过对系统内部各级组织机构的了解，使得开发人员可以进一步明确被调查对象。

一、组织机构图

在画组织机构图时，应注意以下几点：

(1) 不能只画组织中的从属关系，领导和被领导关系。凡是有物质交换，资金流动的地方，几乎都伴随着信息的流动。应该把可能伴随有信息流的具体地方都标识出来。

(2) 组织中现行的行政机构的名称有时并不能反映该部门所做的全部实际工作。必须要切实地去了解每一个部分，根据具体情况画出组织机构图。

(3) 实际工作情况是复杂的，应根据系统目标来调查研究问题，集中考虑与系统目标有关的各种流。可以忽略次要因素，突出重点，并明确系统的现状、边界和范围。

二、业务功能一览表

在实际工作中，组织的划分通常是根据最初同类业务人员的集合而定的。随着生产的发展、生产规模的扩大和管理水平的提高，由原来单一的业务，派生出许多新的业务。新业务在同一个组织中由不同的业务人员分管，其工作性质已经有所变化。当这种变化发展到一定程度时，就要引起组织本身的变化，裂变出一个新的、专业化的组织，由它来完成某一类特定的业务功能。

【例】　某厂早期的质量检验工作是由生产科、成品库和生产车间各自交叉分管，由于激烈的市场竞争和管理的需要，原有的分管体系已经不能适应发展和统一管理的需要，由此质量检验科产生了。

有些变化事先难以全部考虑到，但可以预先知道系统的功能。如果以系统的功能为基础来设计和考虑系统，则系统将对组织结构的变化有一定的独立性，并有较强的生命力。

【例】　图 6-6 是某公司业务功能一览图的一部分，这是一个粗略的树形图，用于描述组织内部各部分的业务和功能。可以向业务人员发调查表或直接询问的方法产生该图。

6.7　业务流程分析

在对系统的组织机构和功能进行深入分析时，需要从一个实际业务流程的角度将系统调查中有关业务流程的资料都串起来作进一步的分析。业务流程分析可以帮助我们了解该业务的具体处理过程，发现问题，并修改原系统的不合理部分，在新系统基础上优化业务处理流程。科学的业务流程分析将为 MIS 开发的后续工作带来很多方便。

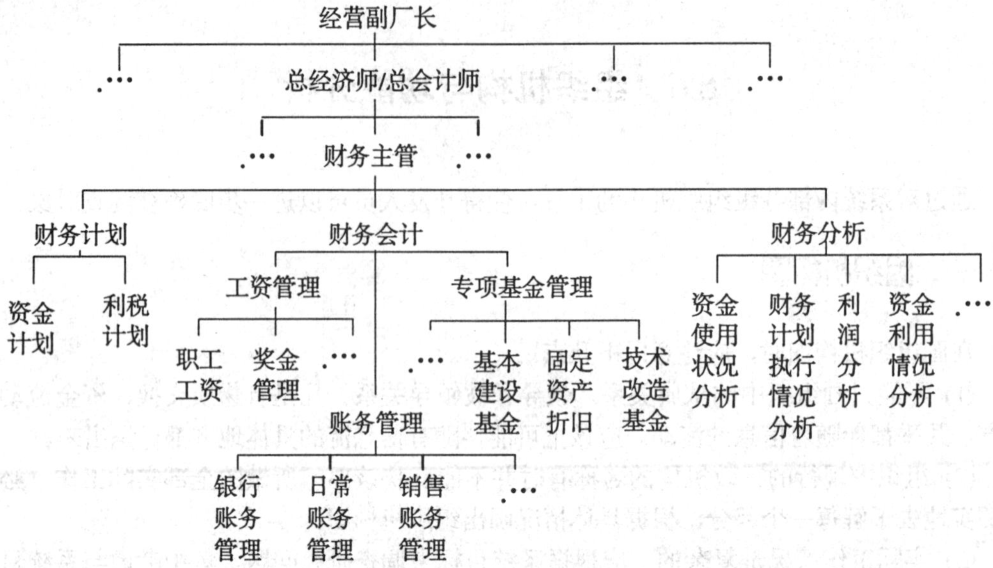

图 6-6　业务功能一览图

一、业务流程图的绘制

业务流程图是用图形方式来反映实际业务处理的过程，它可对业务功能进行细化，在绘制业务流程图的过程中发现问题，分析其不足，优化业务处理过程。业务流程图有多种画法，下面我们通过例子予以说明。

【例 1】　如图 6-7 所示的是某工厂成品销售及库存子系统的业务流程图及其符号说明。图中采用了 4 个符号：系统中人员、系统外实体(单位名)、数据流向、单据(报表、账目)。

说明：系统中的人员具有处理功能，例如，处理功能可以为：存款处理。

图 6-7 业务流程图说明：推销员与用户签订销售合同；销售科计划员将合同登入合同台账；计划员对合同台账和库存台账进行查询后决定发货对象和数量；填写发货通知交成品库；对于确实无法执行的合同要向用户发出取消合同通知。每隔一段时间，要对合同执行情况作出统计表，交本部门负责人审查后，送厂长办公室。发货员按发货通知单出库，并发货；发货员填写出库单(一式三份)，一份交成品库保管员；保管员按出库单和从车间来的入库单登记库存台账；出库单的另两份分别送销售科和会计科；销售计划员按出库单将合同执行情况登入合同台账；销售部门负责人定期将合同、合同执行情况及库存情况汇总后向生产科提交有关需求预测报告，用来辅助制定生产计划和作业计划。

【例 2】　图 6-8 是某储蓄所存取款业务流程图。

储户将填好的存折、存(取)款单、钱交给储蓄所职员进行如下分类处理：

(1) 若存折或存(取)款单填写不合格，则将存折、存(取)款单、(钱)返给储蓄者。

(2) 如果是存款，则将存折、存款单、钱交给存款处理职员处理，存款处理职员取出底账登记、计算利息，将钱放入现金库，再将存折交给储蓄者。

(3) 如果是取款，则将存折、取款单交给取款处理职员处理，取款处理职员取出底账登记、计算利息，从现金库取出钱，再将存折和钱交给储蓄者。

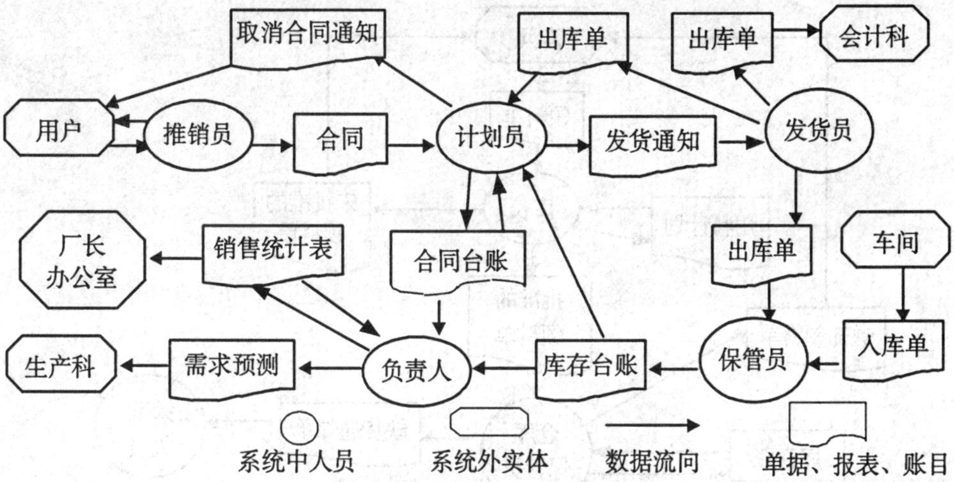

图 6-7　销售及库存子系统的业务流程图及符号说明

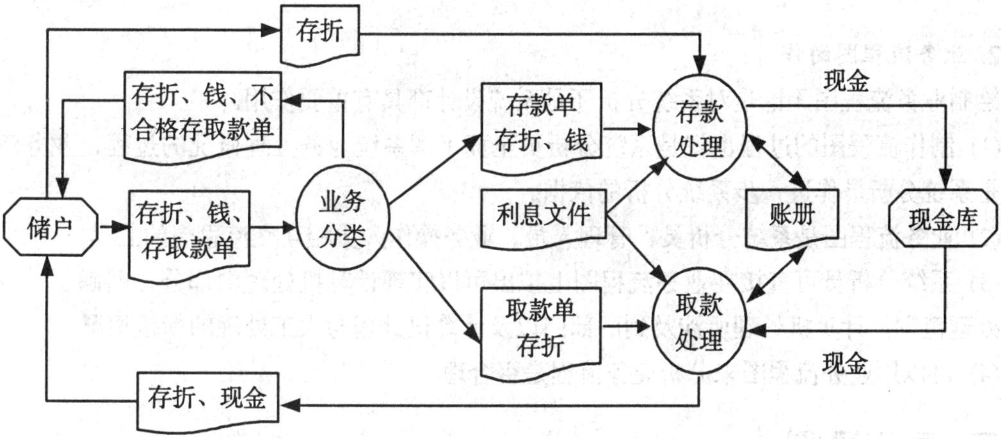

图 6-8　某储蓄所存取款业务流程图

【例 3】　根据以下领料业务过程画出领料业务流程图，如图 6-9 所示。

车间填写领料单给仓库要求领料，库长根据用料计划审批领料单，未批准的退回车间，已批准的领料单被送到仓库保管员处，由他查阅库存账。若账上有货则通知车间前来领料，否则将缺货通知采购人员。

二、业务流程图的特点和作用

1. 业务流程图的特点

从图 6-9 中，我们可以总结出业务流程图具有下述特点：

按业务部门绘制业务流程图；图所描述的主体是票据、账单的业务处理过程；票据、账单的流动路线与实际的业务处理过程是一一对应的；图中票据、账单是有生有死的，也就是说，它的一个生命周期表示了一笔业务。

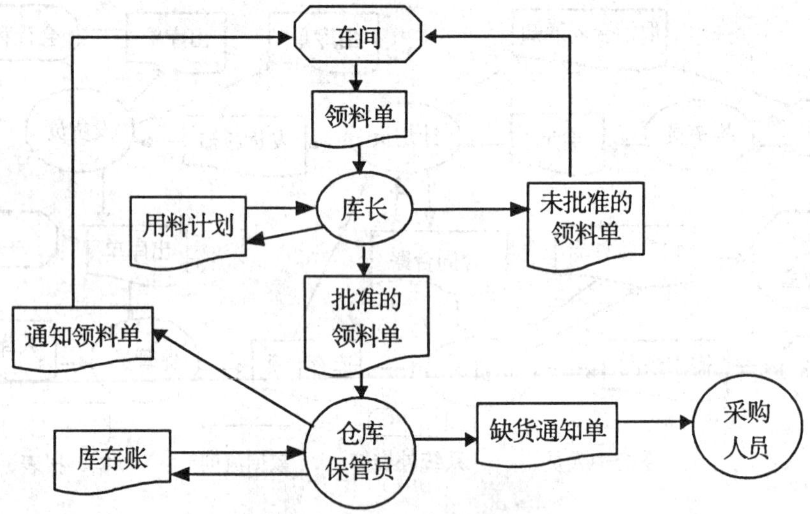

图 6-9 领料业务流程图

2. 业务流程图的作用

绘制业务流程图无论是对系统分析还是系统设计都具有重要作用。

(1) 制作流程图的过程也就是系统分析员全面了解系统业务处理概况的过程，业务流程图是系统分析员作进一步系统分析的依据。

(2) 业务流程图是系统分析员、管理人员、业务操作人员相互交流思想的工具。

(3) 系统分析员可直接在业务流程图上拟出可以实现计算机处理的部分，明确了计算机的处理范围，计算机处理所涉及到的部门以及计算机处理与人工处理的衔接情况。

(4) 可以用业务流程图来分析业务流程是否合理。

三、表格分配图

管理部门经常把一式多份的单据或报告发到有关部门。可以采用表格分配图来描述有关业务流程。表格分配图是业务流程图的一种特殊表达方式。它比较清晰，可帮助系统分析人员描述系统中复制多份的报告或单据的流向，及与哪些部门发生业务联系。

【例】 图 6-10 是一张描述物资采购业务的表格分配图。图中采购部门准备采购单一式四份：第一张送供货单位；第二张送交收货部门，用于登记待收货登记册；第三张交会计部门作应付款处理，记入应付款账；第四张留在采购部门备查。

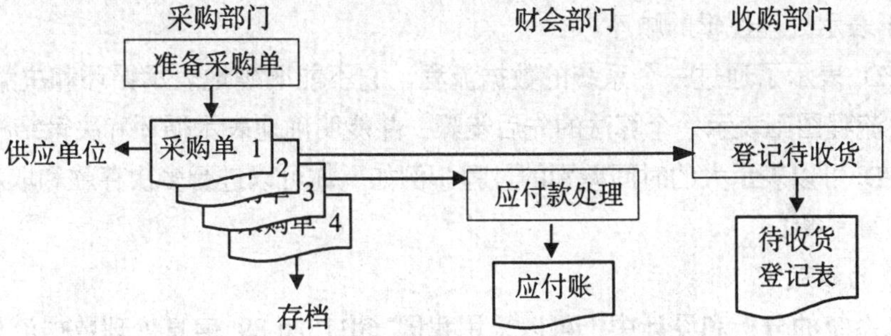

图 6-10　描述采购业务的表格分配图

6.8　数据流程分析

用管理业务流程图和表格分配图描述管理业务虽然形象地表达了信息的流动和存储，但仍然没有脱离一些物质要素。上述这些调查结果，仅得到了现行系统的物理模型。为了便于分析问题，必须进一步舍去物质，抽象出数据流，详细调查数据及数据流程。

一、收集进行分析所需要的资料

收集原系统全部输入单据(如入库单、收据、凭证等)、输出报表和数据存储介质(如：账本、清单)的典型格式；弄清各环节的处理方法和计算方法；在上述各种单据、报表、账本的典型样品上用附页注明制作单位、报送单位、存放地点、发生频度(如每月制作几张)、发生的高峰时间以及发生量等。

在上述各种单据、报表、账本的典型样品上注明各项数据的类型、长度、取值范围。

二、绘制原系统的数据流程图

数据流程图(Data Flow Diagram，DFD)是描述 MIS 逻辑模型的主要工具，它可以综合地反映出信息在系统中的流动、处理和存储情况。

电系统中流动的是电流，我们可以用电路图来描述电系统；在信息系统中流动的是数据流(比特流)，我们可以用 DFD 来描述信息系统。可以认为 DFD 和电路图的重要性是类似的，都是逻辑模型的主要工具。

1. DFD 的特性

(1) 抽象性　在数据流程图中具体的组织机构、工作场所、物质流等已经去掉，只剩下信息和数据存储、流动、使用以及加工的情况，可以抽象地总结出信息处理的规律。

(2) 概括性　它把系统对各种业务的处理过程联系起来考虑，形成一个总体，给出系统的全貌。无论手工操作部分还是计算机处理部分，都可以用它系统地表达出来。

2. DFD 与流程图的区别

(1) DFD 的处理逻辑可以并行工作，这是其与流程图(flowchart，程序框图)不同之处，

DFD 适用于表示处理逻辑的顺序。

(2) DFD 表示了通过一个系统的数据流程，它不能明确地表示循环和决策结构 (if - then-else)；流程图则表示一个算法的先后步骤，并能明确地表示循环和决策结构。

(3) DFD 可以表示大的时间差别的过程。例如，你可以进行多次存款和取款，然后再进行个人预算平衡。

3. DFD 的组成

在信息系统的分析和设计中，可以采用我国 GB1526-89 信息处理数据流程图图形符号的规定(也符合英国国家计算中心的标准)，这种符号比较简单，使用方便。

图 6-11 是常用的 DFD 基本图例符号，它由 4 种基本元素组成。

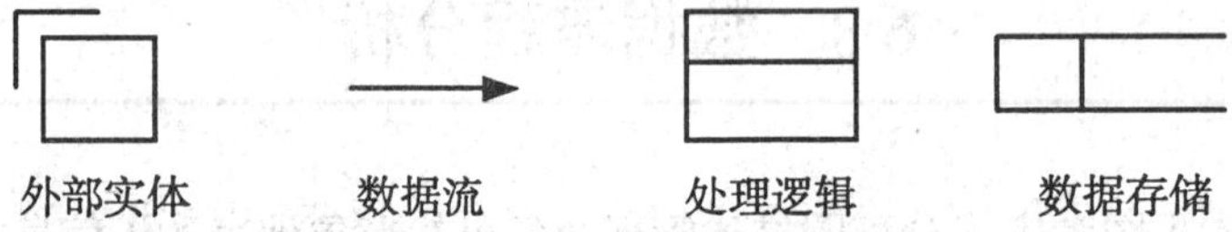

图 6-11　数据流程图的基本元素

(1) 外部实体(External Entity)

简称 S，又称为数据源/去向(Data Source / Sink)，指系统外与系统相关联的人或组织，它与系统有信息传递关系，是系统输入信息的源和输出信息的宿。

● 外部实体的名称为名词字句，应写在外部实体的方框内。它是公司外的组织、机构或个人，它们对系统提供输入，或者从系统接受输出，例如顾客、供应商、政府机构、银行、咨询机构等。

● 内部实体(Internal Entity)。公司内部的各部门、组织，它们不对系统提供输入和接受输出，例如公司内部的财务部、库存管理部门等。

● 系统内部的用户或管理者，这些都是最常见的内部实体。

● 信息系统要产生各种报告，其中一些称为外部输出(External Output)，它们将离开系统并送交给有关组织和人员，而不是送给一般系统内的用户。另一些称为内部输出(Internal Output)，专门提供给系统内部的用户和管理者(内部实体)，内部报告将用于内部控制。

(2) 数据流(Data Flow)

简称 D，表示数据的流向。数据流可以表示各种输入输出的报表、单据，也表示数据存储及处理逻辑之间的输入数据和输出数据。对于数据存储来说，输入的数据流表示写入，输出的数据流表示读取；对于处理逻辑来说，输入的数据流表示处理逻辑加工处理的原始数据，输出的数据流则表示加工处理的结果。

● 数据流的箭头线上方应写明数据流的名称(数据内容)，数据流的名称为名词字句，例如存单、订货单等。如果难以命名数据流，则数据流可能不存在。

● 数据流打包的原则，如果从一个对象(如外部实体)发出两个或多个数据流到另一个对象，则这多个数据流通常应合为单一的数据流(根据 Gane-Saron Symbol Set)。

● 数据流由数据项和数据结构构成。

(3) 处理逻辑(Process)

简称 P，表示一个处理过程(功能)。它是 DFD 图中比较复杂的部分，可以逐层细化，今后它将与程序密切相关。

● 处理过程的名称应写在方框内的下方，上方写明处理逻辑的编码。处理逻辑的编码应能反映出它的分解层次及所属关系。处理逻辑的名称必须是动词加宾语的结构，例如"计算工资"、"打印统计表"，而不能只是名词或动词。

● 如果一个处理逻辑仅接受输入数据流，但不输出数据流(有输入，无输出)，我们称之为黑洞(Black Hole)，因为数据进入了处理逻辑，然后消失了。这种情况，可能是疏忽了有关的输出数据流。

● 如果一个处理逻辑仅有输出，无输入，我们称之为奇迹(miracle)，这种情况，可能是忘记了输入的数据流。

● 如果一个处理逻辑的输入数据流的数据不足以产生输出数据，我们称之为灰洞(Gray hole)，这是由考虑不周而造成的。

● 数据流应起始(或终止)于一个处理逻辑，否则该 DFD 是错的，纠正的方法是增加必要的处理逻辑。

(4) 数据存储(Data Store)

简称 F，表示数据的存储，它可以是一个手工文件，例如账册、单据留底等，也可以是计算机文件或数据库。

● 数据存储的名称应写在框内的右方，左方写明数据存储的编码。

● 一个数据流从数据存储流向处理逻辑，其含义是该处理逻辑使用此数据流。

● 一个流入数据存储的数据流，表示了处理逻辑更新了数据存储，例如增加、存储新的数据或文件，删除或移动原有的数据或文件，修改现存的数据或文件。

● 只有处理逻辑可以连接、读、修改数据存储；只有计算机化的处理才可以对计算机的数据存储发生作用；只有人工处理才能对非计算机化的数据发生作用。

● 不必描绘数据处理的细节，例如读、查找文件。

● 一些处理逻辑既使用又更新数据存储，通常应该使用不同的数据流来表示。在细化的 DFD 中不要使用双箭头符号，可以把一个双箭头拆分为两个单箭头符号。

● 从数据存储中流入或流出的数据流，其含义可能表示为：数据的使用、移动、创建、删除、修改，注意它们的不同意义。

【例】　图 6-12 描述某储蓄所存、取款业务的数据流程图，由图 6-8 抽象而得。

4. DFD 的绘制步骤

DFD 的绘制采用结构化的方法，自顶向下、由整体到局部、由粗到细逐层分解。绘制时先画出顶层的 DFD，再逐层细分，DFD 所分层次应视具体情况而定。绘制 DFD 的具体步骤和有关原则如下：

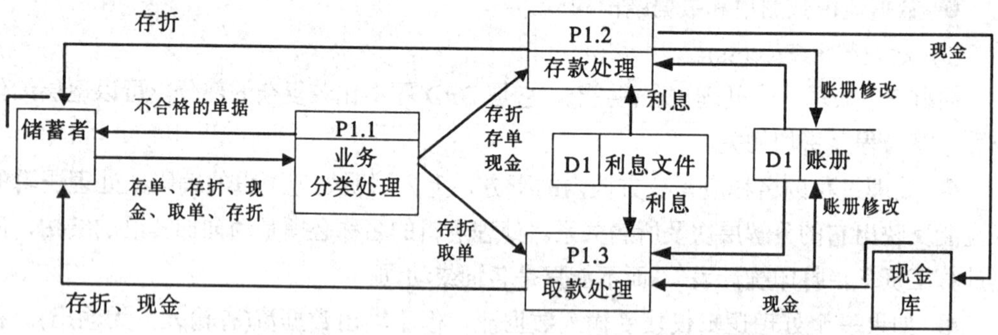

图 6-12　某储蓄所存取款业务的数据流程图

(1) 绘制顶层 DFD(TOP)

顶层 DFD 只有一个处理逻辑，用来确定系统与外部环境的关系，其名称应能概括系统的功能。顶层图中输入输出的数据流必须是该系统全部的输入输出数据流，外部实体也应该是与该系统有输入输出联系的全部外部实体。

(2) 绘制第一层 DFD(一级细化)

描述系统内不同部门之间的接口关系。把顶层图处理逻辑的功能分解为几个大的部分，并不需要太细。注意，此图中的实体及输入输出的数据流必须与顶层图保持一致。

(3) 绘制第二层 DFD(二级细化)

描述一个部门内的数据流程，若一级细化 DFD 中的处理逻辑功能单一，就不必分解，否则需要分解。二级细化的几个处理逻辑作为一个整体来看，其输入输出应该与一级 DFD 对应的处理逻辑保持一致。如果内容较多，可以把二级细化 DFD 分成几个部分绘制。

(4) 详细描述每个事物处理的数据流程(三级细化)

三级细化 DFD 图是对二级细化的进一步分解。随着分解的深入，DFD 会越来越庞大，可以分解绘制，以使 DFD 简洁，可读性更强，具体细化原则与二级细化 DFD 相同。

(5) 进一步细化

根据上述方法和需要可对 DFD 进一步细化，多数是局部的细化，并要考虑各种细节。图 6-13 是订货管理信息系统的顶层数据流程图。

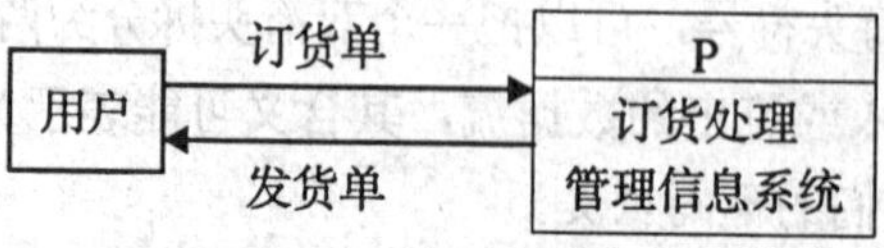

图 6-13　订货处理的顶层数据流程图

对图 6-13 作进一步的分解，又可以分解为 5 个主要的处理逻辑，如图 6-14 所示。

① 验收订货单 P1　将填写不清的订货单退回用户，将合格的订货单送到 P2。

② 确定发货量 P2　查库存台账，根据库存将订货单分为两类，分别送至下一级处理。

③ 开发货单、修改库存 P3　记应收账、库存账、订货单存档、通知用户。

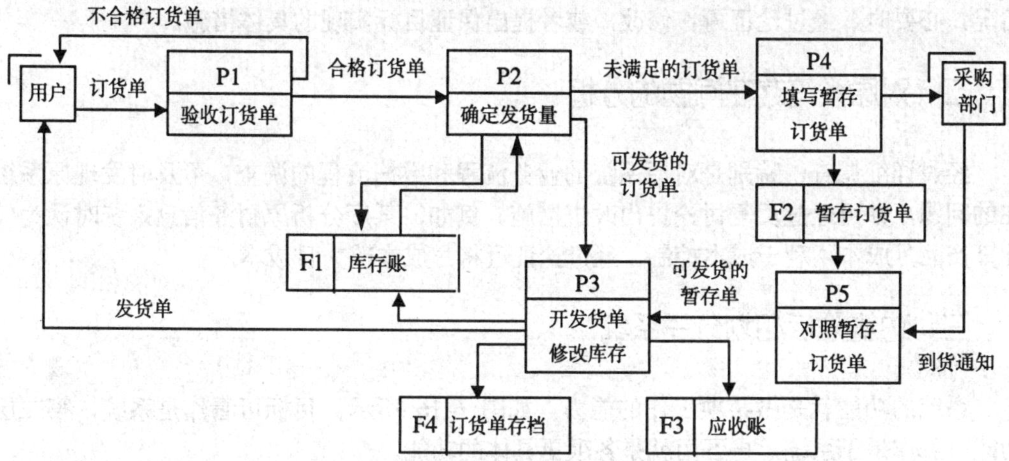

图 6-14　订货处理数据流程图

④ 填写暂存订货单 P4　对未满足的订货填写暂存订货单(即等有货后再发货的订货单，或称为缺货单)。

⑤ 对照暂存订货单 P5　接到采购部门到货通知后应对照暂存订货单，如可以发货，则执行“开发货单和修改库存”的处理逻辑。

5. DFD 的绘制编号

DFD 分多少层应视实际情况而定，一个复杂的大系统可以分至七、八层。为了提高规范化程度，有必要为 DFD 的每个元素进行编号，通常在编号之首冠以字母，用来表示不同的元素。图 6-15 是 DFD 中元素编号举例。

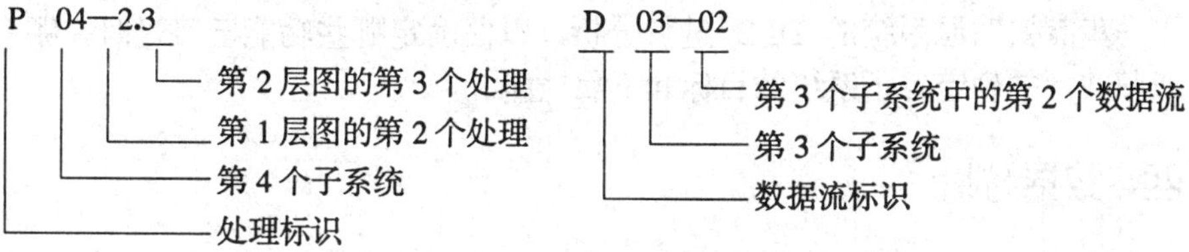

图 6-15　DFD 中元素编号举例

6.9　系统化分析

新系统逻辑模型设计以详细调查和对调查结果的系统化分析为前提。从调查、分析到新系统逻辑模型的提出是一个反复定义的过程，需要分析的具体内容如下：

一、对系统目标的分析

经过详细调查以后，需要再次研究总体方案设计中所确定的新系统目标是否符合实际情况，必要时，经过论证可作修改，或者提出保证目标实现的具体措施。

二、对原系统存在问题的分析

经过详细调查，特别是对原系统的业务流程和数据流程的调查，可及时发现原系统存在的问题，并可经过反复讨论提出改进措施。例如，某厂分析原财务信息系统时认为仅仅计算产品月成本不利于成本控制，经过论证可将月成本改为日成本。

三、功能分析和划分子系统

系统的功能就是做某项工作的能力，如图 6-16 所示。目标可看作是系统，第二层的功能可看作是子系统，再下面就是各项更具体的功能。

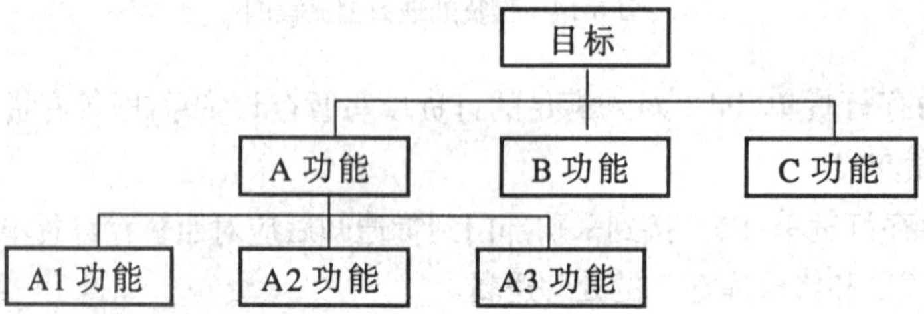

图 6-16　目标和功能的关系

可以利用 U/C 矩阵来划分子系统，经过详细调查，可能要对子系统的划分结果进行修正，使其更合乎企业管理的要求。若子系统之间的接口关系明确，各子系统的设计、调试可以互不干扰地各自相对独立地进行。修改或扩充系统，也可以在有关子系统范围内进行。下一步需要对原系统的 DFD 进行分析，以便确定哪些功能已经过时，哪些功能需要改进或归并，并确定各子系统的目标和下属功能。

四、数据分析

数据分析的目的是科学地分析数据，以便把合适的数据安排在合适的数据文件中。一个好的共享数据库，应满足系统的功能，并遵守下列原则：

(1) 字段的个数越少越好，基本表的个数越少越好。

(2) 主键的个数越少越好。键是表间连接的工具，主键越少，表间的连接就越简单。

(3) 所有基本表的设计均应尽量符合第三范式(3NF)。

1. 数据的静态特征分析

分析数据的类型、长度、取值范围、所属业务、发生的业务量，数据的重要程度和保密程度等。

2. 数据的动态特性分析

(1) 固定值属性

具有固定值属性的数据，其值基本上固定不变。例如，职工姓名、性别等。

(2) 固定个体变动属性

这类数据项，对总体来说具有相对固定的个体集，但其值是变动的属性。例如，工资系统中的电费、水费扣款，扣款人员变动不大，但每人所扣费用均在变化。

(3) 随机变动属性

这种数据项，其个体是随机出现的，值也是变动的。例如病事假扣款、职工调动、有关罚款等。

按数据变动百分数对数据进行分类的目的是正确地确定数据和文件的关系。

- 通常把具有固定值属性的数据存放在主文件中。
- 把具有固定个体变动属性的数据存放在周转文件中。
- 把具有随机变动属性的数据存放在处理文件中，处理文件常用于批处理更新。

3. 数据存储分析

数据存储分析也称为数据库的概念结构设计，需要运用规范化理论进行数据存储的逻辑设计，建立概念数据模型。具体方法有以下两种：

(1) 实体关系法(Entity Relationship Approach，E-R)

E-R 方法构造的实体模型可以容易地转化为各种 DBMS 所支持的数据模型。

E-R 方法构造的实体模型，数据是通过模块化结构(实体、属性和关系)建立起来的。基本结构是实体(用矩形表示)，用属性定义实体的性质，最后用关系描述实体间的对应(用菱形表示)。实体模型可以用 E-R 图来表示，实体间的联系可以有 1:1、1:m、m:n 3 种。如图 6-17 所示。

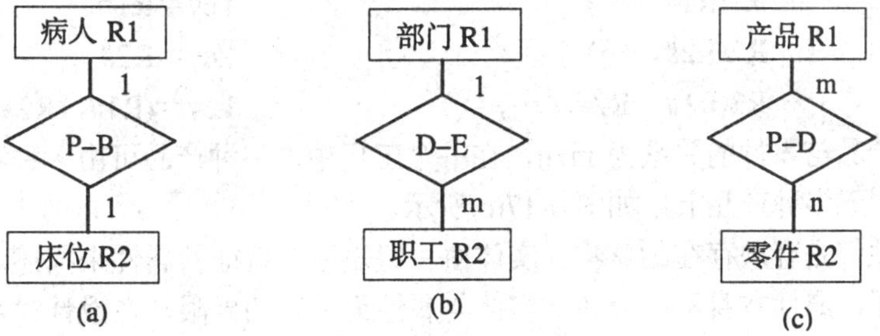

图 6-17　E-R 图示例

- 一对一联系(1：1)

如果实体型 A 中的任意一个实体，最多对应实体型 B 中的一个实体；反之，实体型 B 中的任意一个实体，最多对应实体型 A 中的一个实体，则称实体型 A 和实体型 B 有一对一的联系，简记 1:1。

当实体型 A 和实体型 B 有一对一的联系，则关系模型可以用两个关系表示，并分别对应两个实体，其中一个关系的关键字(例如 R2#)可以放在另一个关系之中。

实体模型至关系模型的转换规则：

R1(R1#，…，R2#)　　　　key＝R1#

R2(R2#，…)　　　　key＝R2#

【例】　乘车旅客与车票之间，病人与病床之间都是一对一的联系，如图 6-17(a)所示。

● 一对多联系(1:n)

如果实体型 A 中至少有一个实体对应实体型 B 中的一个以上的实体；反之，实体型 B 中的任意一个实体，只对应实体型 A 中的一个实体，则称实体型 A 和实体型 B 的有一对多的联系，简记 1:n。

当实体型 A 和实体型 B 有一对多的联系，则关系模型可以用两个关系表示，并分别对应两个实体，其中"一"关系的关键字(R1#)必需放在"多"关系之中。

实体模型至关系模型的转换规则：

R1(R1#，…)　　　　key＝R1#

R2(R2#，…，R1#)　　　　key＝R2#

【例】　部门与职工的关系即为 1:n，因为一个部门(实体)有多名职工(实体)，而一个职工只属于一个部门(实体)。如图 6-17(b)所示。

● 多对多的联系(m:n)

如果实体型 A 中至少有一个实体对应实体型 B 中的一个以上实体；反之，实体型 B 中也至少有一个实体对应于实体型 A 中一个以上的实体，则称实体型 A 和实体型 B 有多对多的联系，简记 m:n。

当实体型 A 和实体型 B 有多对多的联系，则关系模型可以用 3 个关系表示，其中两个关系分别对应实体 A 和实体 B，另外一个关系必须包括实体 A 和实体 B 的关键字。

实体模型至关系模型的转换规则：

R1(R1#，…)　　　　key＝R1#

R2(R2#，…)　　　　key＝R2#

R3(R1#，R2#，…)　　　　key＝(R1#，R2#)

【例】　产品与零件的关系为 m:n，在一个工厂中，一种产品可由多种零件组成，而每种零件可以用于多种产品上，如图 6-17(c)所示。

实体与属性都是客观存在的事物。实体由一组表征其特征的属性来描述。属性是描述事物的有关特征，属性本身不可分解。实体与属性无一定的界限，在设计时可以归为属性的事物应尽可能归为属性，以便简化 E-R 图的处理。

【例】　工种通常为职工的属性，但涉及劳保部门时，它就成为一个实体，可用一些属性来表征。工种：工种号、工种名、工种类型、定量、工种补贴、保健费等。

【例】　仓库一般作为货物的属性，如货物：货号、货名、型号、规格、价格、存放仓库。但仓库也可作为一个实体，即仓库：仓库号、仓库名、地点、容量、仓库主任等。

采用 E-R 方法的数据库概念设计可分为三步进行：

● 第一步，设计局部 E-R 模型

局部 E-R 模型的设计步骤如图 6-18 所示，局部 E-R 图举例如图 6-19 所示。

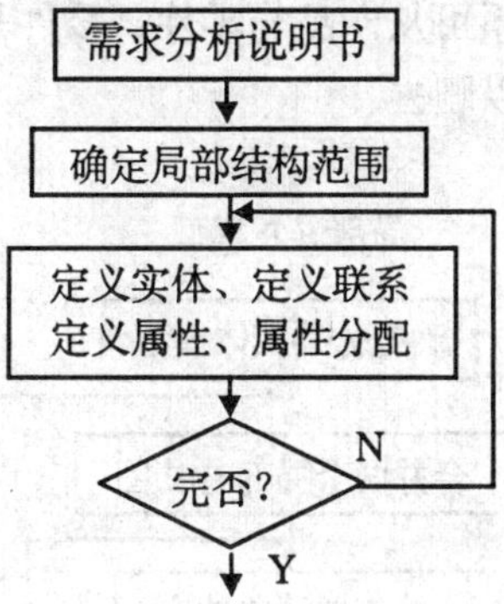

图 6-18　局部 E-R 模型的设计步骤

● 第二步，设计全局 E-R 模型

这一步是将所有局部的 E-R 图综合成单一的全局的 E-R 图，即全局的概念模型，具体步骤如图 6-20 所示。设计全局 E-R 模型的目的不仅在于把若干局部 E-R 模型形式上合并成为一个 E-R 模型，而且要消除冲突和冗余，使之成为能够被全系统中所有用户共同理解和接受的统一的概念模型。

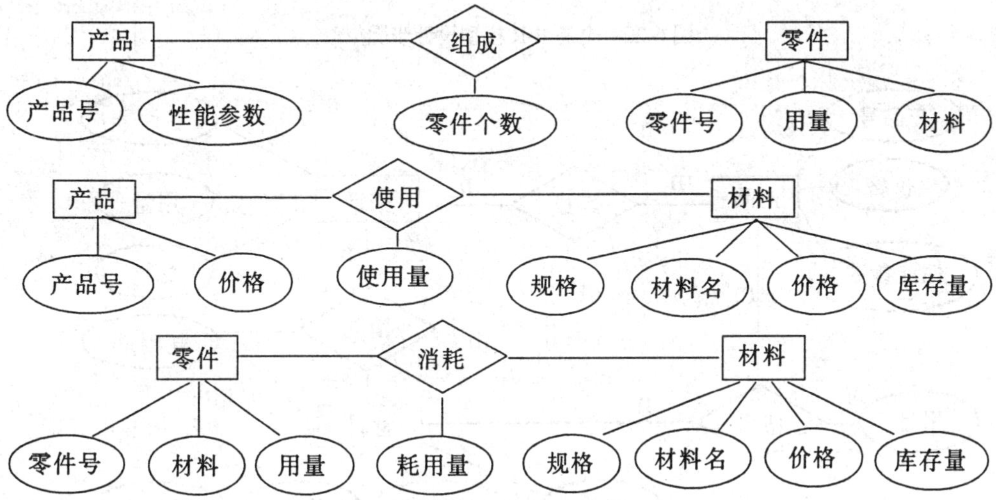

图 6-19　局部 E-R 图举例

● 第三步，全局 E-R 模型的优化

一个好的全局 E-R 模型应能反映用户功能需求，并满足下列条件：实体类型个数尽可能少、实体类型所含属性尽可能少、实体类型间联系无冗余。优化的主要工作如下：

① 合并相关实体类型：一般把 1:1 联系的两个实体类型进行合并，具有相同键的实体类型也可合并成一个实体类型。

② 消除冗余属性：但也要注意效率，根据具体情况可存在适当冗余。

③ 消除冗余的联系：冗余联系应从 E-R 图中删去。例如图 6-21 是全局 E-R 图举例，

在该图中，产品与材料之间的联系可从产品与零件、零件与材料两个联系中导出，所以，“使用”这个联系是多余的，可以删去。

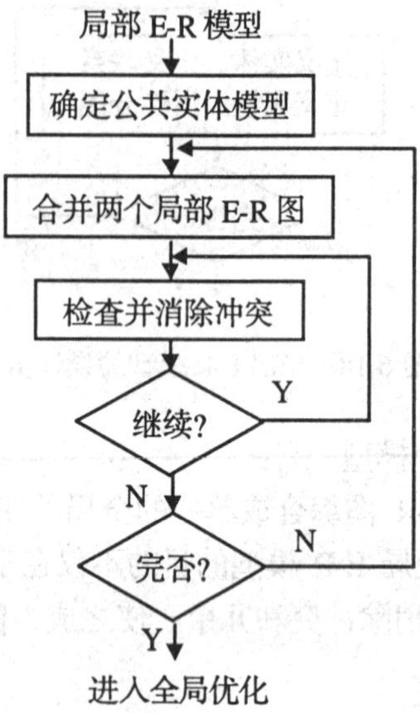

图 6-20　全局 E-R 模型设计步骤

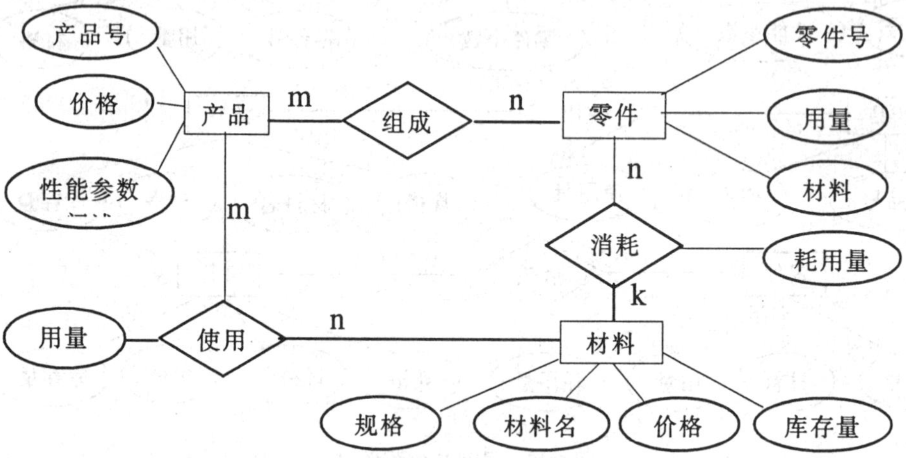

图 6-21　全局 E-R 图举例

(2) 采用规范化技术——范式(Normal Form)的方法

原始形态的关系(即二维表)大多为非规范，若以它为基础构造数据库，则效率低，维护难，数据冗余，并且数据在进行插入、修改、删除时会出现互相牵扯和异常情况。

规范化技术解决：如何使设计的关系形式更简洁、合理可靠、结构更加规范、简单好用(不同的二维表描述形式，效果相差很多)。规范化后，为插入、修改、删除等数据操作带来方便，数据库有较强的灵活性、适应性、扩展能力。规范化技术将用更有规律的关系逐步取代原有的关系。

● 第一范式(First Normal Form，1NF)：如果一个关系 R 的每一属性都是不可再分的最小数据单位，则称 R 为第一范式，记作 R∈1NF。此时关系 R 是简单表。

● 第二范式 (Second Normal Form，2NF)：如果 R∈1NF，并且它的每一非主属性完全依赖于全体主键，则 R∈2NF。

注意：此时的非主属性必须完全依赖于主键的全体，例如，依赖于共有的两个主键。

● 第三范式 (Third Normal Form，3NF)：如果 R∈2NF，并且它的每一非主属性都是彼此函数独立的，也即不传递依赖于主键(即不存在函数依赖关系)，则 R∈3NF 。

由上述定义可知：

● 2NF 关系可以从 1NF 关系消除非主属性对主键的部分依赖后获得。

● 3NF 关系可以从 2NF 关系消除非主属性对主键的传递依赖后获得。

即 $$\text{1NF}\xrightarrow[\text{对主键的部分依赖}]{\text{消除非主属性}}\text{2NF}\xrightarrow[\text{对主键的传递依赖}]{\text{消除非主属性}}\text{3NF}$$

【例】 现有关系 SDC，其中的 S#和 C#为关键字，采用范式的方法，把关系 SDC 转化为 3NF 的关系。

SDC(S#， SNAME，SAGE，SEX，SADDR，DEPTNO，DEPTNAME，DEPTCHAIR，DEPTADDR，C#，GRADE)

SDC：学号、姓名、年龄、性别、住址、系号、系名、系主任、系地址、课程号、成绩

根据定义，该关系 SDC∈1NF

在关系 SDC 中，姓名、年龄、性别、所在系系名和系地址都只依赖于学号，而不依赖于课程号。所以，关系 SDC 不是 2NF。需要把它规范为 2NF。

把关系 SDC 转化为 2NF ，可得两个关系：SD 和 SC。

SD(S#，SNAME，SAGE，SEX，SADDR，DEPTNO，DEPTNAME，DEPTCHAIR，DEPTADDR)

SC(S#，C#，GRADE)

在关系 SC 中不存在传递依赖，SC 已满足 3NF；但在关系 SD 中，根据学号，可以确定该学生所在系的系号。一旦得到了系号，就可以得到系名，即系名(DEPTNAME)传递依赖于学号(S*)。所以，关系 SD 不是 3NF。可以继续分解。

把上述两个 2NF 关系 SD、SC 转化为 3NF，可得到下面的三个关系 S、DEPT 和 SC，此即 SDC 最后转化为 3NF 的结果。

S (S#， SNAME，SAGE，SEX，SADDR，DEPTNO)

DEPT(DEPTNO，DEPTNAME，DEPTCHAIR，DEPTADDR)

SC(S#， C#，GRADE)

基于 3NF 的数据存储分析的目的是将数据存储与使用分开，提高存储访问速度和可靠性，具体分析方法可按以下四步进行，下面将通过例子予以说明：

第一步，收集各种单据、账册，结合数据流程图，规定规范化对象。

第二步，确定各种单据、账册需要存储的内容，具体做法如下：

① 根据新系统的功能确定是否有必要增加新的存储单据或账册，对已确定存储的单据，研究是否有必要增加新的数据元素。

② 去掉非基本的和多余的数据元素。如表 6-9 中的生产需要量可由计划产量和消耗定额两项相乘而得，可以不必存储。

③ 为便于检索，增加必要的代码项。如具体型号规格的材料应用材料码予以识别。

第三步，利用规范化理论，列出各种表格存储 1NF 数据元素，通过分析属性间的关系，将它们规范成 3NF 关系。

【例】 表 6-4 至表 6-9 是某厂与供应计划管理业务有关的原始表格，试用规范化理论进行数据存储的逻辑设计，建立数据的概念模型。

本例采用 3NF 的方法。其中表 6-9 可以由表 6-8 派生，不必列为规范化对象。

表 6-4　生产计划

部门名	产品名	计划产量

表 6-5　材料消耗定额表

产品名	材料名	材料型号规格	计量单位	消耗定额

表 6-6　材料计划价格表

材料名	材料型号规格	计量单位	单价

表 6-7　维修用材计划

部门名	材料名	材料型号规格	计量单位	维修用量

表 6-8　生产用材计划

部门名	产品名	计划产量	材料名	材料型号规格	计量单位	消耗定额	生产需要量

表 6-9　材料需要计划

部门名	材料名	型号规格	计量单位	需要量	用途

本例中，各种存储的规范化过程具体如下(其中有*号的数据元素为关键字)：

生产计划：

1NF 关系：部门码＋部门名＋产品码＋产品名＋计划产量

3NF 关系： ●*部门码＋部门名

●*产品码＋产品名

●*部门码＋*产品码＋计划产量

材料消耗定额表：

1NF 关系：产品码＋产品名＋材料码＋材料名＋型号＋规格＋计量单位＋消耗定额

3NF 关系： ●*产品码＋产品名

●*材料码＋材料名＋型号＋规格＋计量单位

●*产品码＋*材料码＋消耗定额

材料计划价格表：

1NF 关系：材料码＋材料名＋型号＋规格＋计量单位＋单价

3NF 关系： ●*材料码＋材料名＋型号＋规格＋计量单位＋单价

维修用材计划表：

1NF 关系：部门码＋部门名＋材料码＋材料名＋型号＋规格＋计量单位＋维修用量

3NF 关系： ●*部门码＋部门名

●*材料码＋材料名＋型号＋规格＋计量单位

●*部门码＋*材料码＋维修用量

生产用材计划表：

1NF 关系：部门码＋部门名＋产品码＋产品名＋计划产量＋材料码＋材料名＋型号＋规格＋计量单位＋消耗定额

3NF 关系： ●*部门码＋部门名

●*产品码＋产品名

●*部门码＋*产品码＋计划产量

●*材料码＋材料名＋型号＋规格＋计量单位

●*产品码＋*材料码＋消耗定额

第四步，3NF 关系的归纳和合并。

对以上 15 个 3NF 关系按照相同的关键字进行归纳与合并，最后得到供应计划管理部分的以下 6 个 3NF 关系：

部门＝*部门码＋部门名

产品＝*产品码＋产品名

计划＝*部门码＋*产品码＋计划产量

材料＝*材料码＋材料名＋型号＋规格＋计量单位＋单价

维修＝*部门码＋*材料码＋维修用量

消耗＝*产品码＋*材料码＋消耗定额

注意：以上得到的仅是供应计划管理业务的概念模型，是局部的概念模型。为了得到全局的概念模型，还需将各个业务领域的概念模型进行归纳和综合。

4. 数据查询要求分析

调查清楚使用者可能提出的各种查询要求，以便合理地组织数据的存储，采取高效率的检索技术。系统分析员应将使用者经常提出的问题列出清单。

5. 数据的输入、输出分析

(1) 输入分析

分析各种数据输入的目的、数据量的大小和范围，以及存在的问题。例如，输入的数据是否都得到了有效的利用，哪些数据的输入是多余的或者是不符合实际需要的，现在的数据输入方式是否能满足要求，输入速度是否能完成数据量的要求，是否需要改变输入方式和增加输入设备，还要分析数据的精度和数据间的相互关系等。

(2) 输出分析

除明确有关查询要求，并对各种输出报表(包括手工填写的)的目的和使用范围进行分析，弄清哪些报表还是多余的，或者是不符合实际要求的，系统的处理速度和打印速度是否能满足输出的要求等。

五、绘制新系统的数据流程图

新系统的数据流程图是在以上分析过程中逐步完善的。数据流程图虽然可以对系统作出综合性的描述，但图中许多细节仍未见详细说明，因此，还应对图中的数据流、处理和存储等各个元素作进一步的分析说明，并由下一节将要介绍的数据字典来完成。

六、新系统边界的分析

分析新系统的边界就是要划分哪些部分由计算机完成，哪些部分由人工完成，明确新系统的人机接口。

6.10 数据字典和描述处理逻辑的工具

一、数据字典(Data Dictionary)

数据流程图反映了数据在系统中的流向和转换过程，但它不能表达系统的全部逻辑特征，不能描绘 DFD 的细节。数据字典可以专门描述 DFD 中所有元素的细节。DFD 和数据字典可以从图形和文字两个方面对系统的逻辑模型进行描述，从而形成一个完整的说明。

建立数据字典的工作有重要的意义，技术性不高，但需要进行大量的调查分析，工作量大，相当繁琐。数据字典有助于系统分析员确定系统的目标，其内容在系统设计和系统实施阶段也是重要依据。

DFD 中已经使用了外部实体、数据流、处理逻辑、数据存储 4 种基本符号，为对 DFD 进行描述，在数据字典中除了上述 4 种符号外，又增加了数据项和数据结构两种，共计 6 种基本符号。下面分别说明对它们进行分析和定义的方法。

1. 数据项(Item)

又称为数据元素，是数据的最小单位。它对数据的静态特性加以定义，内容包括如下：

(1) 数据项的名称、编号、别名和简述。

(2) 数据项的取值范围，例如有些数据元素只能取某些特定的值，如工资从 0～3 000。

(3) 数据项的长度，这里所关心的仅是每个数据元素应占据多大的内存空间，如日期“mm/dd/yyyy”占 10 个字节。

【例】　数据项定义

数据项编号　I03 - 04

数据项名称　库存量

别名　数量

简述　某种配件的库存数量

长度　6 个字节

取值范围　0～999999

2. 数据结构(Data Structure)

数据结构描述了数据间的关系，特别是比较复杂的关系。一个数据结构可以由若干个数据项组成，也可由若干个数据结构组成，还可以由若干个数据项和数据结构混合组成。所有的数据流和数据存储都是数据结构。对数据结构的定义包括以下内容：

(1) 数据结构的名称和编号

它用来惟一标识这个数据结构，以区别于系统中其他的数据结构。通常一个数据结构只有一个名称，而没有别名。

(2) 简述

指对该数据结构的简单描述。

(3) 数据结构的组成

如果是一个简单的数据结构，只要列出它所包含的数据项；如果是一个嵌套的数据结构(即数据结构中包含数据结构)，只需列出它所包含的数据结构的名称，因为这些被包含的数据结构在数据字典的其他部分已有定义。

【例】　某用户订货单数据结构：

数据结构编号　DS03 - 1

数据结构名称　用户订货单

简述　用户所填用户情况及订货要求等信息

数据结构组成　DS03 - 2 + DS03 - 3 + DS03 - 4

表 6-10 就是该用户订货单数据结构，它由 3 个数据结构组成：订货单标识 DS03 - 2、用户情况 DS03 - 3、配件情况 DS03 - 4，在下面有 13 个数据项。

3. 数据流的定义

数据流由一个或一组固定的数据项或数据结构组成。对数据流的定义包括它的名称、简单的描述、组成，同时还应指明它的来源、去向和流通量等。所使用的符号如下：

＋　表示“与”；

[ ]　表示“或”，即选择括号中的某一项；

{ }　表示“重复”，即括号中的项要重复若干次；

( ) 表示“可选”，即括号中的项可选可不选。

表 6-10 用户订货单数据结构

DS03-1：用户订货单		
DS03-2：订货单标识	DS03-3：用户情况	DS03-4：配件情况
I1：订货单编号	I3：用户代码	I10：配件代码
I2：日期	I4：用户名称	I11：配件名称
	I5：用户地址	I12：配件规格
	I6：用户姓名	I13：订货数量
	I7：电话	
	I8：开户银行	
	I9：账号	

【例】 数据流定义

数据流名称　发货单

编号　D03-08

简述　销售部门为用户开出的发货单

数据流来源　开发货单处理功能

数据流去向　“核对发货单”处理逻辑

数据流组成　发货单数据结构

流通量　80 份/天

高峰流通量　60 份/每天上午 9：00～11：00

【例】 数据流名　学生选课

组成：学生编号＋{课程编号＋(学分)}

4. 处理逻辑

处理逻辑的定义仅对数据流程图中最底层的处理逻辑加以说明，内容包括：处理逻辑名称和编号、简述、输入和输出、处理功能、输出和处理频率。

【例】 处理逻辑定义

处理逻辑名称　验收订货单

处理逻辑编号　P03 - 01

简述　确定用户所填写的订货单是否有效

输入的数据流　订货单；来自外部实体“用户”

处理　检验订货单数据，查明是否符合供货范围

输出的数据流　合格的订货单，去向“确定发货量”；不合格的，去向“用户”

处理频率　80 份/天

5. 数据存储的定义

数据存储是数据结构停留或保存的场所。数据字典对数据存储只描述数据的逻辑存储的结构，而不涉及它的物理组织。通常要定义数据存储的名称、编号、简述、组成、关键

字和相关联的处理等。

【例】　数据存储定义

数据存储编号	F03-08
数据存储名称	库存账
简述	存放配件的库存量和单价
数据存储组成	配件编号＋配件名称＋单价＋库存量＋备注
关键字	配件编号
相关联的处理	P2，P3

6. 外部实体的定义

外部实体的定义包括：外部实体名称、编号、简述、有关数据流的输入和输出。

【例】　外部实体定义

外部实体编号	S03 - 01
外部实体名称	用户
简述	购置本单位配件的用户
输入的数据流	D03 - 06，　D03 - 08
输出的数据流	D03 - 10

数据字典是 DFD 的各个元素的定义和详细说明，其内容是随着 DFD 自顶向下地扩展而逐步充实的。在 MIS 的开发过程中，数据字典应不断充实和修改，并努力保持其一致性和完整性。数据字典是所有开发人员共同的依据，统一的标准。

在数据字典编写的基础上，通过综合分析，根据数据量和数据处理的内容，可估算出现行系统的业务量。根据数据存储的情况，可以估算出整个系统的总数据量，并进一步分析系统的处理特点和存在的问题。

二、描述处理逻辑的工具

对于 DFD 中比较复杂的处理逻辑，有必要作更为详细的说明，这里是指对 DFD 中最底层的处理逻辑进行说明，不必描述各上层数据流程图中的处理逻辑，因为上层处理逻辑是底层处理逻辑的概括。具体可以采用以下 3 种工具：

1. 结构化英语(Structural English)

结构化英语专门用来描述处理逻辑(功能模块)的功能。它不同于自然英语，也区别于任何一种特定的程序语言(如 VFP、COBOL 等)，是一种区别于两者之间的语言。

(1) 结构化英语的特点

结构化英语由 3 种基本结构构成，即顺序结构、判断结构和循环结构。其特点是结构简单，描述清晰。

(2) 结构化英语的关键词

结构化英语借助于程序设计的基本思想，并利用其中少数几个关键词来完成对模块处理过程的描述。这几个关键词是：if、then、else、so、and、or、not。

(3) 应用举例

下面用结构化英语来描述某公司产品销售过程中折扣政策(注：该例子是用英语，当然也可以采用汉语，其效果也一样)。

IF customer does more than $50000 business
THEN IF the customer wasn't in debt to us the last 3 months
　　THEN discount is 15%
　　ELSE (was in debt to us)
　　　　IF customer has been with us for more than 20 years
　　　　THEN discount is 10%
　　　　ELSE (20 year OR less) SO discount is 5%
ELSE (customer does $50000 OR less) SO discount is nil

2. 判断树(Decision Tree)

判断树(决策树)用于描述一个处理逻辑的过程，其基本思想类似结构化英语，而且是用更为直观的图形、方便的表现形式。对需要决策的业务要依次考虑各有关的因素，按各种因素的不同条件分成不同的取值类别，一直分解到能够决定采取何种行动的程度。

看一个判断树，应由左边树根(即处理逻辑的目标)开始，沿着各个分支向右看，根据决策条件的取值类别，可以在判断树的最右侧找出应采取的相应的行动。

判断树比较直观，容易理解，但当条件太多时，不容易清楚地表达出整个判断过程。

【例】　检查订购单的处理逻辑具体如下：

(1) 如果金额超过 500 元且未过期，则发出批准单和提货单。

(2) 如果金额超过 500 元且已过期，则不发批准单。

(3) 如果金额不超过 500 元且不论过期与否，则均发出批准单和提货单，在过期的情况下，还需发出通知单。

为了直观地反映上述问题，可以用如图 6-22 所示的判断树表示。

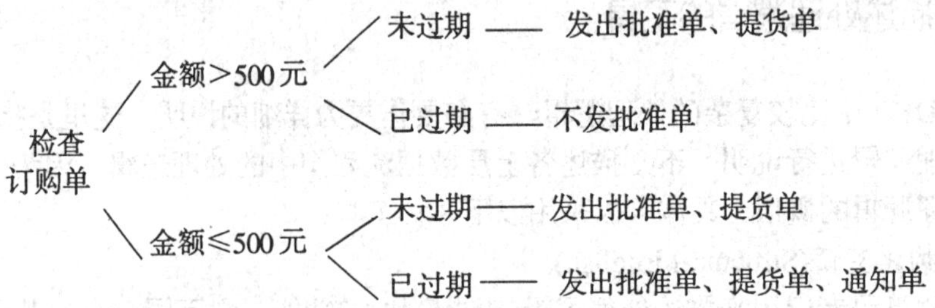

图 6-22　判断树

图 6-22 判断树所表示的处理逻辑的目标：检查订购单；决策条件的取值类别：金额、是否过期；相应的行动：根据不同的决策条件取值组合。本例有 4 种相应的行动。

3. 判断表(Decision Table)

判断表(决策表)是另一种表达处理逻辑的工具，与结构化英语和判断树方法相比，判断表的优点是能够把所有的决策条件组合，充分地表达出来。特别是当条件很多，而且每一个条件的取值有若干个，应采取的行动也很多的情况，使用判断表比较有效。

判断表的缺点：建立过程较为复杂，表达方式不如结构化英语和判断表方法简便；优点：可以在复杂的情况下，直观地表达出决策条件、决策规则和应采取的行动之间的关系。

表 6-11　订单检查的判断表

决策规则号		1	2	3	4
条件	金额＞500 元	Y	Y	N	N
	过期与否	N	Y	N	Y
行动	发出批准单	×		×	×
	发出提货单	×		×	×
	发出通知单				×

表 6-11 是订单检查的判断表，表中有 1～4 种决策规则，它们各有自己的具体条件。每一列中的“×”号表示根据各具体条件应当采取的行动，例如，当订单金额大于 500 元且未过期，就应该采取决策规则 1，即发出批准单和提货单。

三、应注意的问题

在绘制判断树和判断表的过程中应该注意：

(1) 科学考虑决策条件、决策规则、应采取的行动三方面之间的关系。

决策条件：在决策过程中应考虑的各种决策条件，每个决策条件应是双值的(即其值仅为 Yes、No)，一个决策条件可以看为一条分界线。若决策条件为多值(例如考试成绩分为 4 个区)，则有的值区间可以用两个双值的决策条件组合而成(两条分界线组合)。

决策规则：在决策过程中不同决策条件的组合。

应采取的行动：在决策过程中在某决策规则下所应采取的行动。

(2) 决策规则的总数等于各种取值类别可能性的连乘积(例如 2×2＝4 种)，在实际决策过程中，因为某些决策条件的组合可能出现不合理的情况，所以决策规则的实际数要少些。

(3) 绘制判断树

应考虑决策条件的取值类别。例如表 6-11 中决策条件共有两个，即两个取值类别：金额大小和期限情况。

(4) 绘制判断表

应先决定决策条件的总数，例如金额大于 500 元、“过期与否？”，共两个条件。

在考虑决策规则时，应考虑同类条件的组合。

在某决策规则中选定某“应采取的行动”，则在判断表的相应格内标上“×”。

在判断表的条件区域的行内，应该填写“Y”或“N”，或者是留空不填。注意：留空不填则表示该条件不予考虑，并不表示可以任意填写“Y”或“N”。

在判断表的同一类条件中，例如不同的库存条件，在可能的情况下，逻辑条件最好相一致，或者有序，例如均为“＞”或“＜”等。

在同一取值类别条件中，当逻辑条件不一致时，例如既有“＞”，也有“＜”等，则可以辅助人为的考虑因素，例如顺序考虑有关库存条件的组合所在的库存区域，再考虑其他条件，决定填写“Y”或“N”，或者是留空不填，然后生成不同的决策规则。

5. 判断表应用举例

【例】 绘制库存控制过程的判断表，已知条件如下：

当库存量高于极限量，已经订货，则取消订货。

当库存量高于极限量，尚未订货，则什么也不做。

当库存量高于订货点，小于等于极限量，已经订货，则要求订货延期。

当库存量高于订货点，小于等于极限量，尚未订货，则什么也不做。

当库存量高于最低储备量，小于等于订货点，已经订货，而且订货会迟到，则催订货。

当库存量高于最低储备量，小于等于订货点，已经订货，订货不会迟到，则什么也不做。

当库存量高于最低储备量，小于等于订货点，尚未订货，则订一次货。

当库存量小于等于最低储备量，已经订货，则催订货。

当库存量小于等于最低储备量，尚未订货，则紧急订货。

【解】 先分析本例中库存控制中的有关逻辑关系

● 决策条件

在库存中有 3 条线：极限量、订货点、最低储备量，把库存量分为 4 个区间。

第一区间——库存量高于极限量。

第二区间——库存量高于订货点，小于等于极限量。

第三区间——库存量高于最低储备量，小于等于订货点。

第四区间——库存量小于等于最低储备量。

注意：库存量有 4 个区间，为使库存条件仅为双值，因此采用库存中的 3 条线作为 3 个库存条件，然后用这 3 个库存条件之间的组合得出库存的 4 个区间。

订货分为已订货和未订货。订货是否延迟分为延迟和不延迟。

● 应当采取的行动，共 6 项

取消订货、要求订货延期、什么也不做、催订货、订一次货、紧急订货。

● 决策规则

本例中，决定条件的取值类别有 3 个：库存量的多少，订货与否，订货是否延迟，可以组合成最多决策规则数：

4(库存量分 4 个区间)×2(订货与否)×2(订货是否延迟)＝16

注意：取值类别通常小于或等于决策条件，本例中取值类别有 3 个，决策条件有 5 个。

通常实际决策规则数要小于最多决策规则的总数，本例实际决策规则数为 9 种，小于上面计算出来的 16，本例结果见表 6-12。

表 6-12　库存控制的决策表

	决策规则号	1	2	3	4	5	6	7	8	9
条件	库存量＞极限量	Y	Y	N	N					
	库存量＞订货点			Y	Y	N	N	N		
	库存量＞最低储备点					Y	Y	Y	N	N
	已订货了吗	Y	N	Y	N	Y	Y	N	Y	N
	订货是否会延迟					Y	N			
应采取的行动	取消订货	×								
	要求订货延期			×						
	什么也不做		×		×		×			
	催订货					×			×	
	订一次货							×		
	紧急订货									×

6.11　新系统的管理模型

确定新系统的管理模型就是要确定今后系统在具体的管理环节上的处理方法，并应根据系统分析中的结果和管理科学的知识来确定，下面是一些可能涉及到的管理模型。

一、综合计划模型

综合计划确定了企业生产、经营活动的基础，综合计划模型一般由两大部分组成。

1. 综合发展计划模型

该模型反映企业的近期发展目标，包括利税发展指标、生产发展规模等，常用的有：企业的中长期计划模型；厂长(或经理)任期目标的分解模型；新产品开发和生产结构调整模型；中长期计划滚动模型。

2. 资源限制模型

反映企业现有各类资源和实际情况对综合发展模型的限制情况。常用的有：数学规划模型；资源分析限制模型。

二、生产计划管理模型

生产计划的制定主要包括生产计划大纲的编制和详细的生产作业计划。

生产计划大纲的编制主要是安排与综合计划有关的生产量指标。

常用的方法：安排预测和合同订货的生产任务模型；物料需求计划(MRP)模型；设备负荷和生产加工能力模型；量-本-利分析模型；投入产出模型；数学规划模型。

生产作业计划是要具体给出产品生产数量、加工路线、时间安排、材料供应以及设备生产能力负荷平衡等方面。

常用的方法：投入产出模型；项目管理模型；计划评审技术(RERT)模型；关键路径法(CPM)模型；排序模型；物料需求模型(MRP)；设备能力负荷平衡模型；滚动式生产作业计划模型；甘特图(Gantt chart)模型；经验方法。

三、库存管理模型

库存管理有很多不同的模型，如最佳经济批量模型等，常用的是下述管理模型：

1. 库存物资的分类法

根据统计分析，一般库存物资都遵循 ABC 分类规律：

A 类物资。品种数占库存物资总数的比例不到 10%，但金额数却占总数的约 75%。

B 类物资。该项比例数分别为 20%和 20%左右。

C 类物资。该项比例数分别为 70%和 5%。

库存管理应确定库存物资的分类方法。

2. 库存管理模型

例如，把库存量的时间变动曲线画出，研究订货点和经济订货批量等控制模型。

四、财会管理模型

财会管理模型相对比较固定，可以根据以下几方面确定财会管理模型：

(1) 会计记账科目的设定(通常第一、二级科目都由国家和各行业/部委颁布规定，第三、四级则由单位自定)。

(2) 会计记账方法的确定(主要是借贷法和增减法)。

(3) 财会管理方法(如计划、决策、调整以及具体的管理措施等)。

(4) 内部核算制度或内部银行的建立以及具体的核算方法等。

(5) 安全、保密措施以及与其相对应的运行制度和管理方法。

(6) 文档、数据、原始凭证的保存方法与保存周期。

(7) 审计和随机抽查的形式、范围和对账方法等。

五、成本管理模型

1. 成本核算模型

产品的成本一般由几部分组成，成本核算必须考虑两方面的计算问题：

(1) 间接费用分配方法的选取

常用的成本核算方法：完全成本计算方法、变动成本计划方法。

(2) 直接生产过程消耗部分计算方法的选取

常用的方法：品种法、分步法、逐步结转法、平行结转法、定额差异法等等。

2. 成本预测模型

常用的方法：数量经济模型、投入产出模型、回归分析模型、指数平滑型等。

3. 成本分析模型

常用的方法：实际成本与定额成本比较模型；本期成本与历史同期可比产品成本比较模型；产品成本与计划指标比较模型；产品成本差额管理模型；量-本-利分析模型。

六、经营管理决策模型

经营管理决策涉及到企业高层管理人员围绕经营管理目标所进行的努力，包括信息的收集、信息的处理(模型算法等)、决策者的经验、背景和分析判断能力、环境条件的约束限制等诸多方面。经营管理决策模型是整个信息系统的核心和最高层次的处理环节，也是企业决策者最为关心的内容。

为研究经营管理决策模型，开发者和用户在系统分析阶段需要反复协商和研究：

(1) 决策体系的研究，确定适当的决策过程。

(2) 确定收集、处理、提炼对决策有用信息的渠道、步骤和方法。

(3) 确定适当的决策模型，对确定性的决策问题可以得到具体的优化模型；不确定性的决策问题难以得到具体的数学模型，可能采用专家系统的方式。

(4) 确定和选择优化解的方式，对确定性问题得到的是惟一的解，这些解可以代替人的工作；对不确定性问题得到的可能是若干不同的解，这些解通常可以支持人的决策工作。

(5) 模拟决策执行过程。

(6) 决策评价指标体系的研究以及反馈控制决策系统运行的方式。

七、统计分析模型

统计分析模型常用以反映销售状况、市场占有情况、质量指标、财务状况等方面的综合、总量变化状况。这类模型常用各种分析图表的方式给出。

常用的统计分析方法有：产品市场占有率分析；市场消费变化趋势分析；产品销售统计分析；产品销售额与利润变化趋势分析；质量状况及指标分布状况分析；生产统计分析；财务统计分析；企业综合经济效益指标统计分析。

八、预测模型

预测模型可用以分析生产产量、销售量、市场变化趋势等问题。常用的预测方法有多元回归预测模型(如一元、二元、……),时间序列预测模型,普通类比外推模型等。

6.12　系统分析报告

系统分析结束时，系统分析员应提交系统分析报告，交有关方面审批。

系统分析报告(又称逻辑设计说明书)反映了这一阶段调查研究的全部情况，是下一步系统设计与系统实施的重要依据。系统分析报告形成后，需要组织各方面的人员(包括领导、管理人员、专业技术人员、系统分析人员等)一起对所形成的逻辑方案进行论证。

对于存在的问题要及时纠正；对于有争议的问题要重新核实当初的调查资料或进一步地深入调查研究；对于重大的问题，需要调整或修改系统目标，重新进行系统分析。

系统分析报告的内容包括：

1. 原系统的分析部分

包括原系统的总况、管理业务流程、功能分析、数据流程图、处理逻辑说明、征求意见总结等。

2. 新系统逻辑模型

包括：新系统的总体方案设计；可行性分析报告；新系统的数据流程图；新系统的数据字典；关于处理逻辑的说明。

第七章　系 统 设 计

7.1　系统设计的任务

一、系统设计的任务

1. 系统设计的任务

在系统分析的基础上，进行新系统的总体结构设计和具体物理模型的设计，为下一阶段系统实施(如编程、调试、试运行等)制定蓝图。也就是根据系统分析所得出的逻辑模型提出物理实现的物理模型。在系统设计阶段，我们的主要任务是在各种技术和实施方法中权衡利弊，合理使用各种资源，最终提出新系统的设计方案。

说明：本阶段的部分工作已在系统分析中有所涉及，这里的工作将强调更深入和具体。

2. 结构化系统设计的概念

结构化系统设计是目前较流行的系统设计方法之一，它定义了一个 MIS 的物理模型。物理模型的系统结构由许多模块组成，模块按层次结构联系在一起，构成有层次的功能结构图(模块结构图)。结构化系统设计的特点如下：

(1) 对于一个复杂的系统，用分解的方法予以简化。

(2) 采用一组标准化的准则和工具，采用图解的方法来描述 MIS 的物理模型。

(3) 采用优化技术，并有一组评价标准。

二、系统设计的内容

系统设计包括总体结构设计和具体物理模型的设计。

1. 总体结构设计

总体结构设计应完成的工作有：

(1) 划分子系统。把整个系统按功能划分为若干子系统，明确各子系统的目标和功能。

该部分的主要工作已经在系统分析阶段完成，根据需要，可以进一步优化和调整。

(2) 代码详细设计。为了便于整个系统的信息交换和系统数据资源共享，也为了便于计算机处理，要对被处理的信息进行统一的分类编码，确定代码对象和编码方式。

(3) 系统物理配置方案设计。包括选择系统设备、确定系统设备的软硬件配置方案。

(4) 功能结构图设计。按层次结构划分功能模块，画出功能结构图。

(5) 信息系统流程图设计。以新系统的数据流程图为基础画出信息系统流程图。

(6) 处理流程图设计。

(7) 设计规范制定。

2. 具体物理模型的设计

(1) 数据存储设计。确定存储内容、存储容量，根据存取要求和设备条件，设计文件系统的结构或数据库的模式、子模式以及数据库的完整性和安全性保证。

(2) 输入输出设计。根据数据处理的要求以及用户的使用习惯，设计输入输出方式和数据输入输出的格式。

(3) 编写程序模块设计说明书。

三、系统设计的原则

系统分析提出了新系统的逻辑模型，我们可以用多种方法(多个物理模型)实现它，下面是判断物理模型优劣的原则：

1. 系统性

MIS 是作为一个整体而存在的，因此系统的代码要统一，设计规范要标准，语言要尽量一致，并使一次输入得到多次利用。

2. 适应性

系统应灵活，对环境的变化有很强的适应性。这就要求尽量采用模块化结构，提高各部分的独立性，减少各子系统之间的数据依赖。这样，既便于修改，又容易增加新的内容。

3. 稳健性

指系统受外界干扰时的抵御能力与恢复能力，即系统在遇到外界有意或无意的干扰下保持自身正常工作的能力。不够稳健的系统将难以真正发挥作用。

4. 经济性

在满足以上原则的基础上，要尽量经济。

5. 系统的效率

这里指的是系统的总体效率，包括计算机处理的效率、人工处理的效率等。

7.2 代码详细设计

好的代码设计方案可以使很多机器处理(如某些统计、校对、查询等)变得十分方便。

在系统分析的总体方案设计阶段，已经为各类数据规定了统一的编码规则，在系统设计阶段需要进一步明确和具体化。

一、代码详细设计问题

在对代码进行详细设计时有关的原则具体如下：

(1) 惟一性。将原来不能确定的对象，惟一地加以标识。

(2) 规范化。仅仅以惟一化为准则进行编码，则所编的代码可能杂乱无章、使用不便，在惟一化前提下还要强调编码的规范化，形成科学的分类体系。

【例 1】　国务院有关部门关于纺织工业产品标准编码的规定，以 2 打头的表示纯毛类产品，其中 21 表示纯毛哔叽类产品，22 表示纯毛华达呢类产品，24 表示纯毛花呢类产品等。这样在查找或统计某一类产品时就十分方便。若要查找纯毛类产品，只要将文件记录进行一次排序，显示出 2 打头的有关记录即可。若再限定第二位，如 22 字打头的显示出来就是所有纯毛华达呢类产品的记录。

(3) 系统化。系统所用的代码应尽量标准化，以方便数据交换和共享。编码应遵照国际标准化组织制定的国际标准、国家标准化委员会制定的国家标准和行业规范标准，做到编码统一，即代码的结构、类型、编码格式必须严格统一，以便计算机处理。

【例 2】　在会计领域中，一级会计科目由国家财政部进行标准分类，二级会计科目由各部委或行业协会统一进行标准分类，而企业则只能对其会计业务中的明细账目，即对三、四级科目进行分类，而且这个分类还必须参照一、二级科目的规律进行。

【例 3】　一些行业有其标准分类方法，一些企业需要自行编码，例如生产任务码、生产工艺码、零部件码等，这些应参照有关标准化分类和编码的要求进行。

(4) 可扩充性。对各种编码方案，应考虑以后增加编码的可能性，应留有一定的余地，以便数据扩充。

(5) 简单实用性。代码结构要简单，尽量缩短代码的长度，以方便输入，提高处理效率。规则应易记、易识别，减少读写差错，方便计算机处理。

(6) 应避免误解。不要使用易于混淆的字符，如 O、Z、I、S、V，易与 0、2、1、5、U 相混；不要把空格作代码，采用不易出错的代码结构。

【例 4】　采用字母-字母-数字(如 WW2)比字母-数字-字母 (如 W2W)发生错误的机会要少一些。

(7) 长的代码应分段。当代码长于 4 个字母或 5 个数字字符时，应分成小段，避免读写出错。例如 212-260-3333 比 2122603333 易于记忆，而且易于准确记录。

(8) 代码总数计算。若已知码的位数为 P，每一位上可以利用的字符总数为 S，则可以组成码的总数 $C=S^P$。

【例 5】　对每位字符从 0～9 的 3 位码，共可组成 C＝10×10×10×＝1 000 种代码。

二、一维代码的种类

一维代码的种类如图 7-1 所示，图中列出了最基本的代码。实际应用中，常常根据需要采用两种或两种以上基本代码的组合。

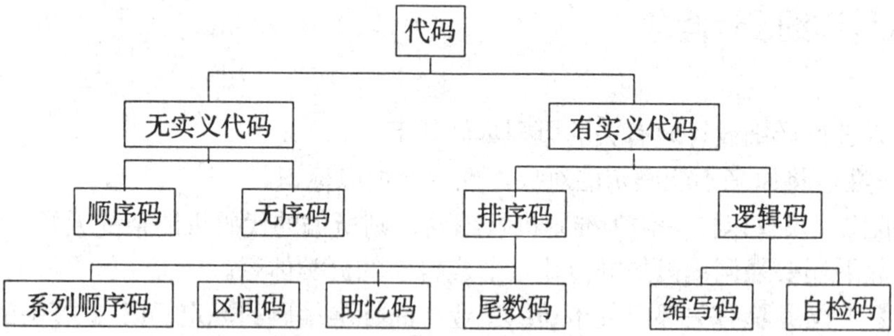

图 7-1　代码的种类

1. 顺序码

又称系列码，是一种用连续数字代表编码对象的码。例如，用 1 代表厂长，2 代表科长，3 代表科员等等。

顺序码的优点是短而简单，易于追加和管理。但这种码没有逻辑基础，因而不能用于分类处理等场合。同时，追加的部分只能列在最后，删除数据则造成空码。通常顺序码用于比较固定的永久性编码(如各大城市编码等)，或者和其他编码方法配合使用。

2. 区间码

区间码是把数据项分成若干组，每一区间代表一组，码中数字的值和位置都代表一定意义，最典型的例子就是邮政编码。

区间码的优点是：信息处理比较可靠，排序、分类、检索等操作易于进行。但这种码的长度与其他分类属性的数量有关，有时可能造成很长的码，在许多情况下，码有多余的数，同时，这种码的维修也比较困难。区间码又可以分为以下几种类型：

(1) 多面码　一个数据项可能具有多方面的特性，在码的结构中，为这些特性各规定一个位置，就形成多面码。

【例】　对于机制螺钉，可作表 7-1 的规定，代码 2342 就表示材料为黄铜的Φ1.5mm 方形头镀铬螺钉。

表 7-1　多面码示例

材　　料	螺钉直径	螺钉头形状	表面处理
1 不锈钢	1 Φ0.5	1 圆头	1 未处理
2 黄铜	2 Φ1.0	2 平头	2 镀铬
3 钢	3 Φ1.5	3 六角形状	3 镀锌
		4 方形头	4 上漆

(2) 上下关联区间码　由几个意义上相关的区间码组成，其结构一般由左向右排列。例如，在会计上，用最左位代表核算种类，下一位代表会计核算项目。

(3) 十进位码　由上下关联区间码发展而成，相当于图书分类中沿用已久的十进位分类码。如 610.736，小数点左边的数字组合代表主要分类，小数点右边的数字代表子分类。子分类划分虽然很方便，但所占位数长短不齐，不适于计算机处理。但是，只要把代码的位数固定下来，仍可用计算机处理。

3. 助忆码

助忆码用文字、数字或文字数字组合来描述，它可通过联想帮助记忆。如：用 TV-B-12 表示 12 寸黑白电视机，TV-C-29 表示 29 寸彩色电视机。助忆码适用于数据项数目较少的情况，否则可能引起联想出错。此外，太长的助忆码占用计算机容量太大，也不宜采用。

4. 缩写码

把惯用的缩写字直接用作代码，如：用 1b(libra)表示磅，YD 表示码，kg 表示公斤等。

5. 尾数码

使末尾位的数字码具有一定含义，可以不增加主要代码位数而进行分类，即利用尾位数字修饰主要代码。例如，用 02301 表示 230mm，用 02302 表示 230cm 。

【例】　图 7-2 是常用的一维商品条码(EAN/UPC)，图 7-3 是二维条码。

商品条码（EAN-13）　　商品条码（UPC -A）

6 901234 567892　　7 12345 12345 9

图 7-2　一维条码示例

四一七条码　　CODE49　　CODE16K

图 7-3　二维条码示例

三、二维代码简介

一维条码是对“物品”的标识，二维条码是对“物品”的描述。二维条码可以表示包括汉字在内的小型数据文件；在有限的面积上(如电子芯片上)表示大量的信息；可以对“物品”进行精确描述；防止各种证件、卡片及单证的伪造；在远离数据库和不便联网的地方实现数据采集。二维条码的出现是条码发展历史上的里程碑，它从质上提高了条码技术的应用水平，拓宽了条码技术的应用领域。

国外对二维条码的研究始于20世纪80年代末，现在已经研究出几种码制，如Code49、Code 16K、PDF 417、Code one 等。这些二维条码的密度都比一维条码有了较大的提高。

美国Symbol公司研制的二维条码PDF417，其信息密度是一维条码Code39的20多倍。在美国，二维条码 PDF417 已在护照、签证、身份证、驾驶证、军人证、保险卡等各类证件开始应用。用它除了将人的姓名、血型、单位、地址、电话等信息进行编码外，还可以将人体的特征如：指纹、视网膜扫描以及照片等个人信息存储在可识别的条码中，并且通过多种加密方式对数据进行加密。这样不但可以实现证件信息的自动录入，而且可以有效地解决证件的防伪，减少犯罪。PDF417 已在美国、加拿大、新西兰的交通部门的执照年审、车辆违章登记、罚款及年检上开始启用。我国香港特区所发放的特区护照上采用的就是二维条码 PDF417 技术。

在欧洲、美国、日本等已将二维条码 Code one 应用于汽车及电子产品的组装。在墨西哥 PDF 417 已在报关单据上开始应用，从而防止了伪造及犯罪。

【例】　我国第二代身份证研制成功，待批准后即可使用。其大小类似现行身份证，采用无污染、使用期限长的有机材料，材料中间夹着一个无法直接看到的特殊芯片，并保存两部分信息：视读信息和机读信息。视读信息和现行身份证上的基本一致，包括公民的性别、出生年月、地址等一系列身份特征以及身份证号码等个人相关信息；机读信息除了包含视读信息外，有可能采用指纹或其他人体生物特征技术，以便识别个人身份。新身份证可有效地防止伪造，并能防止制发过程中的内部违法行为。公安部将建立身份证数据库，并实行全国联网。

第二代身份证使用了非接触 IC 技术(即卡不用插入机器，可在一定距离内读写)，该技术已在国际公共交通收费系统等领域广泛使用。

【例】　图 7-4 是把二维条码用于美国的汽车驾驶执照。

图 7-4　二维条码用于驾驶执照

四、代码的校验

代码是计算机的重要输入内容之一，其正确性直接影响到处理工作的质量。特别是人们在重复抄写代码或将代码手工输入计算机后进行查询时，发生错误的可能性较大。为了保证代码的正确输入，必须检验代码，以减少出错率。

代码的校验是在原代码的基础上增设一位校验位的方式来进行的。校验位通过事先规定的数学方法计算出来。代码一旦输入，计算机会用同样的数学运算方法按输入的代码数字计算出校验位，并将它与输入的校验位进行比较，以验证实输入是否出错。

校验位可以发现以下各种错误：抄写错误，如将 1 写成 7；易位错误，如 1234 写成 1324；双易错误，如 26913 写成 21963；随机错误，包括以上两种或 3 种综合性错误或其他错误。

确定校验位值的方法很多，主要有以下几种：

1. 算术级数法

即权为算术级数(等差级数)。例如：

原代码　　　3　2　0　2　8

各乘以权　　6　5　4　3　2

乘积之和　　18＋10＋0＋6＋16＝50

以 11 为模除乘积之和，得出的余数作为校验码：

50 / 11 = 4 … 6

因此，代码为 320286。

2. 几何级数法

即权为几何级数(等比级数)。例如：

原代码　　　3　2　0　2　8

各位乘以权　32 16　8　4　2

乘积之和　　96＋32＋0＋8＋16＝152

以 11 为模除乘积之和，得出的余数作为校验码：

152/11 = 13 … 9

因此，代码为 320289。

3. 质数法

即权都为质数。例如：

原代码　　　3　2　0　2　8

各位乘以权　17 13　7　5　3

乘积之和　　51＋26＋0＋10＋24＝111

以 11 为模除乘积之和，得出的余数为校验码：

111 / 11 =10 … 1

因此，代码为 123451。

注意：以 11 为模时，若余数是 10，则可以按 0 处理。在原代码的基础上增设校验位会增加代码处理的工作量，但在以后的使用过程中因是计算机对代码进行自动校验，故使用代码会减轻用户的工作量，并降低出错的可能性。

7.3 系统物理配置方案设计

一、设计依据

1. 系统的吞吐量

每秒钟执行的作业数称为系统的吞吐量，用 TPS(Transaction Per Second)表示。系统的吞吐量越大，则 TPS 的值越大，同时也说明系统的处理能力越强。

2. 系统的响应时间

从用户向系统发出一个作业请求开始，经系统处理后，再给出应答结果的时间称为系统的响应时间。如果一个系统的响应时间越快，则计算机的运算速度越快，并且通信线路的传递速率也越高。

3. 系统的可靠性

系统的可靠性可以用连续工作的时间来表示。例如，每天需要 24 小时连续工作的系统，则系统的可靠性就应该很高，这时可采用双机双工系统结构方式。

4. 单机系统还是多机系统

如果一个系统的功能比较简单，并且规模不大，那么采用单用户或多用户的单机系统可以满足要求；否则就要采用多机系统，以便解决资源共享问题，通常为网络结构形式。

5. 地域范围

需要根据系统覆盖的地域范围决定是采用广域网还是局域网。

6. 集中式还是分布式

如果一个系统的处理方式是集中式的，既可以是单机系统，也可以是网络系统。如果一个系统的处理方式是分布式的，则必须采用网络方案。

7. 数据管理方式

如果用文件系统管理数据，则操作系统应具备文件管理功能；如果用数据库方式管理数据，那么系统中应配备 DBMS 或分布式 DBMS 系统软件和其他网络管理软件。

二、计算机机型的选择

对计算机的基本要求是速度快、容量大、通道能力强、操作灵活方便，但计算机的性能指标越高，其费用就越大。选择机型时应全面考虑，并应避免以下两种倾向：

先买机器，后作系统分析与设计。结果造成不是机器为实现系统服务，而是系统为机器的运行服务。考虑到降价的趋势，通常硬件设备不应该太早购买。

一味地求先进，把技术的可行性建立在不成熟的机型上。我们强调采用先进的软件工具和性能价格比较优越的机型，以便为 MIS 的开发建立一个良好的环境，但必须建立在技术成熟的基础上。任何先进的技术，如果我们消化不了，则对我们来说都是无用的。

三、网络的选择

要考虑的网络指标包括：网络的性能指标、网络的拓扑结构(总线、星型、环型、混合网型等)、网络的传输媒介、各种接口和网络管理软件。在性能指标能够满足设计要求的前提下，应重点考虑经济性。

四、DBMS 的选择

目前，主要采用关系数据库系统，如 ORACLE、SYBASE、INFORMIX、Visual FoxPro、Microsoft Access 等，在总体方案设计中已有介绍。

【例】　表 7-2 是一个某省电力工业局基层企业管理信息系统的物理配置方案示例(1998 年)。

表 7-2　××省电力工业局基层企业管理信息系统物理配置方案

层次	服务器	单　机	网　络	操作系统	网络协议	DBMS	开发工具
高	小型机 专用服务器 微机服务器	Pentium CPU 32MB 内存 3.2GB 外存	交换机 路由器 智能集线器 网管模块 Internet	UNIX Windows NT Windows 9x DOS 6.xx	TCP/IP(广域网必备) Windows NT SPX/IPX	ORACLE SYBASE INFORMIX	C/C++、Java DEVELOP-2000 Powerbulder Delphi Uniface 等
中	专用服务器 微机服务器	同上	高速集线器 普通集线器	同上	同上	同上	同上 (不含 Java)
低	微机服务器	同上	普通集线器	DOS 6.xx Windows 9x	同上	XBase FoxPro	C/C++

7.4 功能结构图设计

一、功能结构图

一个功能模块是系统中由计算机完成的某项具体工作。功能结构图就是按功能从属关系画成的图，图中每一框称做一个功能。可以根据具体情况分得大一点或小一点，在作总体方案设计时通常将功能模块分得大一些，较大的功能模块可能是完成某一具体任务的一组程序，分解得最小的功能模块可以是一个程序中的某一部分。

MIS 的各个子系统可以看作是系统目标下面的第一层功能。对其每项功能还可以继续分解为第二层、第三层……上层功能包括(或控制)下层功能。上面的功能比较笼统，下面的功能比较具体。功能分解过程就是一个由抽象到具体的，由复杂到简单的过程。

【例】 图 7-5 是某人事档案子系统的功能结构图，该子系统被分解为 5 个功能。

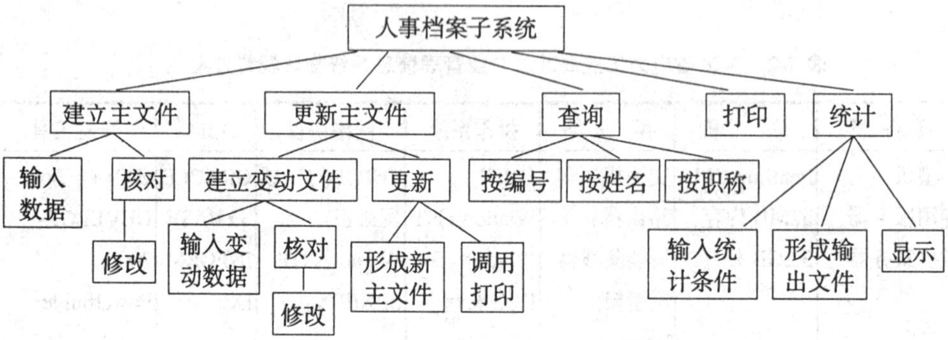

图 7-5 人事档案子系统的功能结构图

【例】 如图 7-6 所示，是某财务子系统的功能结构图，该子系统被分解为建立主文件、更新主文件、查询、统计、打印 5 个功能，根据需要这几个功能还可以继续分解。

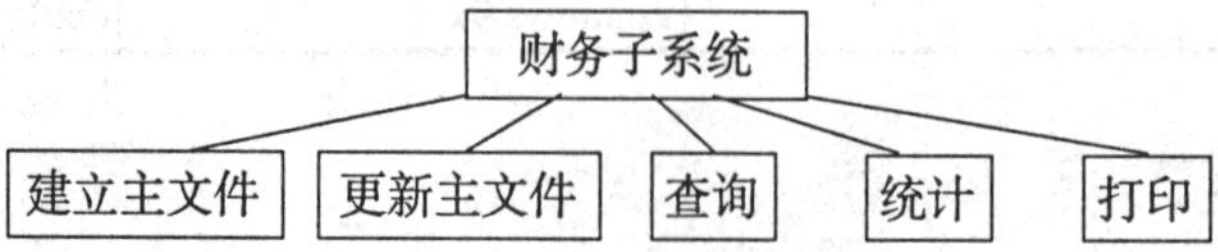

图 7-6 财务子系统功能结构图

二、模块划分原则

把一个系统设计成若干模块的方法称为模块化。划分模块的目的是把一个系统分解为一些规模较小的，功能较简单的，更易于建立和分解的部分。各个模块都有自己的独立性，模块之间的相互关系(如信息交换关系、调用关系)则通过一定的方式予以规定和说明。

划分模块在 MIS 总体结构设计中十分重要，模块划分是否合理将直接影响系统设计的质量、开发时间和开发费用，以及系统实施维护的方便程度。划分模块并没有严格和绝对的标准，一个好的模块划分方案也不是惟一的，通常划分模块的原则如下：

(1) 模块之间低耦合(Low Coupling)，模块内部高聚合(High Cohesion)。

好的模块设计应做到：模块之间低耦合，模块内部高聚合。

模块之间低耦合是指尽量减少模块之间的联系程度，其中任一模块运行时，与其他模块尽量无关。因为模块之间的联系越多，则相互间的关系也越复杂。

模块内部高聚合是指功能上高聚合，并具有大的独立性，即要求系统中的每一个模块都具有较强的聚合，它的各个组成部分都是彼此密切相关的。

(2) 恰当的模块大小。

如果模块划分得过大，将会造成程序阅读、测试和维护困难；如果模块划分过小，就会增加模块个数，增加模块接口的复杂性，增加模块接口的调试工作，增加花在调用和返回上的时间开销，降低工作效率。通常，一般模块的程序行数大约在打印纸 1 页左右。

(3) 尽可能把与硬件相关的部分集中在一起，放在一个或几个模块内。

(4) 尽可能把变动的部分集中在一起，以便在变动时能方便地处理，减少影响的范围。

(5) 尽可能消除重复的工作，建立公用模块，减少冗余，也减少不必要的重复劳动。

(6) 每一模块只有一个入口和出口，每一模块只归其上级模块调用。

(7) 保持合理的模块扇入数和扇出数。

模块的扇出(Fan-Out)数是指一个模块拥有的直属下级模块的个数，如图 7-7 所示，模块 A 的扇出数为 4。模块的扇出数太大，它的聚合程度比较小，因为这表示它有很多下属模块，要做的事比较多。根据统计规律，扇出数应控制在 7 以内。

模块的扇入(Fan-In)数是指一个模块的直接上级模块个数。如图 7-8 所示，模块 A 的扇入数为 3。在设计中应加大模块的扇入数，扇入数大，说明模块分解得好，通用性强，冗余度低。模块的扇出数也称为模块的跨度。

当扇出数过高时，可以在下层增加模块，以得到合理的系统结构形态。

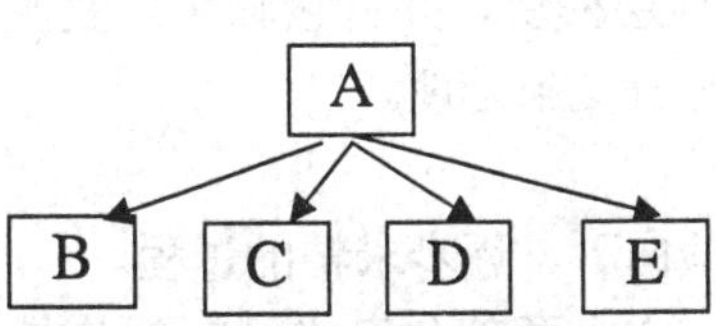

图 7-7　模块的扇出

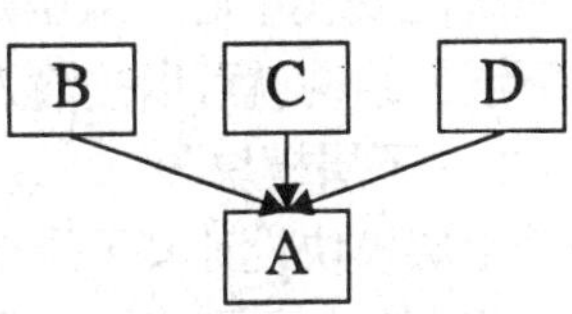

图 7-8　模块的扇入

三、由数据流程图导出功能结构图

从系统的 DFD 导出功能结构图，应先确定 DFD 的结构类型，然后根据不同的类型采用不同的方法把 DFD 变换成相应的功能结构图。DFD 有以下两种典型的结构类型：

(1) 变换型。如果一个 DFD 可以明显地分为输入、处理和输出 3 部分，则这种流程图就是变换型的，其处理部分就是“变换中心”。

(2) 事务型。如果一个数据流程图呈束状型，即一束数据流平行输入或输出，可能同时有几个事务要求处理或加工，则这种流程图就是事务型的。

1. 变换中心技术

变换中心的目的是要把 DFD 转化为功能结构图，在 DFD 中所有的处理逻辑都处于平等的地位，不分上、下级。而功能结构图中的处理模块必须反映上、下级模块的调用与控制关系。

构造一张功能结构图，先要产生一个最高层模块。通过变换中心，找到一个处理逻辑做最高层模块，原则上它应是变换中心，其处理功能较为简单；但又是和 DFD 的其他处理逻辑有比较多的数据联系的处理功能，它接收和发送数据，相当于一个协调者。

变换中心技术用来从变换型 DFD 导出相应的功能结构图，其过程可以分为以下 3 步：

(1) 从数据流程图中找出变换中心、逻辑输入和逻辑输出

导出功能结构图的关键是找出系统的变换中心，具体方法如下：

第一步　从输入的数据源开始，沿着每一个由数据源传入的数据流的移动方向进行跟踪，逐个分析它所经历过的处理逻辑功能。如果只是对传入的数据流做形式上的转换，逻辑上没有进行实际的数据处理功能，这些处理逻辑都属于系统的输入处理部分，称之为“输入子系统”，顺着传入数据流的移动方向，一直跟踪到它被真正处理为止。

第二步　正好和第一步相反，是从输出结果的地方开始，逆着每一个传递出去的数据流，由外向里反方向跟踪，逐个分析它所经历过的处理逻辑功能。如果只是对传送出去的数据流做形式上的转换，这些处理逻辑都属于系统的输出处理部分，称之为“输出子系统”，一直反方向地跟踪到它被真正处理为止。

第三步　根据前两步的分析结果，位于“输入子系统”和“输出子系统”之间的部分就是系统的变换中心。画出一个闭环界线，在界线以内就是变换中心。

注意：对于数据流程图中的一些非主要的数据流，如出错处理等，可以暂不予考虑。

(2) 设计功能结构图的顶层和第一层

确定了系统的变换中心，就确定了系统结构的顶层模块，并将它画在与变换中心相应的位置上。下层的结构就可以按输入、变换、输出等分支来处理。

(3) 设计中、下层模块

为每一个上层模块设计其下层的模块是一个自顶向下、逐步求精的过程。

- 输入模块的功能是向其调用模块提供数据，它由两部分组成：一部分是接受输入数据；另一部分是将这些数据变换成其调用模块所需要的数据。当有多个输入模块时，可以为每一个输入模块设计两个下层模块，其中一个是输入，另一个是变换。
- 输出模块的功能是向其调用模块提供的数据输出，它由两部分组成：一部分是将

调用模块提供的数据变换成输出的形式；另一部分是输出。可以为每一个输出模块设计两个下层模块，其中一个是变换，另一个是输出。

● 为变换模块设计下层模块，其功能是将逻辑输入变换为逻辑输出，要研究 DFD 中的变换情况。如变换模块包含子变换，则要为变换模块设计相应的子变换模块。

【例】 图 7-9 是一个按事务记录修正主文件的 DFD 的一部分，虚线方框内是变换中心。图 7-10 是修正主文件的第一张功能结构图，根据需要还可以进一步细化。

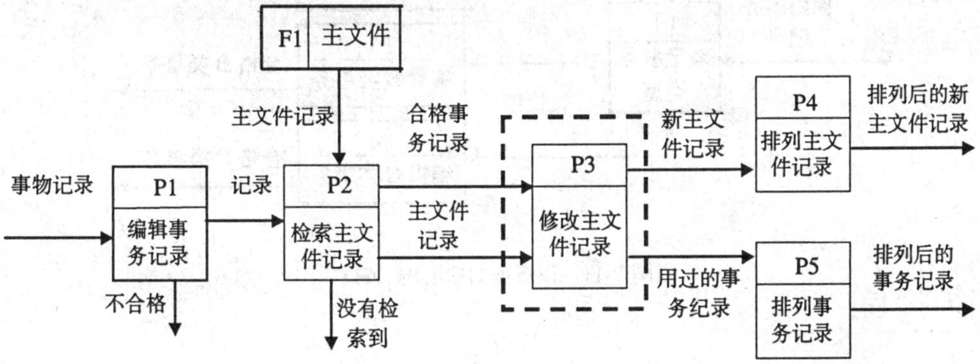

图 7-9 修正主文件部分的 DFD

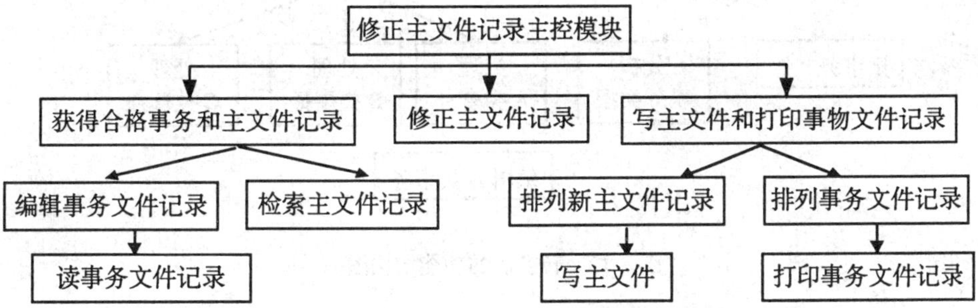

图 7-10 修正主文件第一张功能结构图

如果采用变换中心技术找不到合适的处理逻辑充当最高模块，则可以采用事务中心技术，建立一个新的模块作为最高层模块。

2. 事务中心技术

事务中心技术可以从事务型结构的 DFD 导出相应的结构图。建立一个新的模块作为最高层模块，由它来调用其余的处理、变换、输入、输出模块。该方法有两个用处：

● 能够把一个大的、复杂的 DFD 分割成若干个小的 DFD，每一个小的 DFD 仅反映同一类型的事务处理功能，可以用变换中心的方法，产生若干较小的功能结构图。

● 能够把若干较小的功能结构图合并起来，形成一个大的功能结构图。

通常在 DFD 中，如果对流入的数据流存在确定事务类型的处理逻辑，而且产生不同的处理逻辑路径，那么一定有事务中心。事务中心的分析步骤如下：

画出事务型数据流程图；以总事务为顶层，再确定被顶层所调用的几个平行处理模块；逐步细化每个事务处理模块的详细处理功能。

【例】 图 7-11 是一个以事务为中心的 DFD，图 7-12 所示是转换后的功能结构图。

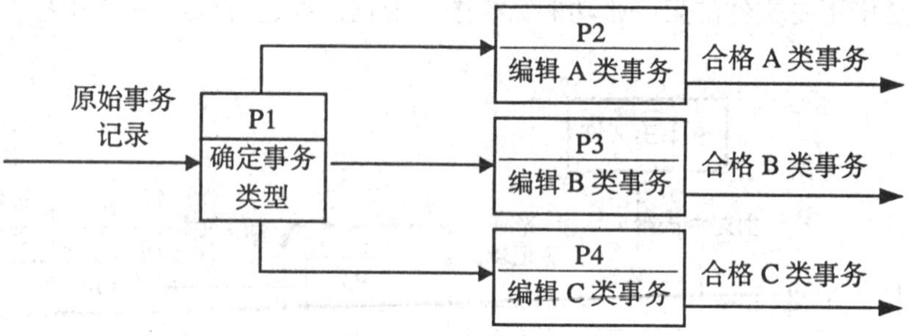

图 7-11 以事务为中心的 DFD

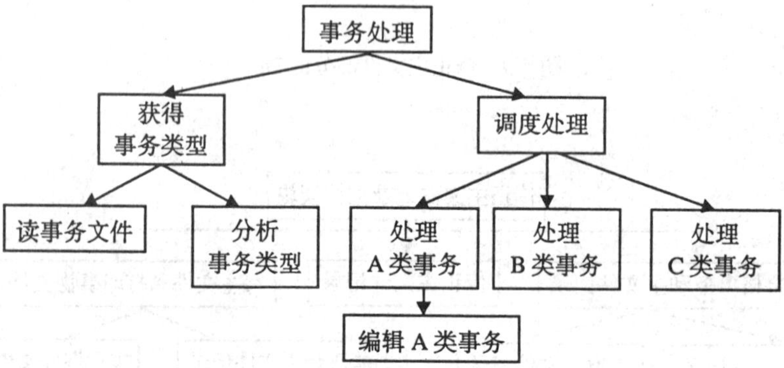

图 7-12 转换后的功能结构图

7.5 信息系统流程图设计

功能结构图从功能的角度描述了系统的结构，但并未表达出各功能之间的数据传递关系，系统中许多业务或功能都是通过数据存储文件联系起来的。功能模块之间的关系可以通过绘制信息流程图来予以表达。

【例】 A 功能模块向某一数据存储文件中存入数据，而 B 功能模块则从该数据存储文件中取出数据。又如，虽然在 DFD 中的某两个功能模块之间原来并没有通过数据存储文件发生联系，为了处理方便，可在两个处理功能之间设立一个临时文件以便联系。

信息系统流程图主要说明的是信息在新系统内部的流动、转换、存储和处理的情况。

它不对具体处理或管理分析模型的细节进行描述，也不对模块调用关系或具体功能进行描述。在系统详细设计过程中，它是用来大致描述信息在计算机内部的处理过程。

信息系统流程图是以新系统的 DFD 为基础绘制的，其步骤为：

(1) 首先为 DFD 中的各处理功能画出数据关系图，如图 7-13 所示。数据关系图反映了处理功能与数据的关系：输入什么数据、产生什么中间数据、得到什么输出信息。

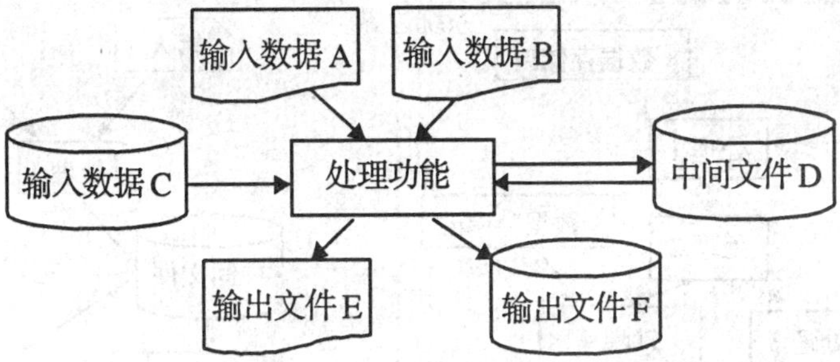

图 7-13 数据关系图的一般形式

(2) 综合各处理功能的数据关系图，形成整个系统的数据关系图，即信息系统流程图。

绘制信息系统流程图应使用统一的符号。我国 GB1526-89 流程图符号及约定、ISO 5807-1985、美国国家标准 ANSI 协会的图形符号都大致相同。常用的符号如图 7-14 所示。

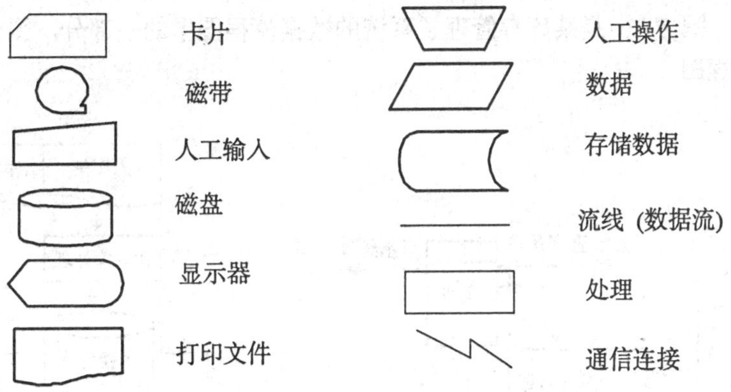

图 7-14 常用的信息系统流程图符号

从 DFD 到信息系统流程图并非单纯的符号改换。信息系统流程图表示的是计算机的处理流程，而 DFD 则还反映了人工操作的那一部分。从 DFD 到信息系统流程图应考虑到：哪些处理功能可以合并；哪些处理功能可以进一步分解。

图 7-15 是在批处理方式下，从 DFD 导出信息系统流程图的示意。

图 7-15 中 DFD 的输入 1 转换成信息系统流程图中的手工输入 1，DFD 中的输出 1 和输出 2 则分别转换为信息系统流程图中的打印报告 1 和打印报告 2。在信息系统流程图中还增加了一个临时中间文件#1，用来进行有关处理步骤之间的信息联系，这是基于计算机

处理实际的需要。此外，DFD 中的加工处理与信息系统流程图中的处理步骤并不一定要一一对应，可以根据实际情况合并或分解。此数据流程图中的处理 1 和处理 2 在信息系统流程图中合并为一个处理步骤 1。由此可以看出，上述转换方案不是惟一的，有时需要进行方案论证。

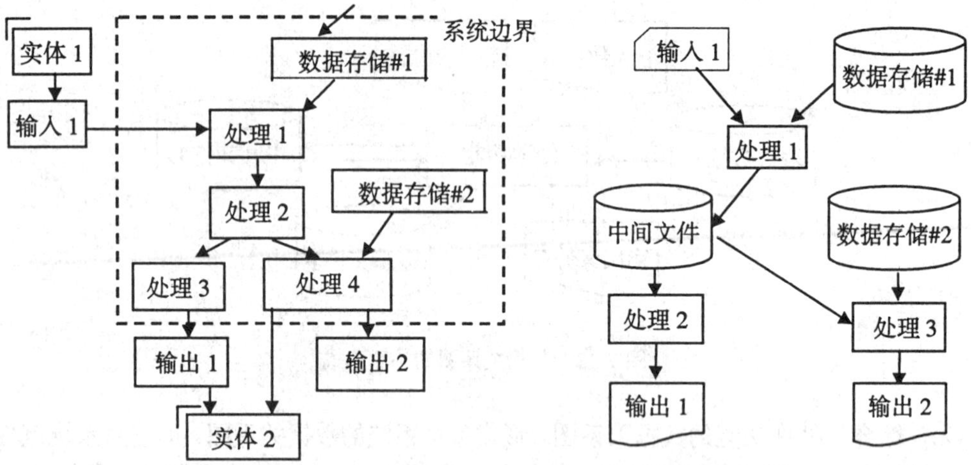

图 7-15　新系统逻辑模型转换为信息系统流程图

【例 1】　图 7-16 是某库存管理子系统的数据流程图中的一部分，图 7-17 是所转换的信息系统流程图。

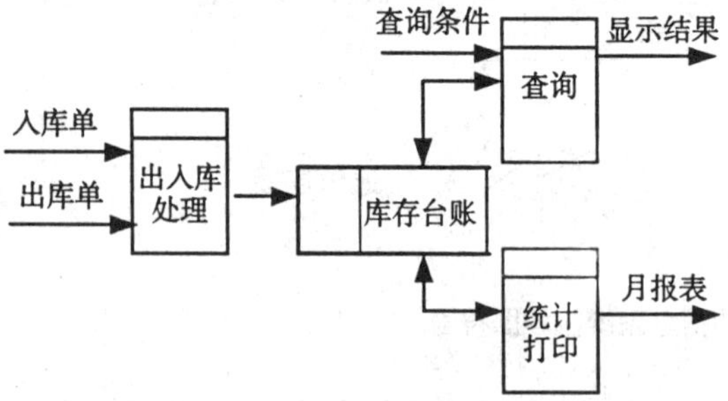

图 7-16　库存管理子系统数据流程图

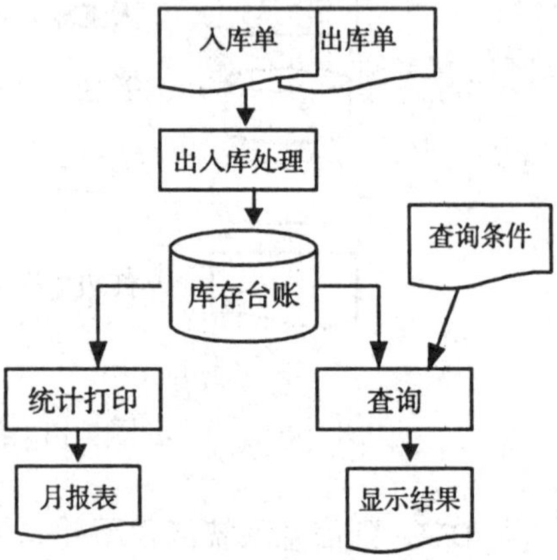

图 7-17　库存管理子系统信息系统流程图

【例 2】　图 7-18 是人事档案管理子系统的信息系统流程图，由主文件更新模块、统计模块和打印模块组成。接到人事变动通知单，系统更新职工数据主文件；接到职工统计查询通知单，系统根据统计条件进行统计，保存统计结果文件。最后由打印程序根据主文件和统计结果文件中去寻找出有关数据，打印出职工情况一览表和职工情况汇总表。

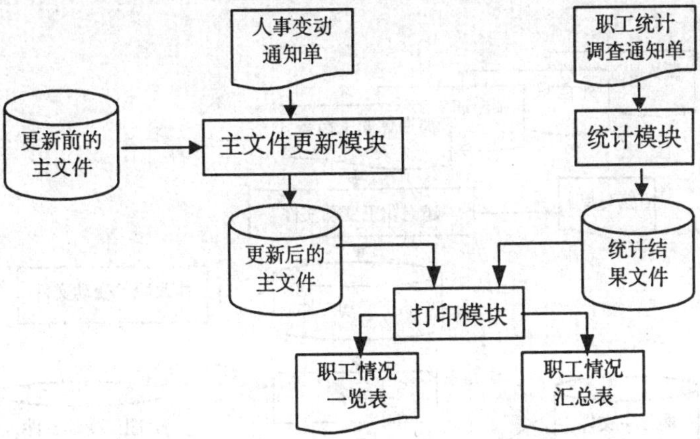

图 7-18　人事档案管理子系统的信息系统流程图

图 7-19 是某厂生产计划优化子系统的系统流程初步模型。该模型首先把产品工艺路线、利润水平和各种设备生产能力的数据以文件的形式存储在磁盘上。然后，在生产能力中扣除上级规定的必须生产产品所占用的生产能力以后，通过线性规划运算，以利润最大为主要目标，计算和打印出优化的生产计划表和设备利用率表。

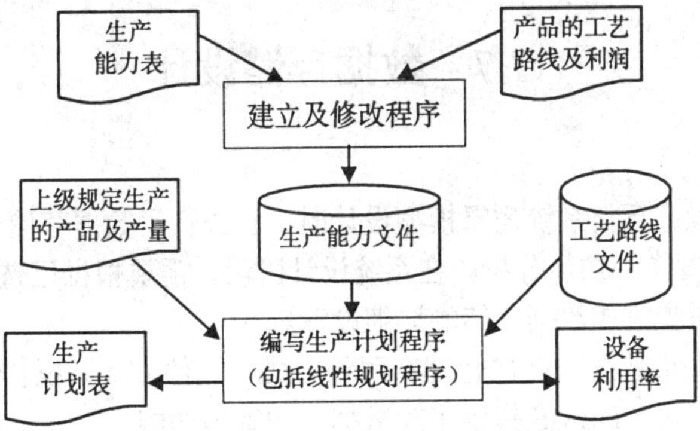

图 7-19　生产计划优化子系统初步模型

7.6　处理流程图设计

处理流程图是信息系统流程图的展开和具体化。信息系统流程图对每一处理功能只是列出其处理功能名称，处理流程图则具体规定了处理过程内的各个步骤。随着计算机系统功能的增强，有许多处理不必专门编写程序。这时处理流程图设计可以根据需要而简略。

图 7-20 是人事档案管理子系统中更新职工主文件处理功能的处理流程图。它由 4 个单一的运行模块(程序)组成：建立变动文件、修改变动文件、排序和合并。

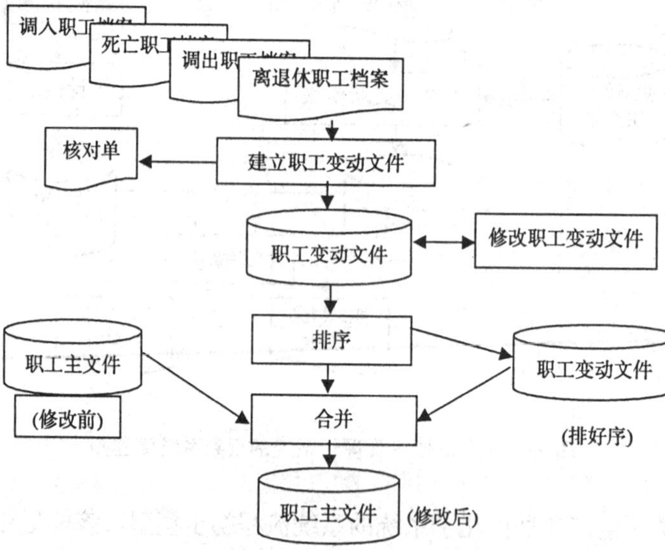

图 7-20　更新职工主文件的处理流程图

7.7　数据存储设计

在系统分析阶段进行新系统逻辑模型设计时，已进行了数据存储分析(数据库的概念结构设计)，从逻辑角度作了初步分析。在系统设计阶段，需要根据已选用的计算机硬件和软件的使用要求，进一步完成数据存储的详细设计。

在计算机中对大量数据的存储管理有两种方式：文件方式，操作系统提供了对文件的管理功能；数据库方式，DBMS 提供了对数据库的管理功能。

一、文件类型

数据文件可分为主文件、事务文件、临时文件、后备文件、日志文件等。

1. 主文件(Master File)

主文件是系统中最重要的共享文件，主要存放具有固定值属性的数据，它需要长期保存，并不断更新。

【例 1】　表 7-3 是工资主文件结构。

表 7-3 工资主文件结构

字段名	人员代码	姓名	部门	基本工资	房租
字段类型	C	C	C	N	N
字段宽度	4	8	2	7	7
小数位				2	2

2. 处理文件(Transaction File)

处理文件又称事务文件，常用于批处理更新，其内容包含下一次更新文件所需要的全部记录。通常把具有随机变动属性的数据放在处理文件中。

【例 2】 表 7-4 是工资变动处理文件结构，可用于对工资主文件更新。

表 7-4 工资变动处理文件结构

人员代码	姓名	部门	基本工资	房租	BZ
1002	张三	01	540.00	30.00	0
1004	李四	02	460	30.00	2
1007	王五	02	400	30.00	1
1005	赵六	01	350	30.00	2

表 7-4 中，有一个备注字段(BZ)：若 BZ=0，表示该人调走；若 BZ=1，表示该人新进；若 BZ=2，表示该人纪录需要修改。

说明：工资系统中的病事假扣款、违规扣款等属于随机变动属性的数据，应放在处理文件中。

3. 周转文件

周转文件主要存放具有固定个体变动属性的数据，例如工资子系统中的用电量。

表 7-5 住户电费扣款周转文件

人员代码	姓名	用电量	电费扣款

【例 3】 表 7-5 是工资子系统中的住户电费扣款周转文件，其中前两项内容基本不变，需要输入用电量。由计算机算出所需的电费扣款。

4. 工作文件

工作(临时)文件是处理过程中暂时存放数据的文件。例如，排序过程中建立的中间文件，处理结束后，可被删除。

5. 后备文件(Back File)

后备文件是文件的副本，当文件遭到破坏时，可以用它恢复或用作其他用途。

6. 日志文件(Log File)

日志文件用来存放其他文件的历史记录，例如，当事务文件中的某些记录超过了规定的时间(一般为 24 小时)，就将这些记录转移到相应的日志文件中。

二、文件设计

设计文件之前，需要确定数据处理的方式、存储介质、操作系统提供的文件组织方式、存取方式和对存取时间、处理时间的要求等。

表 7-6 列出了常用文件组织方式的性能比较。表 7-7 是不同用途的文件适宜选用的存储介质和文件组织方式。表中活动率指的是更新过程中作用到记录的百分数。例如，针对 10 000 个记录，需要处理 8 000 个，则活动率为 80%。

表 7-6　常用文件组织方式性能比较

使用效果 / 组织方式	文件处理方式		文件大小	随机查找速度	顺序查找速度	适于何种活动率	对软件要求	备注
	顺序	随机						
顺序	很好	不好	无限制	慢	很快	高	低	
索引	好	好	中等大	快	快	低	中	
直接	不好	很好	有限制	很快	慢	低	高	

表 7-7　不同用途文件的存储介质和组织方式

因素和选择 / 用途	保存期	活动率	存取方式	存储介质	组织方式	备注
主文件	长	高	顺序	磁盘	索引	
		低	随机		直接	
事务文件	中			磁盘或磁带	顺序	
工作文件	短			磁盘或磁带	顺序	

文件设计应先设计共享文件，其他文件中与它相同的数据项就可以它为准。设计文件中记录的格式，包括记录中每一数据项的名称、变量名、类型、宽度和小数位数。应注明记录由哪个程序形成，又输出到哪个程序，并应考虑文件的有效管理问题。

三、数据库设计

数据库设计是在 DBMS 的基础上建立数据库的过程，是把现实世界中一定范围内存在着的数据及其应用处理的关系，抽象成一个数据库具体结构的工作过程。基本步骤如下：

1. 用户需求分析

主要任务是从用户那里获得数据库所需要的信息，了解对数据库的使用和处理要求。

(1) 使用要求

使用要求是指用户及管理人员要从所建立的数据库中获得什么样的信息，并由此得到数据长度、数据类型、数据量以及对数据的可靠性、保密性和安全性方面的要求。

(2) 处理要求

处理要求是指用户要求完成什么处理功能，包括：由最高管理人员提出的战略管理要求；由中级管理人员提出的控制要求；由终端用户提出的操作要求。并由此确定处理方式，进行诸如对数据使用情况、处理顺序、处理量、处理频率及数据流程等的详细描述。

用户需求分析应在系统分析阶段完成，在详细调查时，应收集用户对数据库的要求。

2. 概念结构设计(即数据存储分析)

其主要任务是对用户信息需求进行分析，从而建立数据库的概念数据模型，常用的方法是 E-R 和范式等方法。这项工作应在系统分析阶段进行。

3. 数据库的逻辑结构设计

逻辑设计的主要目标是把概念设计中建立的与 DBMS 无关的概念模型，转换为与选定的 DBMS 所支持的数据模型相符合的模式。该模式要满足用户对数据库数据目前的应用和将来发展的要求。逻辑设计还要解决数据的完整性、一致性、安全性和有效性的问题。

逻辑设计具体步骤如下：

(1) 初始模式设计

即根据概念模式和选定的 DBMS 所支持的数据模型的特性，构造出一个可以由 DBMS 处理并与概念模式相似的初始模式。

(2) 子模式设计

子模式是用户用来定义局部逻辑数据结构的。用子模式数据描述语言写出的某一个用户数据库定义的全部语句，称为子模式。子模式是应用程序设计的界面，子模式的设计为应用程序的设计提供依据。

(3) 应用程序骨架设计

这一步的目的不是设计一个完整的应用程序，而是研制一个程序的骨架，为完成数据的存取功能提供过程逻辑，并对每种事务处理的细节进行说明。

(4) 模式评价和改进

对初始模式和子模式作出实际性能的估计，包括对逻辑记录存取数、传送量以及物理设计算法的模型，并对可理解性、完整性、安全性和可扩充性等进行评价，看设计的模式是否与概念模式一致，是否用最少的传送量就能满足子模式的要求。

4. 数据库的物理结构设计

物理设计要确定数据库的物理结构，包括数据库在物理设备上的存储结构和存取方法，数据表示和数据存储分配等，并得到一个具体的 DBMS 可接受的物理结构。不同的 DBMS 所提供的物理环境、存储结构、存取方法是不同的。必须深入了解 DBMS 的功能，了解应用环境，了解输入输出设备的特性等，才能进行物理设计。

物理设计的主要内容如下：

(1) 确定数据库文件的组织形式，如选用顺序文件的组织形式、索引文件组织形式等。

(2) 存储介质的分配，例如不同存取频率的数据如何存放，数据块大小的确定。

(3) 存取路径的选择和调整。确定数据存放位置以及存储空间的分配等。

7.8　输 出 设 计

系统设计时，应先进行输出设计，再进行输入设计。因为输出的形式与内容直接与使用者相联系，输出设计应保证输出的格式和信息方便地为用户服务。

一、输出设计的内容

输出设计要满足使用的要求：要求系统输出什么信息，在什么媒体上输出，输出信息的格式是什么样的，都是输出设计要确定的问题。输出设计的内容具体包括：

(1) 有关输出信息使用方面的内容，包括使用者、使用目的、使用周期、有效期、保管方法和复写份数等。

(2) 输出信息的内容，包括输出项目、位数、数据形式(文字、数字)。

(3) 采用的输出设备，如：行式打印机、激光打印机、喷墨打印机、显示终端的屏幕、绘图仪、微缩胶卷输出机等。对行式打印机须注明字/行、行/页。

(4) 输出介质，如输出到磁盘还是磁带上，输出用纸是专用纸还是通用白纸。

表 7-8 所示为输出设备和介质一览表。

表 7-8　输出设备和介质一览表

输出设备	行式打印机	磁带机	磁盘机	终端	绘图仪	微缩胶卷输出机
介质	打印纸	磁带	磁盘	屏幕	图纸	微缩胶卷
用途和特点	便于保存费用低	容量大适于顺序存取	容量大存取更新方便	响应灵活、可人机对话	精度高功能全	体积小易保存

设计报告时要注意以下几点：

(1) 方便使用者，要考虑计算机的硬件功能。

(2) 要考虑原系统的输出格式，如有修改，应与有关部门协商，征得用户同意。

(3) 对需要打印的文档要认真设计，并在计算机上试打出样品。

(4) 输出表格要考虑到系统发展的需要。如在输出表中是否要留出备用项目。

设计打印输出报告之前应收集好各项有关内容，填写到输出设计书上。

二、输出设计的示例

输出设计应考虑输出内容的统一性，同一内容的输出对显示器、打印机、文本文件和数据库文件应具有一致的格式。显示器提供查询或预览服务，打印机提供报表服务。

图 7-21 是某软件库存明细查询的屏幕显示的示例。图 7-22 是人事档案管理子系统职工基本情况屏幕显示输出示例。在图 7-22 中，若需查看某一职工的详细资料，只要将光条移到相应的职工记录上，然后点击“详细资料”按钮，屏幕上将弹出分类显示信息的窗口。

图 7-23 是查询条件的输入画面，表 7-9 是某化工厂职工基本情况表的打印输出结果。

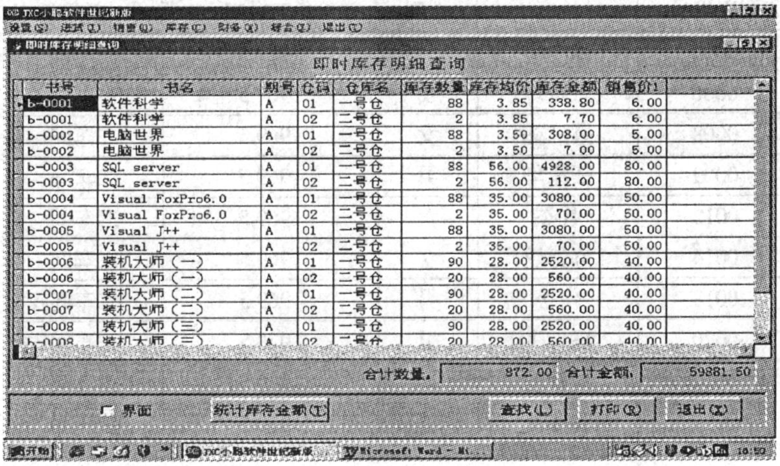

图 7-21　即时库存明细查询

图 7-22　屏幕显示输出的职工基本档案信息

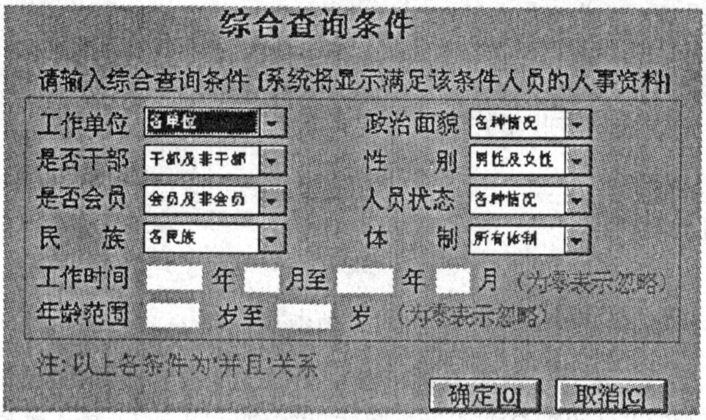

图 7-23 查询条件定义

表 7-9 某化工厂职工基本情况表

职工编号	姓名	性别	参工时间	部门
0005	徐小平	女	1967.5	一车间
0006	张娅玲	女	1967.5	一车间
0008	聂红梅	女	1969.5	二车间
0009	任家华	男	1969.5	二车间
0012	鲁杰	女	1969.5	二车间
0014	许菁敏	女	1969.5	二车间
0018	何松	男	1969.5	二车间
0020	冯仁飞	男	1970.5	三车间
0022	李箐箐	女	1970.5	三车间
0024	黄亦萧	男	1970.5	三车间

7.9 输 入 设 计

输入设计包括输入方式设计和用户界面设计，输入设计所占的程序量较大，一个好的输入设计能为今后系统运行提供很多方便。

【例】 某厂 MIS 系统有生产、经营、财务、销售等 12 个子系统，与输入输出界面相关的程序占总程序量的 65%左右。

一、输入方式设计

输入方式设计主要是根据总体结构设计和数据库设计的要求来确定数据输入的具体形

式。常用的输入方法有：键盘输入，A/D、D/A 输入(Digital Analog Convert)，网络数据传送，磁盘/光盘读入等几种形式。近年来还推出了笔输入、声音输入等方式。在设计输入方式时，应尽量减少键盘输入的工作量。

1. 输入方式简介

(1) 键盘输入

键盘输入包括联机键盘输入和脱机键盘输入两种方式。它们主要适用于常规、少量的数据和控制信息的输入以及原始数据的录入，不适合大批数据的输入。

(2) 数模/模数转换方式(A/D、D/A)

这是目前比较流行的数据输入方式。它通过光电设备对实际数据进行直接采集并将其转换为数字信息，是一种既省事，又安全可靠的数据输入方式。最常见的有以下几种：

① 条形码(Bar Code)输入。即利用标准的商品分类和统一规范化的条形码贴(或印)于商品的包装上，然后通过光学符号阅读器(OCR)来采集和统计商品的流通信息。

② 用扫描仪输入。这种方式和条码输入是同一类型的。它大量地用于图形/图像的输入，文件、报纸的输入，标准考试试卷的自动阅卷，投票和有关的统计等。

③ 传感器输入。即利用各种传感器和电子衡器接收和采集物理信息，然后再通过 A/D 或 D/A 装置将其转换为数字信息。

④ 声音输入，利用软件把声音信号转化为文本信号。

(3) 网络传送数据

网络传送数据安全、可靠、快捷。网络传送有两种方式：一种是利用数字网络直接传送数据，另一种是利用电话网络(通过 Modem)传送数据。

(4) 磁盘传送数据

即数据输出和接收双方事先约定好待传数据的标准格式，再通过磁盘或光盘传送数据文件。这种方式方便，常被用在主系统和子系统之间的数据传送。

2. 输入格式

在实际设计数据输入时，如果遇到统计报表(或文件)结构与数据库文件结构不完全一致的情况，这时的输入设计就有一些困难。

【例】　一份原始数据统计报表，要通过屏幕上的输入格式输入数据，并把同一条记录(即报表中的一行)的数据分别送到两个相关的数据库文件。而原始数据统计报表的数据结构和这两个相关的数据库文件的数据结构有较大的区别，它们的数据关系和结构又不能改变，这时必须先查出这两个数据库文件，再设计输入格式。输入格式既要与原统计报表的格式一致，又要与内部分送的数据库库文件的结构相对应，以确保输入数据的正确性。

3. 校对方式

操作员输入数据时所发生的随机错误在各个数位上都是等概率的，如果错误出现在财会记录的低位尚可容忍，如出现在高位，则将造成大事故。所以针对一些重要的报表，必须采用校对措施，以减少出错。常用的校对方式有：

(1) 人工校对。输入数据后，再显示或打印出来，并由人来进行校对。该方法对于少量的数据尚可，但若数据量太大，就太麻烦，效率也低。在实际系统中较少有人使用。

(2) 二次键入校对。指同一批数据两次键入系统，再用软件来比较这两批数据，若完全一致则认为输入正确，反之，则将不同部分显示出来由人工校对。这是目前数据录入中常用的方法。该方法的优点是方便、快捷，可用于任何类型的数据。尽管该方法中二次键入在同一个地方出错而且错误一致的可能性仍然存在，但该可能性出现的概率极小。

(3) 数据平衡校对。该方法常用在对财务报表和统计报表等完全数字型报表的输入校对中。其做法是在原始报表每行每列中增加数字小计字段，然后在设计新系统的输入时再另设一个累加值，先让计算机将输入的数据累加起来，再将累加的结果与原始报表的小计自动比较。若一致，则认为输入正确；反之，则拒绝接受该数据记录。但当同一记录中几个数同时输错，而累加后结果仍然正确时，就无法检测出错误之处。

二、用户界面设计

用户界面是系统与用户之间的接口，也是控制和选择信息输入、输出的重要途径。用户界面设计应坚持友好、简便、实用、易于操作的原则，尽量避免过于繁琐和花哨。

界面设计包括菜单方式、会话方式、操作提示方式、操作权限管理方式等内容。

1. 菜单方式

菜单是信息系统功能选择操作的最常用方式。常用的菜单形式主要有：下拉式、弹出式、按钮式。菜单选择的方式也可以是移动光棒、选择数字(或字母)、鼠标驱动或直接用手在触摸屏上选择等多种方式。

2. 会话管理方式

(1) 常用的人机会话

当用户操作错误时，系统向用户发出提示信息；当系统执行用户操作指令遇到两种以上的可能时，系统提请用户进一步说明；系统定量分析的结果通过屏幕向用户发出有关信息等。这类会话通常的处理方式是让系统开发人员根据实际系统操作过程，将相应的会话语句写在程序中。

(2) 具有一定因果逻辑关系的会话

在开发 DSS 时常会遇到大量的、具有一定逻辑因果关系的会话。这类会话具有一定的内涵，是双向式的，前一次人机会话的结果，决定下一步系统要执行的内容。可以将这种会话设计成数据文件中的一条条记录来管理。在系统运行时首先接收用户对第 i 句问话的回答，然后执行相应的判断处理，若有必要，系统通过简单推理再从会话文件中调出相应内容的下一句会话并显示在屏幕上，依此反复，直至问题得到解决。

这种会话管理方式的一个好处就是方便灵活，与程序不直接相关。如果想改动会话内容，不需改变程序，只需改变会话文件中相应的内容即可。

3. 提示方式

为了操作方便，在系统设计时，可以采用以下两种方式：把操作手册和提示同时放在屏幕的下方，这是当前比较流行的用户界面设计方式；把整个系统操作说明书全送入到系统文件中，并设置系统运行状态指针。当系统运行时，指针随着系统运行状态改变。当用户按“求助”键时，系统则根据当前指针调出相应的操作说明。

4. 权限管理

权限管理一般都是通过入网口令和建网时定义该节点级别来实现的，对于单机系统的用户来说只需简单规定系统的上机口令即可。

三、输入设计示例

通常，人机对话采用菜单式、填表法和应答式 3 种方式。图 7-24 是某公司人事档案管理子系统职工基本信息输入屏幕设计示例。该录入窗口灵活方便，数据的录入有安全检查过程，并尽可能地引导用户的操作，避免输入错误。例如，录入时间时可根据年月日顺序按习惯(如“2000.2.3”)录入；许多数据项的录入只需在列表中选择。

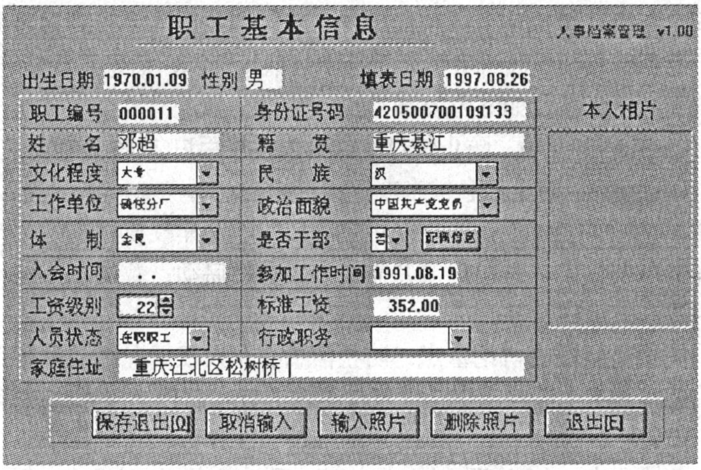

图 7-24 职工基本信息输入屏幕

7.10 系统的安全设计

近年来，信息系统的安全日益受到人们的关注。根据美国 IT 界企业团体 ITAA 的调查显示，美国 90%的 IT 企业对黑客攻击准备不足。目前，美国 75%～85%的网站都抵挡不住黑客的攻击，约有 75%的企业网上信息失窃，其中 25%的企业损失在 25 万美元以上。在 2000 年 2 月的 3 天时间内，Yahoo、eBay 等一批著名站点相继遭到黑客攻击，被迫关闭达数小时之久，造成直接经济损失 12 亿美元。

【例】 根据美国 Gutter 协会对 134 家 IT 公司在安全方面的状态调查结果：31%的电子商务网站没有防火墙；61%没有使用身份鉴定技术；44%低于防火墙平均技术水平；58%低于 SSL(安全套接协议层)平均技术水平；68%低于加密的平均技术水平；47%没有电子商务隐私政策；95%没有使用隐私密封技术。

据我国有关机构调查，中国近 90%的网站都存在着不同程度的安全问题，其中 40%

的网站可以轻易地攻破。自 1999 年以来，国内的主要商业网站都不同程度地遭受了来自黑客的攻击。根据公安部的统计，国内的计算机犯罪正在以每年 30%的速度增长。

计算机技术和通信技术的迅猛发展使跨越全球的宽带、高速综合业务数字网络(Integrated Services Digital Network，ISDN)的建立成为可能。基于 Internet 的全球信息基础设施(Global Information Infrastructure，GII)把全球的政治、军事、工商企业、教育等不同的部门甚至每个家庭卷入其中。与此同时又出现了大量的信息系统安全问题。

一、信息系统安全的定义

信息系统安全是指：组成信息系统的硬件、软件和数据资源受到妥善的保护，不因自然和人为因素而遭到破坏、更改或者泄露系统中的信息资源，信息系统能连续正常运行。

信息系统的安全概念涉及如下内容：

(1) 保密性(Confidentiality)，防止信息泄露给未授权用户(或攻击者)。

(2) 完整性(Integrity)，防止信息被未授权用户修改。

(3) 可用性(Availability)，不拒绝授权用户的访问，对非授权用户的拒绝服务包括以下 3 方面：临时降低系统性能；系统崩溃并需要人工重新启动；数据永久性地丢失而导致较大范围的系统崩溃。

目前信息系统安全问题的讨论重点：防止信息在非授权情况下的泄露，即保密性。保护信息完整性的技术基本上等同于保护信息保密性的技术，拒绝服务目前尚未予以重视。

图 7-25 是安全基本概念，用户 R(Root)、L(一般用户)、A(攻击者)直接或通过网络登录到服务器，服务器上有 3 个进程 SR、SL、SA(称为主体)分别代表它们，而被访问的对象 O1、O2、O3 称为客体，用户登录到服务器时首先必须通过服务器上的认证机制以表明它们是合法的用户，只有在服务器根据它们的身份分别授权后，才能访问客体。

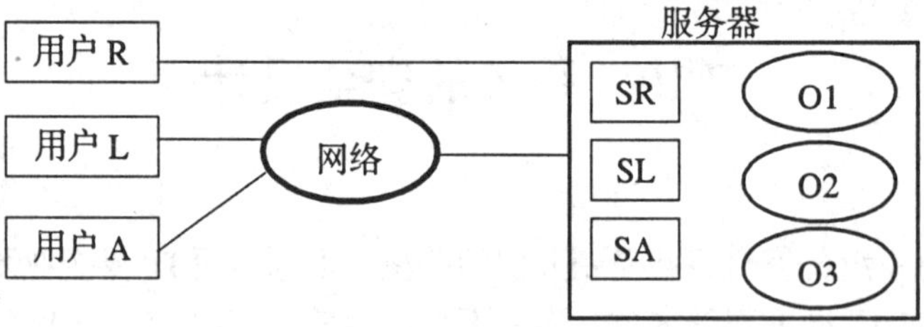

图 7-25　安全基本概念图

【例】　某公司研制出一种配备在笔记本电脑中的指纹辨识卡，以保证笔记本电脑的使用安全。该卡利用人的指纹图案，设计出一个专用配置卡，它提供的安全设定为：Windows 98 / NT 的登入、网络登入、软件保安、电脑使用权等。其中 Windows 98 / NT 的登入和网络登入是使用指纹辨识卡来取代传统的登入方式；软件保安为用户使用某些指定的软件时，必须通过指纹辨识系统的检查，才能使用此软件；用户可以使用指纹辨识卡设定电脑的 BIOS 系统，使用 Finger 工作方式，用户在开机时必须通过指纹辨识后才可使用此电脑。

美国 FBI 及香港特区警察均已采用了该指纹辨识系统。

【例】　第五次全国人口普查数据处理系统采用了基于 PKI 体系结构的数字证书认证技术和 SSL(Security Socket Layer)安全套接协议技术，完成对系统用户的身份认证和网络传输数据的加密。数字证书认证，是指利用非对称密码技术对用户身份进行验证。SSL 为用户和系统提供基于数字证书的双向身份认证和数据加密功能。

系统安全示意图见图 7-26。国家统计局设立 CA(Certificate Authority)数字证书认证中心系统，省级统计局部署 RA(Register Authority)系统，省级用户在访问人口普查数据处理网站之前，需要由本省统计机构填表注册，经省统计局确认身份后由国家统计局人口普查 CA 中心发放数字证书。国家统计局 CA 中心在数据处理正式开始之前为每个用户产生数字证书，并将证书保存在身份认证设备中，通过省、地市逐级发放到用户手中。用户在收到带有本人数字证书的身份认证设备之后，应首先在 PC 上安装身份认证设备和驱动程序，并在访问人口普查网站时插入本人的身份认证设备。安装在人口普查网站 Web 服务器上的 SSL 安全代理软件利用身份认证设备上的数字证书对用户进行身份验证，并在服务器和浏览器之间建立 SSL 安全通道，在安全通道中传输的数据都被加密。SSL 代理服务器还提供权限控制功能，经过设置以后，省级用户只能访问本省的人口普查网站。

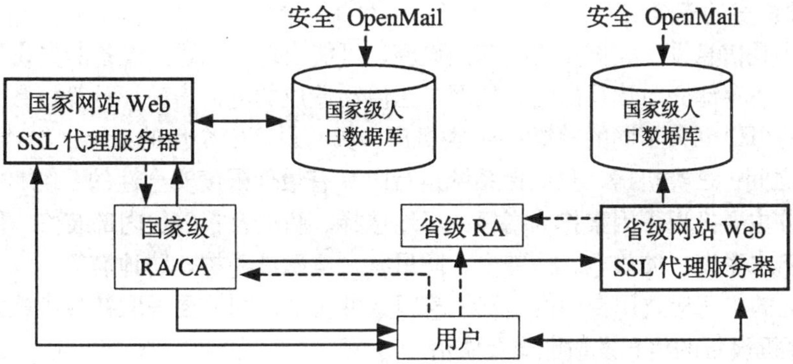

图 7-26　第五次人口普查系统安全示意图

二、信息系统的安全内容

1. 信息系统的网络安全

网络是新一代信息系统的基本构架。基于网络的信息系统能最好地发挥信息系统的作用，实现资源共享，使信息作为一种战略资源并带来巨大的经济和社会效益。必须保护信息系统的网络的安全。

企业内部建设 Intranet，缺乏安全的总体构想，存在固有的缺陷。例如：Internet 所依赖的 TCP/IP 协议，本身就具有一定的安全隐患。此外还有：路由器的安全隐患；ANONYMOUS FTP 的安全隐患；Telnet 的安全隐患等。

上述技术标准给科技、社会进步带来的巨大推动作用，我们现在还不能放弃这些技术标准，为保证信息系统和网络的安全，需要研究有关安全的策略和技术。

信息系统网络安全技术主要包括：

(1) 防火墙技术(Fire Wall)

防火墙是具有以下性质的组件集合：网络之间流动的信息不能绕过防火墙；只有经过授权的信息才能通过防火墙；防火墙本身是入侵免疫的。防火墙基本上可以分为以下 3 类：电路级网关、包过滤路由器、应用网关。

(2) 智能卡技术(Intelligent Card)

智能卡技术包括：智能卡安全软件；智能卡安全操作系统(COS)；智能卡安全密钥管理系统；智能卡安全发卡软件；智能卡的母卡和子卡安全依赖性；智能卡安全集成系统。

(3) 密码技术(Security Code)

密码技术包括在不同的场合下采用不同形式的密码。掌握各种不同的密码分析和密码破译技术。形成密码协议，掌握密码协议和密码协议的形式化分析工具。

2. 信息系统的实体安全

信息系统的实体安全是指保护计算机系统硬件和存储媒体的安全，不受自然和人为因素的影响破坏。

(1) 计算机房的安全

计算机房是信息系统实体重要的基础设施，可能出现的问题：设备的失窃及人为损坏、环境湿度过大使存储介质读写出错、电网电压波动造成的电冲击破坏计算机数据和设备。

计算机房可以划分不同的等级：A 类机房，具有最高安全性的系统；B 类机房，介于 A 类和 C 类之间；C 类机房，只确保系统运行时具有最低限度安全性的系统。

上述划分主要把以下因素作为指标：场地选择、防火及报警、内部装修、供配电系统、空调系统、防水系统、防静电、防雷击、防鼠害、电磁波防护、防地震等。

B 类以上的机房应选用专门的建筑。若因条件所限，则需要采取补救措施。

(2) 计算机设备的信息发射泄露及防治

计算机对外界的电磁干扰比较敏感，并影响它所处理信息的安全，它自己也产生电磁辐射。据有关资料介绍，当研究人员在 A 实验室用计算机处理数据时，隔壁 B 房间的专家可以用一台计算机同步显示 A 实验室计算机屏幕上的显示内容，这就是电磁辐射所造成的。计算机信息的发射泄露一般通过以下两个途径：

系统内部设备。如处理器、通信线路、转换设备、打印机、终端等都能产生电磁辐射信号。

系统外部线路。信号通过电源线、信号线、地线向外传导发射而导致泄露。

对计算机设备信息发射泄露进行治理，可采用以下方法：距离防护、噪声干扰防护、屏蔽、使用低辐射计算机设备等。

(3) 存储信息介质安全

存储信息的介质既包括各种打印、手写在纸张上的原始单据、图表，还包括存储数据的光盘、磁盘、磁带等。存储介质的妥善保存意义重大，并有利于在系统发生故障时迅速恢复数据，不致使整个系统瘫痪。存储信息介质安全可以考虑如下方面：

● 防止环境因素和误操作等对介质的物理破坏，例如：磁带因磁场的相互作用使数据发生错误、软盘的霉变、硬盘由于电冲击而丢失数据、光盘被划伤无法读出数据等。

● 介质自身的性质也是应该考虑的问题，例如，磁盘有一定的使用寿命，频繁地读写造成的坏道使数据存储可靠性降低。

● 注意对存储介质的备份，对无需实时改动的数据，可以刻录在光盘上。

● 为避免在介质被盗时数据被非法读取，可以将数据加密后再存储，除非有相应的读取软件，否则无法读取加密数据。

(4) 制定应急计划和保险

为减少意外事件对计算机信息系统的损害，必须制定应付突发性事件的应急计划。

【例】　1995年1月17日5时46分，日本发生7级地震。在这次大地震中，计算机设备经受住了严峻的考验，信息系统在很短的时间内就恢复正常。其经验具体如下：

● 快速反映的组织体制。一个良好的紧急行动计划和快速恢复计划，使得日本IBM、富士通等大公司的信息系统迅速修复。

● 备份体制发挥了重要作用。

● 救灾指南使工作忙而不乱，它保证有条不紊地恢复系统。

● 保险计划可以弥补一部分物质的损失。

3. 信息系统的软件安全

信息系统的软件安全是指保护信息系统中的各种程序及其数据、文档不被任意篡改和非法复制，保证计算机运行的软件是无害的。

(1) 设计、选择、安装安全可靠的软件

安全可靠的软件能使信息系统安全运行。因此要求软件具有很高的稳定性，在执行时不出现差错。即使出现差错也能自动防止错误的扩散。软件在运行中必须保证不破坏其他软件和操作系统，同时也不允许其他软件来破坏自己。

● 选择、安装和运行安全可靠的操作系统和DBMS。

● 开发安全可靠的应用程序。对所有的程序要进行安全检查测试，并定期对执行程序进行抽样检查，及时发现不安全因素，逐步进行完善，对应用程序进行加密处理。

● 尽量选择使用现有的安全可靠的软件。成熟的软件通常不是最时髦的，但它是可靠的；对各种软件的1.0版，要提高警惕；能够购买的商品软件，尽量不要自己开发。

(2) 加强软件安全管理

软件安全管理的措施主要有：进行软件的功能测试、加强软件维护、正确运行软件、妥善管理软件。

(3) 重视软件安全技术的研究

加强软件安全技术的研究，可以提高系统安全防护能力。主要的技术有：软件加密；软件固化；提高软件防病毒能力，提高软件产品标准化、工程化、系列化的水平。

4. 信息系统的数据安全

信息系统的数据安全是指保护信息系统内所存储的数据和资料不被非法使用和修改，保障系统中数据的安全性和纯洁性。

(1) 加强存取控制，防止非法访问

依靠系统的硬件、软件及管理控制来实现对系统的监测，完成对用户的识别。对用户存取数据的权限确认工作，保证信息系统中数据的完整性、安全性、正确性，防止合法用户有意或无意地越权访问，防止非法用户的入侵。

(2) 数据加密

加密可以保障数据安全，抵抗计算机病毒感染和破坏，保护数据库的完整性。主要的数据加密技术有：序列密码、分组密码、公开密钥密码、磁盘文件数据信息加密等。

(3) 网络加密

网络中有 3 种对传输数据进行加密保护的方式：链路加密、节点加密和点对点加密。

(4) 数据安全管理

数据安全管理的主要措施：防止数据信息泄露；防止计算机病毒感染、破坏；数据备份及安全管理。

5. 信息系统的运行安全与管理

强调保护信息系统的连续正确地运行。对系统进行监视，当发现某种不安全因素后报警或采取适当的安全措施，以改变不安全因素或者限制它的影响范围，控制不安全因素的扩散；注意防止计算机病毒对系统的侵入。

三、信息系统安全性的基本要求

常见的衡量系统安全性的基本要求如下：

(1) 安全策略(Security Policy)

明确的由系统实施的安全性规则的集合。例如：每个用户必须有一个口令，只有文件主才能改变文件的访问列表。在执行不同的安全级别同样的规则时，其具体要求会不同。

(2) 标识和识别 (Identification & Authentication)

惟一而可靠地识别每个主体，通常情况下主体为用户或者进程。

(3) 标记(Labeling)

一个客体(通常为文件)必须有一个安全标记，安全标记由安全级别和安全类别组成。

【例】 “绝密级”与“解密级”是两种安全级别；“国防部”是一种安全类别；“绝密级”与“国防部”组成一个安全标记。

(4) 可检查性(Accountability)

系统对影响安全的活动必须有完全的记录，如对建立新用户、改变安全级别等活动必须有系统日志。

(5) 保障措施(Assurance)

系统必须包含有实施安全性的机制，必须能够评价这些机制的有效性。

(6) 连续的保护(Continuous Protection)

实现安全性的机制必须受到保护，以防止未经批准的改变。

(7) 安全检测与评估

应对现有的信息系统安全性作出评估，企业的安全不仅要考虑安装必要的软件和硬件产品，对于防范黑客的攻击还需要有一批专业的技术人员，并为企业提供安全咨询。

【例】 可以用网络安全检测产品来检测网络安全，它将对可疑的行为进行自动的安全响应，能够分辨各种黑客攻击手段，使用户在受到危害之前提供报警和作出相应的防范措施，以便阻止非法的入侵和内部网络的误用，从而较大程度地降低网络的风险系数。

信息系统有严格的安全级别，例如，美国国防部对计算机系统安全进行了定义，并拟定7个安全级别，如表7-10所示。

表7-10　美国国防部对计算机系统的安全分级

类别	名　称	主要特征	例　子
D	低级保护	不分等级，无口令和权限控制	Windows
C1	任意安全保护	主体自己决定的安全保护，任意存取控制	UNIX，Windows NT
C2	受控的访问保护	C1＋安全协议，单独的可说明性，广泛的审核，附加软件包	SP2
B1	有标记的安全保护	安全标记，实现强制性的访问控制(MAC)，删去安全相关的缺陷，非正式的安全策略模型	
B2	结构性保护	更彻底地测试和审查，系统结构化为大体独立的模块，正式的安全策略模型	MULTICS
B3	安全区域	存取监督器(安全内核)，高抗渗透能力	
A1	验证设计	系统能力与B3相同，但要求形式化的最高级描述和验证，形式化的隐密通道分析，非形式化的代码一致性证明	

四、影响信息系统安全的因素

1. 影响信息系统硬件设备安全运行的因素

(1) 设备偶然故障。由电子元器件、集成电路板、机械装置、通信线路等构成的产品，各部件有不同的寿命周期，存在老化的问题，可能出现局部的偶然失效，产生意外结果。

(2) 设备的失窃及人为损坏。硬件设备的失窃和人为损坏会造成信息系统与环境的崩溃。主机、存储设备和存储介质的失窃，会带来软件和数据的泄露，威胁到系统的安全。

(3) 信息系统运行环境的影响。计算机系统对其所在的环境有一定的要求，需要进行防尘、防火、防水、防静电及防电磁干扰等的处理，需要对所处环境的温度及湿度进行控制，使设备能持续可靠地运行。

(4) 电源影响。信息系统的运行需要使用不间断电源，保证可靠的供电，防止各种脉冲、瞬变噪声、电压显著波动及停电等对系统产生的冲击。

(5) 电磁干扰。计算机设备易受到电磁波干扰，会辐射出带有信息的电磁波，导致信息泄露。由于永久性磁场会造成磁介质信息的变化，需要对机房内的磁场强度作出规定，对设备进行定期检查。同时，将磁性介质的存储设备存放在防磁屏蔽容器内。

(6) 重要信息记录和磁介质的管理。软件和数据信息存储在磁介质上，部分信息记录在纸、光盘等介质上，管理好这些存储介质意义重大，否则可能带来巨大的损失。

(7) 窃听。窃听是获取情报的一种重要的手段。计算机硬件是靠高速的电子脉冲来驱动的，它不断向周围发射电磁波，用高技术设备接收这些电磁波，可以进行复原处理，这就是计算机窃听技术的一部分。网络系统的信息还可能被从通信线路上窃取。

2. *影响信息系统软件和数据安全运行的因素*

(1) 系统软件和应用软件自身的缺陷

大型软件的开发需要有众人参与，如果协作不当、设计不周、开发人员的偶然错误、软件调试与测试中留下的断点、软件自身的容错能力不足等多方面原因，可能会造成最后交付的软件存在一些缺陷和隐患。

(2) 计算机病毒(Computer Virus)

信息系统中的软件和数据是计算机病毒攻击的目标。被病毒感染的一些软件，可能表面上还能"正常"完成规定的任务，但当受到恶性病毒的破坏时，轻则使软件自身损伤，破坏系统中的软件和数据文件，重则使整个信息系统瘫痪。

根据国际计算机安全协会(International Computer Security Association，ICSA)1997 年 4 月的报告：99.7%的企业受到过病毒的侵害，每次遭受侵害后，平均要使服务器停滞 40 分钟，需要 22 个人工、44 小时完成资源的恢复工作，并使企业浪费大量的金钱。

ICSA 还对如下对象进行了调查。北美 300 个大企业与政府机关的信息人员，企业网络环境需要超过 500 台计算机及两个以上的局域网络，至少有两个远程连接点。ICSA 公布了 1996～2000 年计算机病毒传播媒介比率统计报告，有关数据见表 7-11。由表可见，电子函件已经快速跃升为计算机病毒的最主要的传播媒介。

表 7-11 ICSA 1996～2000 年计算机病毒传播媒介比率统计报告

病毒来源	1996 年	1997 年	1998 年	1999 年	2000 年
磁盘	74%	88%	67%	39%	7%
E-mail	26%	26%	32%	56%	87%
Internet 下载	12%	18%	12%	13%	2%
其他	15%	20%	11%	13%	4%

(3) 计算机犯罪

信息系统中的信息具有经济、军事、政治等方面的重要价值，这些数据信息就成了罪犯盗取和破坏的目标。近年来针对金融信息系统的人为破坏，给我国造成了巨大的损失。

(4) 盗版软件的非法应用

盗版软件的非法应用也是影响信息系统安全的因素，这除了会造成软件的失密外，还会给犯罪人员提供分析、入侵、盗取和破坏系统的机会，并侵犯作者的知识产权。

(5) 管理机制不健全，业务人员的越权操作

管理机制的不健全，易被犯罪人员所利用，达到其犯罪的目的；业务人员越权访问，非法了解系统的其他部分功能和数据信息，增大了信息失密的可能性，并给信息系统的安

全带来重大影响，客观上起到了破坏系统的作用。

(6) 数据的保护措施不足

数据信息是计算机犯罪和病毒攻击的目标，需要足够的保护措施防止数据的非法使用。如果防护措施不足，则会造成数据的泄露、篡改和破坏等。

全世界每年由于各种原因而丢失数据，造成经济损失在数百亿美元以上，主要为人为原因。例如误操作、破坏、病毒、怠工/故障、电源问题等。据美国信息专家分析，1MB数据的损失其平均价值约为5 000美元(虽然不同的数据其价值不同)。据估计，由于无法恢复故障，计算机中因数据而造成的平均损失，如表7-12所示。

表7-12 计算机中因数据而造成的损失平均 (单位：US$/小时)

银行部门	安全部门	运行部门	制造部门	零售部门	电信部门	保险部门
262 975	450 794	145 167	411 712	139 856	354 217	106 219

据美国统计，每年因误操作、病毒、机械故障、电源问题或其他原因造成的数据损失占信息系统总损失的80%以上。一套软件或硬件系统损坏了可以重装，但宝贵的数据资源一旦被破坏或损失后则难以恢复。

3. 人为因素对信息系统安全运行的影响

信息系统的行政管理、人员素质、职业道德及责任心等，对系统的安全也有影响。

(1)安全管理的意识不够

国内在引进国外先进设备的同时，没有能引进相应的安全管理技术及措施，直到1989年计算机病毒在全国迅速蔓延后，人们才开始认识到安全管理的重要性。

(2) 计算机安全立法

计算机安全、计算机犯罪、计算机病毒等有关问题是影响信息系统安全的因素，需要用法律的手段来加强对信息系统的安全保护，目前这方面的工作还有待加强。

(3) 工作人员素质

并不是每个工作人员都了解和重视系统安全的意义。一名不负责任或者无知的工作人员，他的一个失误就可能给整个信息系统带来灾难性的损失。

(4) 信息系统安全人员

重要的信息系统必须配专职的安全人员。随着信息技术的发展，安全人员的责任也越重，他们的技术、素质、责任感、职业道德以及所采取的安全措施等，都将对信息系统的安全产生重要的影响。

(5) 领导的安全管理意识

领导的安全管理意识将影响和制约整个系统的安全，必须制定各种安全政策、法规，并认真贯彻执行这些政策，组织安全人员的选拔和教育培训，营造一个安全管理的运行环境。

7.11 制定设计规范

设计规范是整个系统的“公用标准”，它具体地规定了文件名和程序名的统一格式，编码结构等。应全面考虑制定好设计规范。下面是某单位人事档案系统的设计规范实例。

1. 程序文件名

格式：RAABBX

R——表示人事档案系统程序文件名。

AA——第二、三位字符表示文件类型，由两个拼音字母组成，用法如表 7-13 所示。

BB——表示文件作何种处理，由两个英文字母组成，用法如表 7-14 所示。

X——由一位数字组成，用以区分同类型程序，可以省略。

举例：RBDJL1——表示建立第一变动文件程序文件名。

表 7-13 文件类型

AA	文件类型
ZU	主文件
BD	变动文件
ZC	主处理文件
BB	报表文件

表 7-14 处理代号

处理代号	处理性质	处理代号	处理性质
JL	建立	TJ	统计
GX	更新	DY	打印
XG	修改	PX	排序
HB	合并	CL	处理

【例】 某工资子系统，其“程序名”为“更新工资主文件”，“程序文件名”为“RZUGX.PRG”，可见“程序名”是“程序文件名”的中文名称。

2. 数据文件名

格式：RDAAXX

RD——表示人事档案系统数据文件。

AA——说明文件的类型，用两位拼音字母表示，用法如表 7-15 所示。

XX——可以是一位数字，也可以是一个字母或字母带数字，用法如表 7-16 所示。

表 7-15 文件类型的代号

代号	性质	代号	性质	代号	性质
ZU	主文件	GZ	工资	GX	更新
YU	原始文件	ZW	职务	BD	变动
BM	编码	GH	工会	ZC	主处理
DW	单位	ZP	照片	BB	报表

表 7-16　符号 XX 的含义

代　号	意　义
1	表示同类文件之一
2	表示同类文件之二，对主文件、主处理或报告文件，2 表示复制文件
P	表示已排好序的文件
H	表示已合并好的文件

【例 1】　RDZU 表示工资主文件；RDBD1 表示第一变动文件；RDBDP1 表示已排好序的第一变动文件；RDZU2 表示复制的人事档案主文件。

3. 职工编号编码结构

格式：　nn——部门号。

ABCDE——工作证号，其中前四位 ABCD 是工作证号。

E——工作证号的校验位，其计算方法如下：

T＝3A＋5B＋7C＋11D

T/9＝Q … 余 R

E＝R

4. 各类代码

【例 2】 某程序中用的代码有：

88888 代表小计；99999 代表程序结束运行；DDDDD 代表擦除记录代码。

7.12　编写程序设计说明书

程序设计说明书以一个处理过程为单位，是用以定义处理过程的书面文件。这种说明书由系统设计员编写，交给程序员使用。程序员根据说明书指示内容进行程序设计。

说明书的编写必须清楚明确，并易于理解。程序设计说明书应当包括以下内容：程序文件名、所属系统及子系统名、程序的功能、程序的输入输出数据关系图、输入文件和输出文件的格式、程序处理说明(包括计算公式、决策表以及控制方法等)。

程序设计说明书的实例，如图 7-27 所示。

程序设计说明书

系统名：　财务系统　　　子系统名：人事档案子系统

程序文件名：　RZUGX.PRG　　　语言：Visual FoxPro

日期：　1998.8.6

一、输入

文件名	文件标识	设备	备注
上月主文件	RDZU1.DBF	D1	
主处理文件	RDCL.DBF	D1	

二、输出

文件名	文件标识	设备	备注
本月主文件	RDZU2.DBF	D1	

三、程序功能：更新主文件

四、程序处理过程说明

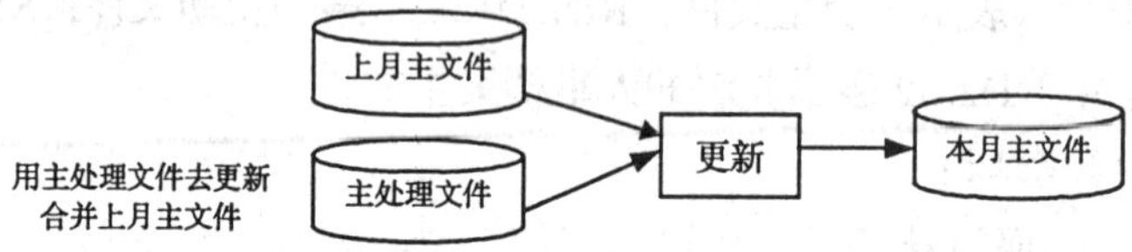

图 7-27　程序设计说明书

7.13　系统设计报告

系统设计阶段的最终结果是系统设计报告，也称为系统的物理模型。系统设计报告是下一步系统实施的基础和根据。它应包括以下内容：

(1) 系统总体结构设计方案

划分子系统、代码详细设计方案、系统物理配置方案设计方案、功能结构图设计方案、信息系统流程图设计方案、处理流程图设计方案、设计规范制定等。

(2) 具体的物理设计方案

数据存储设计(文件和数据库设计方案)、输入输出设计方案、编写程序模块设计说明书等。

系统分析和系统设计是 MIS 开发的重要工作，难度大，工作量大；而且这两个阶段所用的工作图表较多，涉及面广，比较繁杂。

系统设计报告完成以后，应交上级审批。一旦系统被上级批准，整个系统开发工作便进入实施阶段。

第八章 系统实施

8.1 系统实施的内容

系统实施是将新系统付诸实现的过程，在此阶段需要把系统设计得到的物理模型转变为能运行的真实系统。系统实施前应制定周密的计划，研究所需的时间和费用，监督系统实施工作计划的顺利进行。

系统实施的主要任务如下：物理系统的实施；程序编制；程序和系统调试；系统转换、运行与维护；项目管理等工作。

8.2 物理系统的实施

MIS 物理系统的实施包括计算机系统和通信网络系统的实施等工作。

一、计算机系统的实施

购置计算机系统的基本原则是能够满足 MIS 的设计要求，有一定的扩充余地，计算机系统的软硬件还应具有合理的性能价格比。计算机机房的湿度、温度等有特殊的要求。通常，机房要安装双层玻璃门窗，并且要求无尘。硬件通过电缆线连接至电源，电缆走线铺设在防止静电感应的耐压活动地板下面。为了防止由于突然停电，应安装备用电源设备，如功率足够的不间断电源 UPS。

当计算机设备到货以后，应该马上按照订货合同进行开箱验收。计算机系统的安装与调试任务主要由供货方负责完成，系统运行用的常规诊断校验系统也应由供货方提供，供货方还应负责机器使用操作的培训。另外还应注意售后服务等工作。

二、通信网络系统的实施

典型的 MIS 是一个由通信线路相互连接起来的各种设备所组成的计算机网络。网络系统的实施主要是通信设备的安装，如电缆线的架设等。此外，还有网络的调试等工作。

8.3 程 序 编 制

程序员编制程序的根据是系统的物理模型，并根据以下文档来进行功能结构图设计、信息系统流程图设计、处理流程图设计、输入输出设计、程序模块设计说明书等。

一、程序设计要求

程序设计首先应强调程序的可维护性、可靠性和可理解性，然后才是效率。

1. 可维护性

系统的可维护性是指确定系统中的错误，并修正错误所需作出努力的大小，它由系统自身的模块化程度、简明性及一致性等因素所决定。在以下情况需要进行程序维护：

(1) 一个程序在运行期间，往往会逐步暴露出某些隐含的错误并需要及时排除。

(2) 用户提出一些新的要求，需要对程序进行修改或扩充，使其进一步完善。

(3) 由于计算机硬件与软件的更新换代，应用程序也可能要作相应的调整和移植。

MIS 中的应用程序一般都要运行 3～10 年的时间，维护的工作量大。一个程序即使其他方面都十分理想，如果不易维护，那么它的实际使用价值也会很差。

2. 可靠性

软件系统的可靠性是用户十分关心的问题，特别是金融、交通、安全系统等。软件系统不仅应在正常的情况下正确地工作，在意外情况下，也应便于处理，防止造成严重损失。

3. 可理解性

程序应该逻辑正确、层次清楚、简洁、便于阅读。程序维护人员经常要维护他人编写的程序，一个不易阅读的程序，将会给程序的检查与维护工作带来很大的困难。

4. 效率

这里的效率包括程序效率和程序设计者的工作效率。

(1) 程序效率是指计算机资源(如时间和空间)能否被有效地利用。由于硬件价格大幅度下降，其性能不断完善和提高，所以效率已经不像以前那样重要了。

(2) 程序设计者的工作效率远比程序效率重要。程序设计者工作效率的提高，能减少经费开支，降低程序的出错率，进而减轻程序维护的工作量。

效率与可维护性和可理解性通常是矛盾的。在实际编写程序的过程中，人们宁愿牺牲一定的时间和空间，也要换取程序的可维护性和可理解性。为了提高程序设计者的工作效率，应充分利用各种软件开发工具，如 MIS 生成器等。

二、程序设计的内容

程序设计包含两部分内容：管理程序设计和业务程序设计。

1. 管理程序设计

(1) 支持程序设计

对厂家所提供的服务程序进行研究，如数据变换处理、故障对策处理、程序的调整和测试、文件更新管理程序、分类处理程序等，并根据实际需要进行修改或开发。

(2) 控制程序设计

就是将一个通用性强的操作系统特殊化，即从用户对系统的要求出发，进行系统的环境定义、功能选择、功能追加等编辑工作，使系统满足用户的各种要求，这一过程称为系统生成。也就是根据厂商所提供的软硬件资源和用户本身的要求，生成所需的计算机系统。这是管理程序设计的重要内容。

2. 业务程序设计

应根据不同的业务进行不同的程序设计。为了规范程序设计中的各种问题，需要使程序设计标准化，包括流程图标准化、编码标准化、标记标准化、文字书写标准化、子程序标准化等。

三、结构化程序设计方法

编写程序应符合软件工程的思想。软件工程的基本思想是利用工程原理，提高软件工作效率。软件工程方法之一是结构化程序设计方法，这种方法指导人们用良好的思想方法去设计程序，程序由以下 3 种逻辑结构所组成：

1. 顺序结构

顺序结构是一种线性、有序的结构，它依次执行各语句或模块。

2. 循环结构

循环结构是重复执行一个或几个模块，直到满足某一条件为止。 在 FoxPro 中循环结构由 Do While - Enddo 语句实现，一般格式为：

```
DO WHILE <条件>
    <命令组 1>
    [LOOP]
    <命令组 2>
    [EXIT]
    <命令组 3>
ENDDO
```

3.选择结构

选择结构是根据条件成立与否选择程序执行的通路。它有以下 3 种形式：

(1)选择结构之一

```
IF  <条件>
    <命令组 1>
ELSE
    <命令组 2>
ENDIF
```

(2)选择结构之二

```
IF <条件>
    <命令组>
ENDIF
```

(3)选择结构之三

```
DO  CASE
    CASE <条件 1>
        <命令组 1>
    CASE <条件 2>
        <命令组 2>
    …
    CASE <条件 n>
        <命令组 n>
ENDCASE
```

采用结构化程序设计方法，程序结构清晰，易于阅读、测试、排错和修改。由于每个模块执行单一的功能，模块间联系较少，使程序编制比过去更简单，程序更可靠，而且增加了可维护性，每个模块可以独立编制、测试。

8.4　开 发 工 具

一、常用开发工具简介

目前市场上能够提供给 MIS 选用的软件开发工具十分丰富。比较流行的软件开发工具一般可以分为 6 类，如表 8-1 所示。

表 8-1　常用软件开发工具分类表

分类	名　称	特　点	适用范围
程序设计语言	BASIC	解释型，功能很强，使用方便，有多种版本，与其他系统以及 DBS 的兼容性强	管理、工程和科学计算
	C	编译型，功能很强，函数丰富，结构化程度高，与其他系统以及 DBS 的兼容性强，还可写系统软件	系统软件、图形和计算
	COBOL	编译型，结构化程度高，可读性好(英语)，与 DBS 的兼容性强，适合于商务处理	管理软件
	FORTRAN	编译型，函数丰富，运算能力强	科学计算
	PL/1	编译型，功能很强，结构化程度高，便于商务处理	管理软件
	PASCAL	编译型，便于数据结构处理，结构化程度高	数据结构

续表

分类	名　称	特　点	适用范围
程序设计语言	LISP	编译型，逻辑功能强，函数丰富，结构化程度高	智能处理
	PROLOG	编译型，逻辑功能强，函数丰富，结构化程度高	智能处理
微机数据库	dBASE	解释型，功能很强，使用方便，有多种版本，与其他系统有很强的兼容性	小型管理软件和数据处理
	FOXBASE	解释型，功能很强，使用方便，有多种版本，与其他系统有很强的兼容性	小型管理软件和数据处理
大型数据库系统	ORACLE	容量大，功能很强，使用方便，有多种版本，与其他系统有很强的兼容性(推出前端开发工具 Develop/2000)	大型管理软件和数据处理
	SYBASE	容量大，功能很强，使用方便，有多种版本，与其他系统有很强的兼容性	大型管理软件和数据处理
	INGRES	容量大，功能很强，使用方便，有多种版本，与其他系统有很强的兼容性	大型管理软件和数据处理
	MS-SQL	容量大，功能很强，使用方便，有多种版本，与其他系统有很强的兼容性	大型管理软件和数据处理
	INFORMIX	容量大，功能很强，使用方便，有多种版本，与其他系统有很强的兼容性	管理软件和数据处理
程序生成工具	FoxPro Visual FoxPro	解释型，功能很强，使用方便，可帮助生成各种程序，是一种综合的系统开发工具	管理软件和数据处理
	dBASE-v	解释型，功能较强，使用方便，是一种综合的系统开发工具	管理软件和数据处理
	Visual BASIC	解释型，功能很强，使用方便，可帮助生成各种程序，是一种综合的系统开发工具	各类软件和数据处理
	Visual C++	面向对象，功能很强，使用方便，可帮助生成各种程序模块，是一种面向对象的系统开发工具	各类软件和 OO 方法
	CASE	综合型，功能很强，使用方便，是一种可以支持各种开发方法的大型工具	管理软件和数据处理
	Powerbuilder	综合型，功能很强，使用方便，可帮助生成各种围绕数据操作的模块，是一种综合系统开发工具	各类软件和数据处理
专用系统开发工具	Excel	统计分析功能很强，使用方便，图形功能很强，是一种很好的综合经营分析工具	经营分析 图形处理
	Lotus 1-2-3	统计分析功能很强，使用方便，图形功能很强，是一种很好的综合经营分析工具	经营分析 图形处理
	SDK	可以帮助开发和生成 C 语言程序模块	C 程序

续表

分类	名　称	特　点	适用范围
专用系统开发工具	SQL	可以帮助开发和生成各种复杂的查询模块	查询处理
	OPS	可以帮助表达知识和建立知识库系统	知识处理
CASE开发环境	Excelerator II	Intersolv 公司推出的 CASE 软件，用以帮助 MIS 的系统开发	管理软件
	Stp	IDE/SRA 公司推出的 CASE 软件，用以帮助 MIS 的系统开发	管理软件
	IEW	Narrageware/arthuryoung 推出的 CASE 软件，用以帮助 MIS 的系统开发	管理软件
	Design Aid	CASE 软件，用以帮助 MIS 的系统开发	管理软件
	青鸟系统	北京大学推出的面向对象的 CASE 环境	管理软件
客户机/服务器型工具	Delphi Client/Server	面向对象，功能很强，能够支持各种大型数据库系统的各种数据操作，所开发的系统能够实现客户/服务器类型的程序调用关系	管理软件、数据处理和网络系统
	C++Builder	同上	各类软件和OO 方法
	Power Builder Enterprise	同上，由 SYBASE 公司推出	管理软件、数据处理和网络系统
	UNIFACE	同上，由 COMPUWARE 公司推出	同上
	Term Enterprise Developer	同上，由 ORACLE 公司推出	同上

二、Visual FoxPro 5.0/6.0 简介

Visual FoxPro 5.0/6.0 是一个典型的关系数据库管理系统，其特点之一就是许多传统的编程工作可以自动进行。例如几乎所有的数据库操作都可以由各种向导器(Wizard)、生成器(Builder)和设计器(Designer)自动完成，用户不需要亲自设计程序界面，编写和调试程序的工作大大减少，大量的设计、编写和调试工作可以自动完成。

下面通过一个设计实例介绍 Visual FoxPro 5.0/6.0 的一般使用方法。在这个实例中，虽然仅使用了表单向导器(Form Wizards)，但它的打开方法和使用步骤与其他“三器”类似。

【例】 有一个表，表中有 8 个字段，分别记录公司职员的有关信息，下面是这个表

的结构，注意这些字段的数据类型。

表的名称：RSDA.DBF

字段名称：编号(数字型)、姓名(字符型)、性别(字符型)、出生年月(日期型)、婚姻状况(字符型)、职称(字符型)、工资(数字型)、照片(通用型)

实例：2002、王晓红、女、05/24/62、已婚、高工、5000、略

现在需要设计一个表单窗口，将这个表的 8 个不同数据类型的字段清晰、合理、美观地显示在窗口中。根据需要可以使用向导器建立显示窗口。以下是具体的设计步骤：

(1) 用键盘或鼠标选择工具(Tools)菜单。

(2) 用键盘或鼠标选择向导(Wizards)子菜单。

(3) 用键盘或鼠标选择表单(Form)项目。

(4) 用键盘或鼠标选择表单向导(Form Wizards)菜单。

(5) 选择表：输入 Rsda。

(6) 选择显示字段：按双箭头按钮，8 个都选。

(7) 选择显示式样：浮雕式样比较美观，选择浮雕式样(Embossed)。

(8) 选择排序字段：将工资字段排序，选择工资(工资字段)。

(8) 全部设计工作结束，屏幕上出现一面旗帜。

此时用户有 3 个选择：

(1) 将窗口存储到磁盘上，以后再显示。

(2) 将窗口存储到磁盘后，马上就显示。

(3) 将窗口存储到磁盘后，用更高级的表单设计器进行修改。

用户如果选择(2)，屏幕上将出现一个显示窗口，表中的 8 个字段清晰地分布在窗口中，窗口下部还有一排按钮，包括向前、向后、表头、表尾、查询、打印、添加、编辑、删除、退出等按钮，用户可以在这个窗口中完成几乎所有的常用数据库操作(如图 8-1 所示)。

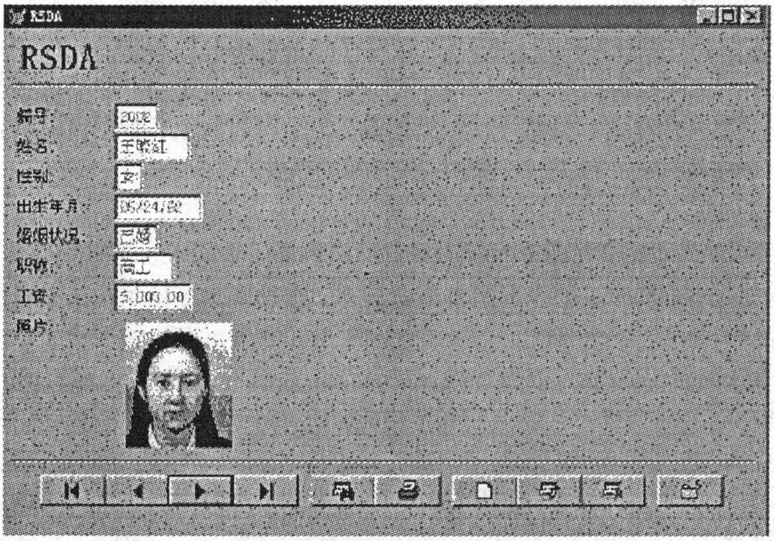

图 8-1　人事档案管理系统运行界面

8.5 程序和系统调试

程序和系统调试的目的是发现程序和系统中的错误并及时予以纠正。发现错误的方法主要有以下两种：

(1) 理论法。理论法是采用数学方法来证明程序的正确性。

(2) 实验法。实验法是指目前普遍使用的利用实验来进行程序调试的方法。

理论法比较困难，仍处于研究之中，目前还难以达到实用的程度。在实际工作中，所有的程序都必须经过具体调试才能证明其正确性。

一、系统调试过程

系统调试的过程是先进行程序调试，再联合调试，最后进行系统调试。

1. 程序调试(单调)

程序调试可以发现系统实施阶段的错误。程序调试不仅要测试正常情况下，还应测试在异常、错误情况下系统的运行状况，可采用以下的测试方法：

(1) 正确性调试

● 用正常数据调试。程序员采集一些具有代表性的真实数据，或者由程序产生一些数据来检查程序，运行结果与手工计算结果核对。

● 用异常数据调试。需要设计一些异常数据，特别是边界数据来试验程序对异常数据的处理能力。例如，输入职工的年龄为 5 岁，再进行测试。

● 用错误数据调试。设计一些错误数据来试验程序对错误的处理能力，包括显示出错信息以及容许修改错误的可能等。例如，输入职工的出生年月为 1970 年 10 月 35 日，看系统是否拒绝接受。

(2) 运行时间和存储空间的可行性

有些程序完全正确，但实际上不可行。例如某班组使用最优化方法进行生产计划安排，运行一次程序需要两个小时，虽然计算结果正确，但运行时间太长，难以根据它安排计划。程序调试的一个重要任务，就是实测程序运行时间存储空间。

(3) 使用简便性

有些程序在调试过程中发现使用起来不方便。例如，在输入一串数字时，不小心加进一个字母就会引起程序错误，要恢复又得重新输入。这种情况在程序调试中应进一步完善。

2. 联合调试(分调、功能调试)

联合调试(联调)可以发现系统设计阶段的错误。系统的应用软件是按处理功能分成模块，一个处理功能由一个或一个以上的程序构成，在单个程序调试成功后，需要进行联合调试。即把一个功能内所有程序联起来调试，检查各子程序之间接口是否匹配，数据传递是否正确，联合操作的正确性及运行的效率，以便保证内部控制关系的正确和数据正确。

3. 总调(系统调试)

总调可以发现系统分析阶段的错误。一般要在 MIS 所用的计算机系统上进行调试，如果条件还不具备，也可在同类型同等级的计算机系统上进行调试。其目的是保证调试出来的软件能完全适应硬件环境。总调的内容包括：

(1) 各子系统之间的接口是否正确合理。这和联合调试类似，但范围大得多。

(2) 系统运行功能是否达到系统目标要求。

(3) 系统遭到破坏后能否按要求恢复。

总调必须有充分准备。参加总调的人员包括系统分析员、设计员、程序员、操作员和一般使用人员。大家在一起讨论，明确总的要求，提出自己关心的问题。由系统分析员汇总，得出统一的目标，由系统设计人员负责制定调试方案，确定调试方法和步骤。

近年来，大型软件不断推出，为了使软件在用户正式使用之前更进一步完善，一些国外著名软件公司所设计的软件在上市前均要经过严格的测试步骤：

(1) α测试：检测软件是否达到设计要求，是否会导致死机和混乱。

(2) β测试：不断发现并纠正程序中的错误。

(3) 用户试用。

(4) 正式上市。

近年来，一些国外公司为推销他们的软件纷纷推出各种免费测试版本，并在互联网上供用户免费下载和试用，这样用户测试的范围更大。

二、系统文档

系统调试完毕，应编写文档。主要是编写操作说明书，完成程序框图和打印出源程序清单等。这套文档将提供给各种有关人员阅读，应采用通用的语言说明系统的各部分如何工作、维护、修改和恢复。

系统文档大致可分为以下 4 类：

1. 系统一般性说明文件

(1) 用户手册。给用户介绍系统全面情况，包括目标和有关人员情况。

(2) 系统规范。为系统的操作和编程等人员提供总的规范，包括计算机操作规范、管理规范、编程规范和技术标准等。

(3) 特殊说明。结合具体情况，有些特殊要求，有时是不断进行补充和发表的。

2. 系统开发报告

系统分析报告、系统设计报告、系统实施报告。

3. 程序说明书

整个系统程序的说明、程序流程图、作业控制语句说明、程序清单、程序试验过程说明、输入输出样本、程序所有检测点设置说明。

4. 操作手册

(1) 各个操作指令和控制台指令。

(2) 操作人员手册，告诉操作人员操作顺序、需要 I/O 的介质、程序中断时应采取的行动、例外情况的分析、各种参数输入条件、输出结果的分发等。

(3) 修改程序的手续，包括要求填表的手续和样单。

8.6　系统转换、运行及维护

一、系统转换

系统转换是指新系统代替旧系统的过程。系统转换工作包括数据文件转换，人员、设备、组织机构的调整，有关资料和使用说明书的移交等。其主要任务是使新系统逐步平稳地取代旧系统并正常工作。系统转换方式有以下几种：

1. 直接转换方式

这种方式是直接用新系统代替旧系统，中间没有过渡阶段。这种方式简单，节省费用，但风险大，很可能会出现很多意外的问题。使用这种方式应采取适当的措施，一旦新系统出现故障，旧系统能立即启动。这种方式不能用于重要系统。

2. 平行转换方式

即新旧两系统同时运行，对照两者的输出，利用原系统来检测新系统。一般分两步走，第一步以原系统的作业为正式作业，新系统处理作校验用；第二步以新系统处理为正式作业，原系统作业作校验用。这种方式下新、旧系统必须并行运行一段时间，并行运行的时间长短视业务状况及系统运行状况而定，短则 2～3 个月，长则半年到一年。新系统正常运行后，旧系统才能停止。这种方式易于发现和修改新系统问题，风险较小；但费用较高，在并行期内，人员、设备都需要双备份。

3. 分阶段逐步转换方式

这种方式是新系统逐步地替换老系统。这种方法可以避免直接转换的风险，又可避免平行转换费用大的问题。但必须事先考虑好新老系统的接口。

上述 3 种方式如图 8-2 所示，在实际工作中，往往将上述几种方式互相配合使用。

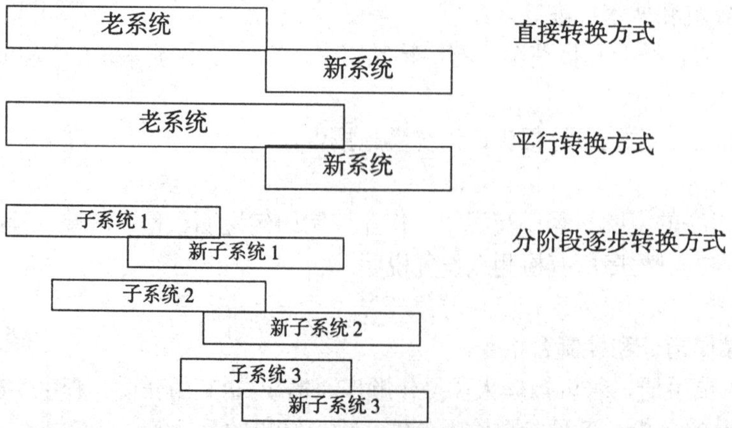

图 8-2　3 种不同的转换方式

二、系统运行管理

系统运行包括系统的日常操作和维护，应加强对系统的运行管理，使系统正常工作。MIS 的日常运行管理不仅是机房环境和设施的管理，更主要的是对系统每天运行状况、数据输入和输出情况以及系统的安全性与完备性及时如实地记录和处置。任何一个系统都要经过反复的开发、运行、再开发、再运行的不断完善过程。

信息系统投入运行以后，必须建立如下的运行管理制度：

1. 系统操作员操作制度

系统操作员在系统操作运行中起主要作用。操作制度内容：中心机房的管理、系统数据备份、恢复及共享数据的管理等。

2. 子系统操作员操作制度

子系统操作员负责子系统的管理和操作。操作制度内容：子系统终端的工作环境要求、正常工作职责及故障处理细则、各种操作流程等。

系统操作员及子系统操作员应每日填写工作日志。

3. 计算机房管理制度

机房的安全与清洁、上机操作规程、常见事故的处理方法和紧急事故的处理方法等。

4. 文档管理制度

文档管理人员的职责、文档保存、借阅、修改的管理细则及重要文档的安全保密制度。

5. 软件及数据库维护制度

系统维护期间需要修改软件和对数据库进行维护，应按规定的流程进行。

三、系统维护

系统维护包括对硬件系统的维护和软件系统及数据的维护。

1. 硬件系统的维护

硬件系统的维护由专职的硬件人员承担，维护分为以下两种：

定期的预防性维护。如周末或月末进行的例行检查与保养。

突发性的故障维修。由专职人员或厂商进行，这种维修有时间要求，以免影响系统的正常工作。

2. 软件系统的维护

软件系统的维护是系统维护中最重要的，也是工作量最大、耗时最多的一项工作。软件维护的含义是使程序和数据始终保持最新的正确状态。系统建成时所编制的程序与数据应随着外界环境的变化和业务量的增减等情况，进行即时维护，适应系统需求，并且研究系统的综合与简化，使其不断完善。

3. 软件维护的类型

(1) 正确性维护

正确性维护是改正在系统开发阶段已发生的而系统测试阶段尚未发现的错误。这类故障通常是由于遇到了以前从未有过的某种输入数据的组合，或者是系统的硬件和软件有了不正确的界面而引起的。有些故障不太重要，可以回避；有些则很重要，甚至影响企业的正常营运。

(2) 适应性维护

适应性维护是为适应软件的外界环境变化而进行的修改。例如操作系统版本的更新或计算机的更替而引起的软件转换。当“数据环境”发生变动，如数据库和数据存储介质的变动，新的数据存取方法的增加等，也需要进行适应性维护。

(3) 完善性维护

完善性维护是为了扩充功能和改善性能而进行的修改。例如，对已有的软件系统增加一些新的功能，修改程序，以便提高处理效率，根据需要还可以对软件进行优化设计。

(4) 预防性维护

为减少或避免以后可能需要的前三类维护而对软件配置进行的工作。预防性维护是为了减少以后的维护工作量、维护时间和维护费用。

4. 软件维护的内容

(1) 程序的维护

程序的维护是指修改一部分或全部程序。在变更通知书上写明新旧程序的不同之点，修改后还要填写程序修改登记表。

(2) 数据文件的维护

数据文件的维护有许多是不定期进行的，必须在现场要求的时间内维护好。维护时一般使用制造厂提供的文件维护程序，也可以自己编写一些专用的文件维护程序。

(3) 代码的维护

当有必要变更代码时，应由代码管理部门讨论新的代码系统，确定以后写好文档再贯彻。代码管理部门应由现场业务人员和计算机有关人员组成。

8.7　信息系统的工作人员

一、信息系统的工作人员

1. 信息中心负责人

管理系统的日常运行、规划，组织开发新系统，协调企业(事业)中各职能部门之间的关系。信息中心负责人应具有管理才能及计算机方面的丰富知识和经验。

2. 系统分析员

研究企业对信息的要求，指导并进行 MIS 的系统分析工作。系统分析员是信息中心的业务领导，应具有广泛的知识和 MIS 开发的丰富经验，并有一定的创造性和组织能力。

3. 系统设计员

根据系统分析的结果，进行 MIS 的系统设计工作，完成新系统的总体设计和具体的物理设计。系统设计员应具有较强的工作能力，广泛的知识，对 MIS 开发有丰富的经验。

4. 系统程序员(程序员)

根据系统设计报告编制、修改、调试系统程序。程序员应具有较强的逻辑思维能力，掌握计算机软件方面的知识，尤其是操作系统、DBMS 和有关的开发工具等，并熟悉管理业务。在程序调试完后，应负责系统日常运行中程序的维护工作。

5. 操作员

操作员不仅指终端的操作人员，也包括传输设备等所有硬件设备的操作和使用人员。操作员应具有一定的硬件知识，熟悉设备的操作和构造，能对设备进行简单的维护，还应掌握应用软件的使用方法。

6. 其他人员

包括硬件维修人员、文档及磁盘的管理人员等。

二、美国劳工部统计局对信息技术工作人员的分类

1. 计算机科学家

计算机科学家设计计算机，从事研究以改进计算机设计或应用、探索把计算机用于新用途的原理。他们具有较高水平的理论专长和创新能力，能解决复杂问题，创造和应用新技术。在学术机构就职的计算机科学家，其工作领域涉及理论、硬件、软件等，其中一些人从事跨学科的项目，例如从事发展工作和促进虚拟现实的应用。

在私营企业任职的计算机科学家通常从事如下领域的工作：运用理论，开发专用语言或者设计编程工具，开发以知识为基础的系统或者计算机玩具。

2. 计算机工程师

计算机工程师研究系统设计与开发的软硬件方面。他们通常是设计新的计算机装置或计算机相关设备工作小组的一员。软件工程师设计和开发软件包与系统软件。

3. 系统分析员

系统分析员能充分运用他们的计算机技术手段来满足某个组织的有关需要，他们用计算机研究经济、科学或工程的数据处理问题，并设计新的解决方案。包括规划和开发新的计算机系统或制定方案，并应用新的系统。系统分析员可以设计包括软硬件在内的新系统，或者增加单个的新软件应用以增强计算机的工作能力。他们还帮助某个组织并使得该组织通过对设备、人事和经营过程的投资中获取最大利益。

4. 计算机程序员

计算机程序员按照系统分析员和系统设计员的要求，编写和维护“程序”或“软件”的详细指令。计算机功能的增强，模糊了程序员和用户间曾经严格的区别。现在，熟练的用户承担了许多过去由程序员履行的职责。越来越多的高级软件包使用户和系统分析员可以自己编写程序。

MIS 的开发在理论上是按层次分工，例如系统分析员、系统设计员、程序员；实际工作中往往是按子系统划分，系统分析、系统设计、系统实施可能连着干。MIS 开发中，增加人员可能引起协调和综合工作时间的增加，有时增加人员不一定有明显的效果。

8.8 项 目 管 理

MIS 的开发和实现需要用系统工程的方法来统筹和协调，需要多方面的人员密切配合，需要采用科学的项目管理技术。不同人员对 MIS 项目管理的知识有不同的要求：信息管理专业的学生，应掌握 MIS 项目管理的知识和技能；非信息管理专业的学生和一般的管理人员，则应理解 MIS 项目管理知识。

一、MIS 项目管理的难关

MIS 项目开发的初始，企业管理过程的不确定性，处理方式因人而异，例外情况处理的比重较大；企业难以用书面方式描述现行的业务过程；难以完整地提出信息和功能需求。

MIS 项目开发中，管理过程的不稳定性：政策变化、组织结构变化、统计口径变化等都将引起企业管理方式的变化；即使 MIS 项目已投入运行，仍然可能需要经常改变。

MIS 项目开发结尾，新老 MIS 的转换大都采用平行转换方式，这将耗用企业管理人员的大量时间。

MIS 项目管理工作通常较难按时完成，主要原因是：工作量凭经验估计、工作难以预计、情况变化引起返工、企业配合存在问题。需要检查 MIS 项目管理工作完成情况，分析滞后原因，并及时调整计划。

二、MIS 项目管理

1. MIS 项目的开发进度控制

MIS 项目开发进度的控制途径：目标要适当粗些，不能过细；工作计划要留有一定的余地；及时交换意见，减少不确定性；明确 MIS 项目开发进度的特点，取得理解；尽可能保证“先头部队”按时到达。

2. 强调系统文档是 MIS 的生命线

在没有文档的情况下难以准确读懂一个比较复杂的企业 MIS，即使开发者本人在一段时间后再来读，也是非常困难的。MIS 系统文档是 MIS 的开发、运行、维护的生命线，一个没有文档的 MIS 是一个失败的 MIS。

3. 采用科学的项目管理方法

实现项目管理工作可以采用网络计划技术，例如计划评审技术(Project Evaluation and Review Technique，PERT)或甘特图(Gantt Chart)，以达到用最少的时间和资源消耗来完成预定的目标。

三、PERT 技术简介

1. PERT 图的符号

PERT 图的常用符号如图 8-3 所示。

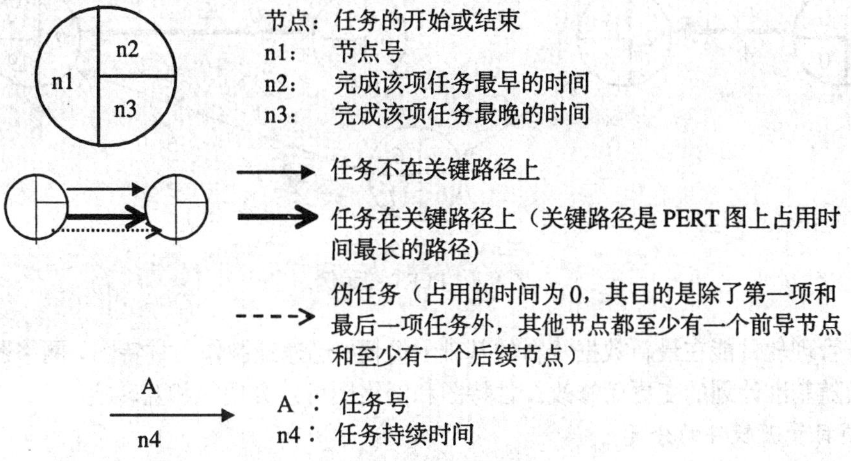

图 8-3　PERT 图的常用符号

2. PERT 图应用实例

图 8-4 是一个具体的 PERT 应用实例，粗线表示关键路线。下面计算项目进度：

(1) 计算网络中每个节点的最乐观时间(Earliest Completion Time，ECT)。计算公式：

节点 X 的 ECT＝前驱节点的 ECT＋节点 X 的持续时间

例如，对图 8-4

Node 5 ECT＝7(Node 3 ECT)＋6＝13

Node 7 ECT＝(15＋0) or(13＋6) or(6＋2)＝19(取最大值)

(2) 计算网络中每个节点的最悲观时间(Latest Completion Time，LCT)。计算公式：

节点 X 的 LCT＝后续节点的 LCT －节点 X 的持续时间

例如，对图 8-4

Node 3 LCT＝13(Node 5 LCT) －6＝7

Node 2 LCT＝(17－2) or(7－3)＝4(取最小值)

(3) 计算网络中最长时间路径(关键路径)

关键路径上所需时间＝4＋3＋6＋6＝19 (天)

四、项目管理软件简介

1. 项目管理软件的功能

项目管理软件的共同功能：计划、资源管理、日程表、预算及成本控制、进度安排、项目监督及跟踪、制作报表、处理多个项目及子项目、转入/转出资料、保密、排序及筛选、假设分析等。

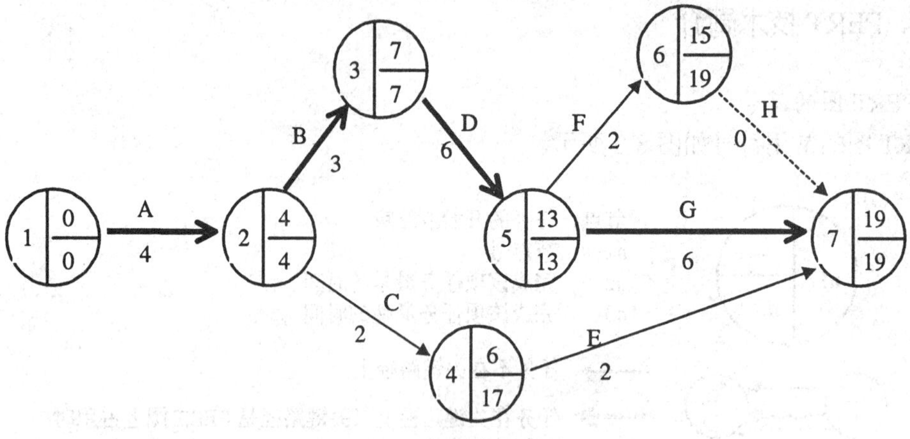

图 8-4　PERT 图示例

项目管理软件能在最新数据资料的基础上简便、迅速地制作出甘特图、网络图等图表。图表可以随基准计划的变更而修改。甘特图和网络图可以方便地相互转换。

2. 项目管理软件的分类

根据项目管理软件的功能和价位，可将项目管理软件分为高档项目管理软件和普及型项目管理软件两大类。

(1) 高档项目管理软件

高档项目管理软件的功能强大，价格一般在 2 000 美元以上，如 Primavera 公司的 Primavera Project Planner(简称 P3)软件、Gores 技术公司的 Artemis、ABT 公司的 WorkBench、Welcom 公司的 OpenPlan 等，这些软件专供项目经理管理大型项目时使用。

例如 P3 软件能处理的工序多达 10 万道，每道工序上可使用的资源数不受限制，还能提供资源均衡的功能。P3 还提供了 Webster for Primavera 软件，使用该软件的项目组成员可通过浏览器来访问和更新项目数据。

(2) 普及型项目管理软件

普及型项目管理软件的功能适中，价格便宜，如 Microsoft 公司的 Project 软件、TimeLine 公司的 TimeLine 软件、Scitor 公司的 ProjectScheduler 软件、Primavera 公司的 SureTrack 软件等，这些普及型的项目管理软件用于中小型项目的管理。

3. Project 2000 项目管理软件的功能和特点

Project 2000 发布于 2000 年 7 月，这是一种专门为企业管理而设计的项目管理软件，在全球占有 75%的市场份额。它提供了更有弹性的协同计划与项目追踪的能力，并将项目的任何信息自动传递给与项目有关的人员。其中基于 Web 的协同作业工具——Microsoft Project Central 让每个与项目有关的使用者都可以进行多向沟通并存取项目资料，使得项目管理的环境更适合企业进行大型项目管理，满足多人环境下的使用。

Project 2000 是一个易于使用、功能较全、经济的项目管理软件包，是项目经理的计划、分析和管理的强有力工具。它能够对复杂的计划进行可视化分析，让项目经理掌握任务之间的联系、项目进度的完成情况、实际成本的差异、资源的使用情况，找到瓶颈所在，制定出切实可行的项目计划。该软件还可以评估和平衡项目的资源和工作量。

该软件可以帮助项目经理解答如下问题：有哪些工作必须做？由谁来做？用什么方法做？什么时候完成？费用是多少？当前的进度如何？具体功能如下：

(1) 为用户提供完善的项目管理解决方案。帮助用户加强项目的计划和控制；增进项目信息的交流；为自定义的计划解决方案提供强大的工具。

(2) 统筹图使用单代号网络图。单代号网络图比双代号网络图更为简单、准确，并且不需要增设虚工序，具有绘图简便、便于检查、修改、计算机绘制容易等优点。

(3) 具有“硬约束和软约束”功能。允许项目经理利用“工具选项”对话框的“日程”选项卡中的一个新选项对违约任务进行重新安排。

(4) 具有“任务拆分”功能。利用“任务拆分”功能可以模拟现实世界中的任务中断。项目经理可根据自己的意愿建立任意数量、任意时间间隔的任务拆分。

(5) “投入比导向日程排定方法”功能。当项目经理为一个项目分配或撤走人员时，软件会随之缩短或延长活动的工期，但不改变项目的总工期。

(6) 能生成多种直观、规范的图表。如专门的甘特图和工作安排日历等。

(7) 可以用 Web 页面的方式发布用户的工程图表信息，也可用 Excel、Access 或各种 ODBC 兼容数据库存取文件。

(8) 具有项目间的链接功能。通过建立项目间的联系，可知道其他项目的变化对本项目的影响。

4. 使用项目管理软件的优点

项目管理软件的操作十分简便，易学易用，用项目管理软件可以方便地绘出格式规范、界面美观的图表；项目信息的记录、维护和更改十分方便；可以帮助评估项目的未来，减少计划的盲目性。

五、项目管理专业人员 PMP

项目管理已成为当今国际上新的管理热潮，许多人认为项目管理专业人员(Project Management Professional，PMP)有可能取代 MBA，成为各大公司争夺的热门人才。

项目管理能提供跨部门的解决方案、注重团队合作、降低企业的运行成本，并且还需要管理合同、了解财务状况、与客户高效地工作。项目经理与现代信息技术的联系密切，在实际的业务操作中，需要使用项目管理的应用软件，以处理大量的工作和进行全程的文档管理。项目经理比传统经理有更大的责权。项目经理们已被视为小型公司的 CEO。

美国项目管理学会(Project Management Institute，PMI)，于 1984 年制定项目管理的知识体系指南(Project Management Body of Knowledge，PMBOK)，规定了项目管理专业人员的知识范围。内容包括：范围管理、时间管理、成本管理、人力资源管理、风险管理、质量管理、采购管理、沟通管理和集成管理共九大知识体系。

每一位获取 PMP 资质证书的人员，为加强其专业的持续发展，还备有 PMI 提供的专业版发展计划手册，使所学到的知识永不落伍，具有更强的专业能力和职业道德。

除了美国项目管理学会(PMI)外，PMP 还有总部设在瑞士的国际项目管理协会(IPMA)。因此，PMP 能获得长远的技术和智力支撑，不断适应现代多变的环境。美国《财富》杂志认为，项目管理是首选的职业。

MBA 和 PMP 两者均属高级商务人才，都比较重视实际操作能力，有标准的知识规范体系，在人才市场上身价较高。不同之处在于，MBA 面向市场，体现个人的成功；而 PMP 面向客户，追求团队的共同努力去完成任务；MBA 从毕业走向社会后，其专业的发展全凭自身的努力，而 PMP 却在获得资质证书后，每 3 年都要审查其有效性。有的企业家感叹：在 100 名 MBA 中，很难找到 1 名 PMP。

第九章　系 统 评 价

9.1　系统评价的基本概念

一、系统评价的定义

系统评价是对一个 MIS 的性能进行全面估计、检查、测试、分析和评审，并用实际指标与计划指标进行比较，以便确定系统目标的实现程度，同时对系统建成后产生的效益进行全面的评估。系统评价可以促进系统设计目标的实现，提高投资效益。

由于评价目的不同，对评价所作的定义及评价的内容也不同。

(1) 投资者最关心投资效益，效益评价就成了系统评价的主要内容。

(2) 用户主要关心新系统是否在功能上能满足要求，达到预定的目标。

(3) 开发者希望通过系统评价，确定新系统的价值，明确需要进一步改进的地方。

二、对信息系统评价相关问题的认识

1. 信息系统评价的核心是软件评价

信息系统评价的核心是软件评价，对软件的评价不仅要从计算机技术的角度来进行评价，还要考虑管理、艺术、心理因素，包括用户的满意程度等方面的内容。

2. 信息系统评价过程贯穿系统建设的整个生命周期

在系统开发投入大量的人力、物力和财力之前，需要评价并进行可行性分析。

在系统开发过程中，需要评价以便修正系统开发的方向，务求最优。

在系统开发结束时，需要评价以便对系统的整体情况进行总结。

全部评价活动可分为 3 个阶段：事先评估、中期评价和事后评价。如表 9-1 所示。

(1) 事先评价

在项目未正式开始之前进行的评价称为事先评价。由于事先评价不可能确定性地进行判断，所以是一种预测性评价，通常是与项目的可行性研究结合在一起的。

可行性研究基于的是对即将开发的新系统方案的分析、对未来将要产生的效益的预测，以及对系统所处的环境、制约因素等方面的了解和掌握。

(2) 中期评价

从项目开始到最终完成之前所进行的评价称为中期评价。其目的是保证系统开发的质量和进度。中期评价的目的是将已实现的部分与计划的目标相比较，及时反馈和修正。

表 9-1 信息系统开发生命周期阶段及相应的评价活动

评价活动	系统分析	系统设计	系统实施
评价目的	确定项目是否是有益的和可行的，逻辑设计是否达到系统目标的要求	物理设计是否能实现逻辑模型的目标	功能、性能满足要求 全面、综合评价
评价方法或标准	成本-效益分析、多指标评估法，AHP、逻辑设计标准	详细设计的各类标准	编程标准、测试标准 成本-效益分析，多指标评估法，AHP

中期评价具体可分为以下 3 部分：

● 系统的逻辑模型评价

评价逻辑模型是否满足系统目标和功能的要求，系统总体方案的先进性和合理性，系统功能是否满足用户的需求，有关图表是否正确和符合标准。

● 系统的物理模型评价

包括对系统硬件和软件配置方案的详细设计、数据库和文件系统的设计、网络通信系统设计和程序模块设计的评价等。需要评价市场上待选择的软硬件，这包括对其功能的了解、性能的测试、性能 / 价格比的考虑、售后服务、技术支持能力等，还需要对不同厂家类似功能的产品进行全面的比较后，再做决定。

● 系统实施阶段的评价

应根据软件质量评价标准和有关的测试标准对开发的软件进行评价。

(3) 事后评价

在 MIS 全面建成以后，要根据新系统的设计说明书要求，对系统进行全面的、综合的测试、分析、检查和评估。事后评价往往和系统的验收、鉴定活动联系在一起。这也是系统今后进行维护活动的基础。对已建成信息系统的评价，通常要从系统开发本身、系统性能及系统应用等方面综合进行考虑。

9.2 系统评价的指标体系和评价方法

对信息系统的评价是复杂的，它至少包含以下两方面的工作：

(1) 确定描述信息系统主要优劣特征的指标体系。

(2) 用数学的手段建立相应的模型并计算出具有可区分性的结果。

一个信息系统投入运行以后需要分析其工作质量，对投入产出进行分析，对信息资源的充分利用程度进行分析，信息系统对组织内各部分的影响进行分析，这些都是 MIS 评价所要解决的问题。下面将介绍用层次分析法(Analytic Hierarchy Process, AHP)对 MIS 进行综合评价。

一、管理信息系统的评价指标体系

评价一个已建成的信息系统，首先要建立一个评价标准，即用一个统一的评价尺度，来确定从哪些方面来评价信息系统的优与劣，这称为评价的指标。评价的指标之间存在着联系或关系，将这些联系或关系连同指标一起表示出来，作为评价的一套标准，称为评价的指标体系。评价的指标体系可以根据评价对象和评价目的不同而具体设定。

各项指标之间并不是完全相互独立的，有些具有一定的相关性，必须综合考虑。通过大量的调查研究，可以将 MIS 的评价指标体系分为以下 3 方面，共 16 项指标。

1. 系统建设评价

(1) 规划目标科学性(C_{11})

分析 MIS 系统规划目标的科学性，并要考虑到经济上的可行性、技术上的可行性和管理上的可行性。

(2) 规划目标实现程度(C_{12})

分析所建成的 MIS 系统，是否达到或超过 MIS 系统分析阶段所提出的规划。它表明了信息系统对其预先确定的系统目标的实现程度。

(3) 先进性(C_{13})

MIS 是否满足了用户的需求，是否充分利用了资源，融合了先进的管理科学知识，使组织管理融于先进的信息系统中，系统的设计是否科学，是否有较强的适应性。

(4) 经济性(C_{14})

MIS 的投资与所实现的功能相适应的程度。

(5) 资源利用率(C_{15})

MIS 对计算机、外部设备、各种硬软件、信息系统资源的利用程度。

(6) 规范性(C_{16})

MIS 的建设应遵循相关的国际标准、国家标准和行业标准，有关文档资料应该齐全而且规范。

2. 系统性能评价

(1) 可靠性(C_{21})

MIS 可靠性由硬件系统的可靠性、软件系统的可靠性等因素所共同决定。可靠性往往是用户所关心的首要问题，特别是金融、交通、安全系统等。

(2) 系统效率(C_{22})

系统效率是指系统完成其各项功能所需要的资源，它是系统对用户服务所表现出来的与时间有关的特性。常用的系统效率指标包括：周转时间、响应时间、吞吐量等。

(3) 可维护性(C_{23})

系统的可维护性是指确定系统中的错误，并修正错误所需作出努力的大小，它由系统自身的模块化程度、简明性及一致性等因素所决定。

(4) 可扩充性(C_{24})

MIS 的处理能力和系统功能的可扩充程度，它可分为系统结构的可扩充性、硬件设备的可扩充性、软件功能的可扩充性等。

(5) 可移植性(C_{25})

系统的可移植性是指将 MIS 从一种软硬件配置环境移植到另一种软硬件配置环境下所需做出的努力。它取决于 MIS 中的软硬件特点、开发环境及通用性的考虑。

(6) 安全保密性(C_{26})

危及系统安全的原因有：系统软硬件的不可靠、用户无意的误操作、自然灾害及敌对者采取种种手段窃取秘密或破坏系统的正常运行。必须采取有效的对策及安全措施。

3. MIS 的系统应用评价

(1) 经济效益(C_{31})

MIS 所产生的经济效益，如降低成本，提高了竞争能力，改进服务质量，获得了更多的利润，通常把经济效益作为信息系统的主要目标。经济效益的评价可以采用成本-效益分析等方法。

(2) 社会效益(C_{32})

指对国家、地区和人类的共同利益所作出的贡献，它指那些不能用货币计算的非经济效益，通常 MIS 的社会效益远远大于其所见的直接经济效益。它体现在促进社会经济协调发展、提高科技水平、实现决策科学化、提高生产水平、为公众提供信息、合理地利用资源、保护生态环境等方面。

(3) 用户满意度(C_{33})

用户满意度是指用户对 MIS 的功能、性能、用户界面等各个方面的满意程度，并应考虑到人机界面友好、操作方便、容错性强、系统易用、屏幕设计合理、有帮助功能等。MIS 的价值通过应用得到体现，只有通过用户的认可才能投入使用。

(4) 系统功能应用程度(C_{34})

MIS 的目标和功能在 MIS 方案设计时就确立了，MIS 的目标和功能实现了多少，应用到什么程度，是否达到预期的目标和技术指标。

根据上面的分析，可以用层次分析法构造如图 9-1 所示的层次分析结构模型。

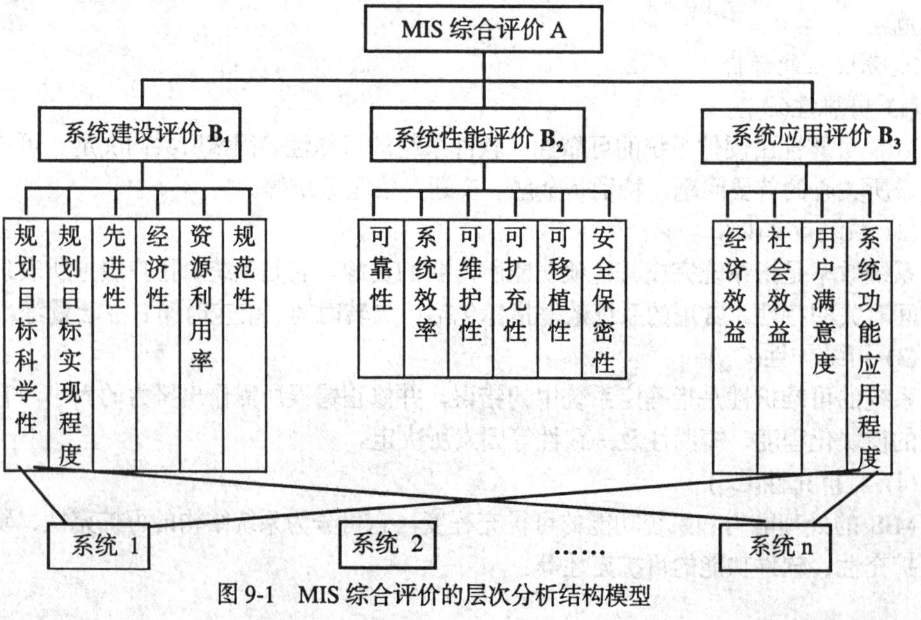

图 9-1　MIS 综合评价的层次分析结构模型

二、MIS 综合评价的层次分析结构模型应用

不同的 MIS 系统(如电力系统、一般的行政管理系统等)，其综合评价的层次分析结构模型和指标的权重可能有所不同，下面我们通过一个实例予以说明。

某上级主管部门准备对 3 个已经商品化，功能类同的 MIS 系统进行评价，以便择优推广应用。通过采用 Delphi 等调查方法，向 MIS 开发专家、管理人员、用户进行综合调查。汇总分析调查结果后可得到表 9–2 至表 9–6 的判断矩阵，并计算出有关的一致性检验结果。

第三层的组合一致性检验：C.I.＝0.0054，R.I.＝1.06，C.R.＝0.0147＜0.1。

判断矩阵 C-P 的数据予以省略，但计算及一致性检验的结果列于表 9-6。

表 9-2　判断矩阵 A–B

A	B_1	B_2	B_3	W
B_1	1	1/2	1/3	0.162
B_2	2	1	1/2	0.309
B_3	3	2	1	0.529

e_{max}＝3.011 2，　C.I.＝0.011 2
R.I.＝0.58，　C.R.＝0.009 6＜0.1

表 9-3　判断矩阵 B_1–C_1

B_1	C_{11}	C_{12}	C_{13}	C_{14}	C_{15}	C_{16}	W
C_{11}	1	1/2	1/2	1/3	2	1/2	0.101
C_{12}	2	1	1	1/2	3	1	0.177
C_{13}	2	1	1	1/2	3	1	0.177
C_{14}	3	2	2	1	5	2	0.312
C_{15}	1/2	1/3	1/3	1/5	1	1/3	0.056
C_{16}	2	1	1	1/2	3	1	0.177

e_{max}＝6.021 4，　C.I.＝0.004 3
R.I.＝1.32，　C.R. ＝0.003 2＜0.1

表 9-4　判断矩阵 B_2–C_2

B_2	C_{21}	C_{22}	C_{23}	C_{24}	C_{25}	C_{26}	W
C_{21}	1	3	2	3	7	3	0.350
C_{22}	1/3	1	1/2	1	3	1	0.126
C_{23}	1/2	2	1	2	5	2	0.230
C_{24}	1/3	1	1/2	1	3	1	0.126
C_{25}	1/7	1/3	1/5	1/3	1	1/3	0.043
C_{26}	1/3	1	1/2	1	3	1	0.126

e_{max}＝6.024 2，　C.I.＝0.004 8
R.I.＝1.24，　C.R. ＝0.003 9＜0.1

表 9-5　判断矩阵 B_3–C_3

B_3	C_{31}	C_{32}	C_{33}	C_{34}	W
C_{31}	1	2	1	4	0.336
C_{32}	1/2	1	1/3	2	0.161
C_{33}	1	3	1	5	0.420
C_{34}	1/4	1/2	1/5	1	0.082

e_{max}＝4.018 2，　C.I.＝0.006 1
R.I.＝0.9，　C.R. ＝0.006 8＜0.1

表 9-6　判断矩阵 C–P

判断矩阵	C_{11}• P	C_{12}• P	C_{13}• P	C_{14}• P	C_{15}• P	C_{16}• P	C_{21}• P	C_{22}• P
权重	0.016	0.029	0.029	0.051	0.009	0.029	0.108	0.039
W_1	0.462	0.344	0.462	0.162	0.535	0.462	0.333	0.462
W_2	0.369	0.535	0.369	0.309	0.344	0.369	0.476	0.369
W_3	0.169	0.121	0.169	0.529	0.121	0.169	0.190	0.169
e_{max}	3.022	3.025	3.022	3.011	3.025	3.022	3.061	3.022
C.I.	0.011 1	0.012 7	0.011 1	0.005 6	0.012 7	0.011 1	0.030 4	0.011 1
R.I.	0.58	0.58	0.58	0.58	0.58	0.58	0.58	0.58
C.R.	0.019 2	0.022 0	0.019 2	0.009 6	0.022 0	0.019 2	0.052 3	0.019 2

续表

判断矩阵	C_{23}• P	C_{24}• P	C_{25}• P	C_{26}• P	C_{31}• P	C_{32}• P	C_{33}• P	C_{34}• P	层次 P 总排序结果
权重	0.071	0.039	0.013	0.039	0.178	0.085	0.223	0.043	
W_1	0.109	0.309	0.309	0.109	0.462	0.231	0.274	0.309	0.315
W_2	0.570	0.529	0.529	0.570	0.369	0.554	0.632	0.162	0.478
W_3	0.321	0.162	0.162	0.321	0.169	0.215	0.095	0.529	0.207
e_{max}	3.005	3.011	3.011	3.005	3.022	3.021	3.027	3.011	
C.I.	0.002 7	0.005 6	0.005 6	0.002 7	0.011 1	0.010 3	0.013 6	0.005 6	
R.I.	0.58	0.58	0.58	0.58	0.58	0.58	0.58	0.58	
C.R.	0.004 7	0.009 6	0.009 6	0.004 7	0.019 2	0.017 8	0.023 5	0.009 6	

第四层的组合一致性检验：C.I.＝0.012 4，R.I.＝1.58，C.R.＝0.036 1＜0.1。

根据层次 P 总排序结果可知，系统 2 的综合权重最高，因此我们可以选择系统 2 进行推广应用。

MIS 的综合评价是一个比较复杂的问题，它牵涉到很多方面。本方法适用于多个功能类同的 MIS 系统评价，应该选择合适的人员对 MIS 进行评价，力求评价客观科学。

9.3　投资与效益

信息系统的开发与应用必须考虑其投资与效益。信息系统的投资除了硬件的投资之外，还包括软件的投资、经营维护费用和培训费用等。

一、MIS 开发的投资组成

1. MIS 的总体拥有成本

根据美国 Gartner Group 1999 年统计，在未来 5 年内，PC 及服务器的所有成本中：软硬件采购成本仅占 12%，17%为监督管理的费用，14%用于技术职员，还有 57%花在用户端操作，所有成本加起来称为总体拥有成本(Total Cost of Ownership，TCO)。

2. MIS 建设开发的总投资

在我国，MIS 建设开发的总投资主要包括：MIS 系统硬件、软件购置费；MIS 应用软件系统开发费用；其他费用，包括维护费用等。

MIS 应用软件系统开发费用约占总费用的 20%～30%。如果系统小，则该比例可适当提高一些，反之则该比例可适当降低一些。在 MIS 建设开发的总投资中，软件开发费用是系统开发中最具有创造性的，同时也是最不易准确估算的。

【例】　某电业局计划 1998 年开发局管理信息系统，总投资为 194.71 万元，具体如下：

(1) MIS 系统硬件购置费，包括：服务器、微机、路由器、交换机、网卡、配件、RT45 头、双绞线等，共计 71.46 万元。

(2) MIS 系统软件购置费，包括：网络操作系统、函件系统、防火墙软件、数据库系统、开发工具、其他软件开发工具等，共计 44.75 万元。

(3) 应用软件系统开发费用，包括以下几个部分(共计 64.5 万元)：

● 数据处理系统开发费，包括全部的 MIS 子系统。

● 接口软件开发费，包括本系统与上下级系统的接口软件、本管理信息系统与内部自动控制系统之间的接口软件。

● Intranet 应用软件系统开发，包括超文本处理系统、消息传递和工作流控制应用软件、Web 服务器与数据库服务器接口软件开发。

(4) 系统调试及其他费用，包括局域网安装调试费、应用系统软件推广费、不可预测费用等，共计 14 万元。

二、MIS 软件系统开发的特点

1968 年，美国 IBM 公司首先实行软件与硬件的价格分离政策。20 世纪 80 年代以来，软件行业快速发展，软件实行单独计价已在全世界实行。近年来，世界软件产业的产值增长迅速，成为发达国家经济发展的重要动力之一。在我国，保护知识产权、发展我国的软件产业，已得到人们的共识，但是目前我国在软件产值的统计上尚未建立统一的标准。

MIS 的开发具有时效性，要求开发 MIS 的周期应缩短，MIS 的正常运行时间要延长，以便提高 MIS 的效益。

MIS 开发中人力投入的多少并不能说明软件质量的高低，难以把软件的价格与人的因素完全联系起来。软件技术的更新换代快，种类繁多，软件的规模、应用范围、难易、复杂程度差别很大，软件的经济价值难以确定。

软件开发属于高级脑力劳动，其价值几乎完全由人们的主观而定，因此导致软件价值的评价差异增大。在我国，人们对软件的真正价值认识还不够。

三、应用软件价格的基本评估原则

软件的价值通常用以下的公式来进行计算：

$$软件的价值=(开发成本+流通费用+利润+税收)/预计销售数量$$

式中：

软件的开发成本指开发一个软件投入的人、财、物以货币形式进行计算而得到的费用。这部分费用相对比较稳定。

软件的流通费用指将具有潜在使用价值的软件变为人们所了解的，能满足一定需要，并且能够提供实际使用过程中所支付的费用(包括广告、宣传、促销、技术服务人员的开支等)，这部分的费用较大，而且随产品而异。

软件的利润与其质量和市场的占有率有关，并受到市场因素的制约，随意性较大。

软件的销售税收与软件的价格及利润的大小有关。

软件预计销售数量是指软件市场占有率的估计。通用软件的销售量比较大，专用软件的销售量比较小，MIS 软件大多属专用软件，它的销售数量通常为 1。

四、信息系统投资的估算

1. 国外应用软件价格的成本估算

美国等发达国家对软件的开发成本进行估算，主要方法如下：

(1) 自顶向下估算法。先对整个系统进行成本估算，再考虑子系统，把总成本逐步分解为各部分的成本，并考虑到所需的资源、人员、质量保证、系统安装等的成本。

(2) 自底向上估算法。先对开发各个子系统或每个模块的成本进行估算，再逐步相加。

(3) 相似比较估算法。把开发项目的工作分割到一定的程度，和过去的工作进行比较，对其中相同的或相近的部分用已有的数据进行估算，对不同的部分再用其他的方法估算。

(4) 标准花费估算法。按照规范把一些典型活动的花费制定成标准，把正在开发的项目活动进行分解后与标准进行比较，以便估算成本。

(5) Delphi 估算法。请多位项目经理、系统分析员或其他专家，利用专家的经验来评估软件的开发成本。注意背靠背地单独进行成本估算，直到专家的意见相近或一致。

2. 著名的软件成本估算方法——COCOMO 模型

1981 年由美国 TRW 公司著名的软件经济学家 Barry W. Boehm 提出开发软件的有关因素：程序量的大小、软件的开发方式、软件开发投入的工作量和工期等。开发软件的费用满足基本 COCOMO 模型(Constructive Cost Model，结构化成本模型)。

基本 COCOMO 模型可以表示为：$MM=a(KDSL)^b$。

MM——表示开发该软件所需的人月数(Man-Months)。

说明：若计算人时则把 MM 乘以 152、人日则把 MM 乘以 19、人年则把 MM 除以 12。

KDSL——千行交付源指令数(Thousands of Delivered Source Instructions)。

a、b——表示与软件开发环境和应用特性有关的常数，其值根据软件的类型、开发的条件和难度等因素而定。Boehm 综合了 13 位学者的成果，根据条件给出 a、b 参数如下：

● 有机方式：又称结构型。开发人员富有经验，并在熟悉的环境里开发软件，a＝2.4，b＝1.05。MIS 软件的开发通常为这种方式。

● 半有机方式：又称半分离型。介于有机方式与嵌入型之间的软件，a＝3.0，b＝1.12。

● 嵌入方式：必须在严格的约束条件下开发，产品必须在一个硬件、软件、规则和操作过程紧密结合的复合体中开发，例如电子资金汇兑系统，a＝3.6，b＝1.2。

(1) Boehm 提出的人月(工作量)计算模型：$MM=2.4(KDSL)^{1.05}$。

美国 IBM 公司统计局的 C. E. Walston，对软件规模为 4 000～467 000 行源代码的 60 个规模不同的软件项目进行统计，得到软件花费的人月数为 12～11 758 月，得到如下结果：

a＝5.2，b＝0.91。

Boehm 与 C. E. Walston 两种方法有差别，可供参考。

(2) Boehm 提出有机方式的工期(工作量)计算模型：$TDEV=2.5(KDSL)^{0.38}$。

若为半有机方式或嵌入方式，则 a 值均为 2.5，b 则分别为 0.35 或 0.32。

软件系统开发中对进度(工期 TDEV，Development Schedule)有一定的要求。软件系统开发的工期与软件的规模有密切的关系，并从软件产品设计阶段开始至开发周期之末，即完成软件测试后为止，并以月作为开发时间的计算单位。

按 Boehm 的理论计算，则 $TDEV=2.5(55.8)^{0.38}=11.53$ 月。

(3) 全日工作的软件人员：FSP＝MM / TDEV。

全日工作的软件人员(FSP，Full-time-equivalent Software Personnel)是指直接参与软件系统开发的人员，不包括辅助人员。

3. 我国软件开发成本估算方法

1985年由原电子工业部下发了“软件开发费用的暂行估算办法”(电子工业部文件(1985)电财字 1584 号)。该“办法”制定的目的是为了促进我国计算机事业的发展和软件产业的早日形成。

(1) 我国软件开发费用估算的基本公式

该“办法”确定的软件开发费用的基本公式为

$$C=(A+B)\times(1+R)$$

式中

C——软件开发费用，指软件产品的价值，包括开发软件产品所消耗的设备折旧及其他物质损耗、直接劳动成本以及软件开发人员对社会所创造的价值。

A——软件开发人员费用，包括软件开发人员的直接支出和所创造价值的估算值、辅助人员间接劳动的折算值。

B——软件开发中耗费的机时费，它与每一项开发项目所需的环境和条件有关。

R——是一个比例因子，包括经营管理、固定资产折旧、资料、差旅费用的综合考虑。软件的质量因素、难易程度也在 R 的取值中考虑设定，规定当时 R 的取值为 20%左右。

(2) 软件开发效率和机时数的估算

“办法”规定当估算一个软件项目所需要的开发效率和机时费时，可以参考国内外某些软件的开发经验，并应考虑所有文档的编写工作量。

“办法”规定，软件开发者与用户可以协商确定软件的价格。“办法”颁布的目的是为了使软件的劳动成果充分发挥其社会效益与经济效益，促使软件产品的商品化及流通。当然“办法”具有明显的时代背景，当时所确定的一些数据已明显不适合目前的需要(如：软件开发人员费用太低等)，但该“办法”对于我们评估软件的经济价值仍然具有指导意义。

五、效益分析

MIS 效益可分为直接经济效益和社会效益。

1. 直接经济效益

发达国家应用 MIS 都获得了显著效益。在美国运用 MIS 提高了生产率，加快了资金周转，并获利 10%以上；日本利用 MIS 后，压缩库存 6%，节约工资 20%，加快业务处理速度 27.5%。我国的计算机应用虽有差距，但仍产生了巨大的经济效益。

2. 社会效益

(1) 为企业领导提供及时准确的管理、财务、计划、人事等信息，为决策提供依据，提高了企业的竞争力。通过改善和加强管理，改善企业的形象。

(2) 增强组织对环境变化的反应和适应能力，提高竞争能力。减少决策的失误和事故。

(3) 提高管理人员的办公效率和管理水平，使他们有更多的时间从事研究和分析工作。

(4) 促使企业管理标准化、规范化，使企业在迈向市场经济的竞争过程中更具活力。

3. 效益实例

【例 1】　我国电力工业推广应用 MIS 取得了较好的效益，有关数据如下：

加强燃料管理，可节约燃料成本 1%～2%；加强基建管理，可降低造价 2%～5%；加强线损管理，可降低供电成本 0.2%～0.4%；改善计划配电，可增加收入 0.5%～1%；加强电费管理，可减少损失 0.5%～1%；加强物资管理，可压缩库存及流动资金 5%～10%；可提高劳动生产率为 50%～100%等。

【例 2】　根据《计算机世界》1998 年 6 月 22 日报道，我国机械科学研究院自 1997 年 7 月开始，选择了 150 家大中型企业作为对象，调查它们近 20 年来 MRP II 的实施情况，这项研究涉及到汽车、机械、电子、电器、制造、食品、石油化工、玻璃陶瓷等行业。有关调查结果如表 9-7 和表 9-8 所示。

表 9-7　企业计算机管理软件来源表

软件来源	企 业 数	百分比(%)
自行开发	13	26
合作开发	3	6
购国内软件	3	6
购国外软件	30	60
其他	1	2
总计	50	100

表 9-8　采用 MRP II 带来的收益

收　益	百分比(%)
库存周转率提高	35.2
库存减少	21.0
脱期交货减少	31.3
停工待料减少	28.6
突击加班减少	21.4
管理人员减少	9.0
采购提前减少	32

据报道，企业全面应用 MRP II 后：库存降低了 10%～40%；采购成本减少 2%～4%；发货费用减少 5%～15%；应收款的回收天数缩短 8%～15%；库存精确度水平提高 95%～98%；订单准时发货率增加 5%～25%。加快了资金和库存周转，缩短了生产周期，客户服务响应得到改进，有效地控制车间工作，提高设备效率和使用率等。

【例 3】　根据 PC WEEK 1997 年 4 月 21 日介绍，我国采用 CIMS 的 14 家企业已获效益：流动资金压缩 10%～60%，产品报价与设计周期缩短了 66%，使国有大中型企业的国际竞争力获得了普遍的提高。

成都飞机工业公司采用了 CIMS 以后，优化了麦道机头的生产，使机头生产周期缩短了 10%，库存积压下降 20%，工时完成率上升 50%，型号工程的试制周期缩短了一年，节约研制费 1 500 万元。由于采用了 MIS 系统，编制 MD/82 机头的物料表从过去的 8 个月、一批人员才能完成，变成现在不到 1 个月、少数人员就可以完成。特别是对复杂零部件的加工能力也加强了。

【例 4】　据美国科学院对该国在 CIMS 技术处于领先地位的 5 个公司的调查，采用 CIMS 技术可以使：产品质量提高了 200%～500%；生产率提高 40%～75%；设备利用率提高 200%～500%；生产周期缩短 30～60 天；工程设计费用减少 15%～30%；人力费用减少 5%～20%。

【例 5】　根据美国生产与库存管理协会(APICS)的调查：　应用计算机管理可降低库存量达 30%～40%；提高劳动生产率 10%～15%；提高资金周转速度 1.5 倍以上。

【例 6】　某厂建立了计算机销售核算 MIS，加速了资金周转，取得了经济效益。以年平均 6 500 万元流动资金计算，如果缩短资金占用时间 50 天计算，年贷款利率为 10%，则平均每年可节省利息 6 500×10%×50 / 360＝90.3 万元。节约了三个人一年的工作量：3 人×8 小时×300 天×7 元 / 小时=50 400 元

【例 7】　北京医科大学人民医院自 1995 年开始建立和使用“中国医院信息系统 CHIS”后，医院的门诊划价收费速度提高了 41.18%，医院年收入 2 亿多元，若增收节支率为 2%(保守地算)，则一年的净收益达 1 200 多万元。(该院有 1 200 张病床，每天门诊病人达 4 000 人，32 个临床科室，4 个研究所，5 个研究中心。)

【例 8】　美国某公司 MIS 开发费用效益估算分析(以美元计算)。

(1) 投资估算

① 系统开发费用(一次性投资)

人员工资：	
2 名系统分析员(每人 450 工时，$45/小时)	40 500 元
5 名软件开发员(每人 275 工时，$36/小时)	49 500 元
1 名数据通信专家(每人 60 工时，$40/小时)	2 400 元
1 名数据库管理员(每人 30 工时，$42/小时)	1 260 元
2 名技术作家(每人 120 工时，$25/小时)	6 000 元
1 名技术秘书(每人 160 工时，$15/小时)	2 400 元
调查期间整理资料的两名勤杂工工资(每人 40 工时，$12/小时)	960 元
培训费：	
开发人员培训：	7 000 元
用户培训：	10 000 元
材料费：	
复印费	500 元
磁盘、磁带、纸张等	650 元
软硬件购置费用	
* 2 台服务器	22 020 元
* 20 台电脑	40 700 元
Windows(供 20 个 Workstation)	1 000 元

内存扩充(20 个 Workstation)	8 000 元
网络软件	15 000 元
办公软件	20 000 元
新系统开发成本合计：	221 890 元

② 年均运行支出

人员费用：	
维护程序员/分析员(250 小时/年，$42/小时)	10 500 元
网络监理(300 小时/年，$50//小时)	15 000 元
软硬件升级购置费：	
硬件、软件	11 000 元
材料费及其他	3 500 元
年运行费用合计	40 000 元

2. 效益分析

(1) 直接经济效益：减少处理错误、增加生产率、缩短响应时间、减少工序、降低消耗、增加销售收入、加快经济转型、提高公司信用、降低信用损失、减少坏账损失等。

(2) 间接经济效益：获取顾客更多的好感、鼓舞员工的士气、提高职工的工作满意度、提供更好的社区服务、优化决策过程等。

说明：本例中，带“*”者系作者所加，汇率为＄1=￥8.5，其余摘自参考文献。

第十章 信息资源管理

10.1 信息资源管理的基本概念

一、信息资源管理的产生与发展

20 世纪 70 年代末，以美国为代表的发达国家开始从工业经济向信息经济转化。为了更好地发挥信息对经济发展和社会进步的作用，必须对信息有深刻的认识，再对信息进行管理。信息资源管理(Information Resources Management，IRM)这一概念在美国被提了出来。

IRM 形成于 70 年代末期，成熟于 80 年代中后期和 90 年代，90 年代的信息高速公路的发展，进一步带动了 IRM 的发展。

IRM 起源于多个领域，一般认为主要起源领域有 3 个，即管理信息系统、数据库行政管理和图书情报管理。许多专家还认为，政府部门也是 IRM 的发源地之一。

图书情报管理是 IRM 的原始形态，在工业化时代，信息是作为某种参考的形式出现，尚未上升到资源的高度。MIS 对信息管理的完整性加上 Internet 的开放性，使 MIS 对信息的管理上升为对信息资源的管理，这是质的突破。信息继自然、资金、技术、人才之后，成为又一种重要的资源，在未来信息化社会中，信息将是重要的资源。

目前信息资源的发展有如下主要特点：

(1) IRM 的发展势头已和 70 年代的人力资源管理(Human Resources Management，HRM)一样引人注目，并成为国际范围内信息研究的“热点”问题。

(2) IRM 的研究已深入到各个分支，包括 IRM 中的经济问题、IRM 的组织体制等。

(3) IRM 已开始从理论走向实践，如真正设立了信息管理的高级职位。

二、信息资源

信息资源有两种定义，即狭义信息资源和广义信息资源。

狭义信息资源是指信息的集合，即认为随着信息的大量生产和它所具有的不易损耗性使得信息激增成为资源。

广义信息资源包括信息、信息技术、信息生产者和信息设备等。本书中采用广义信息资源的概念。

信息资源具有如下特征：

1. 与其他资源的相似特征

和原材料、劳动力、固定资产一样，信息资源具有基本价值；具有可鉴别和可度量性；具有多种用途和作用；为了增加价值需要进行深加工；从获得到使用需要经过传递和交换环节；可利用合成替代物；既可以消耗，又可以用作资本。

2. 与其他资源的不同特征

与其他资源相比，信息资源具有一些独特的性质：

(1) 储量无限性

作为资源，信息的“储量”是无限的，永不枯竭的。由于信息资源产生于人类的社会经济活动之中，而人类的社会经济活动是一个永不停歇的运动过程，因此信息也总是处在不断产生、不断积累的过程中，故信息资源总是呈现出不断丰富、不断增长的趋势。

(2) 增值性

信息可以被多次利用、多次开发，不但不会被消耗，反而会不断生成新的信息。而自然资源的利用往往是一次性的，每用一次就要消耗一部分，更不可能增加。

(3) 主导性

信息资源具有开发和驾驭其他资源的能力。例如，无论是新材料还是新能源，其开发都有赖于信息的利用，信息在人类认识和实践过程中有着特殊的意义。

三、IRM 的定义及特点

1. IRM 的定义

IRM 的核心是对信息系统的管理。它有多种定义，本书采用 R. Mclead 在他的著作《MIS——基于计算机的信息系统的研究》中所引用的 M. Khosrowpour 对 IRM 下的定义：

IRM 是对包括信息、信息技术、信息人员和信息设备等在内的信息资源的管理。

2. IRM 的特点

(1)强调信息管理不能单靠技术因素，必须重视人文因素，强调信息管理不能局限于对信息或技术的管理，要突破对物的管理，走向对人和物的多因素的复合性管理。

(2) 强调信息商品和信息经济的概念，突出从经济角度进行信息管理，侧重信息领域的经济学理论的运用。

(3) 强调面向组织机构的信息管理，追求组织中信息管理的完善与优化，突出在组织中发挥信息的资源作用。

(4) 强调信息的战略管理和高层管理，即不满足仅仅在操作层次和执行层次实施信息管理，而要在战略决策和规划的高层次上强化信息管理。首席信息执行官(Chief Information Officer，CIO)这一社会职业的出现，标志着信息管理开始进入上层管理。

IRM 的概念扩充了 MIS 的传统定义，目前国外一些企业使用 IRM 定义，重新组织内部功能，其想法就是信息管理不应局限于当前已电子化信息的部分。应进一步将所有信息资源作为一个整体，才能发挥资源的整体效益。

3. 信息资源与信息系统的关系

(1) 信息资源的三要素中任何一个都难以单独存在并发挥作用，必须把它们按一定的原则加以配置组成一个信息系统，才能显示其价值。信息系统是对信息资源三要素的结合。

(2) 对信息资源进行管理，主要的任务都将归结到对信息系统的管理。

(3) 信息系统的效益主要取决于是否充分发挥了信息资源的作用。信息资源是一种战略资源，信息系统是一种战略武器。

10.2 信息资源管理的研究内容和作用

一、信息管理的发展阶段

按照信息管理的主要特征来区分，信息管理经历了以下3个主要发展阶段：

1. 传统管理时期

以图书馆(为代表)就开始了文献资料信息的管理，其主要特征包括：属于社会公益性质，以记录文献为对象，以人力手工劳动为主。

2. 技术管理时期

以电子数据处理为代表，其特征主要有：信息技术占主导地位，信息处理和传播实现高效率，各种信息系统的社会应用日益广泛。

3. 资源管理时期

以IRM为代表，以服务于管理为宗旨，从80年代起处于上升发展趋势，主要目的是应用各种信息资源达到组织的战略目标，并把对各种信息技术的综合管理看作是实现这一目标的基本手段，强调信息应该被看作是组织中有价值的资源，应被进行加工和控制。

二、IRM的研究内容

1. 组织中的信息管理

(1) 组织中的信息环境分析。包括对组织的结构、目标、管理观念、决策类型、评价方法的分析。

(2) 信息资源对组织机构的影响。包括各种信息资源对组织机构所产生的革命性影响，特别是信息对一个组织机构最高层决策的潜在影响。

(3) 信息与组织中的战略规划。强调信息能够而且必须满足组织机构总体战略目标需求，关注信息如何作为战略武器使一个组织取得竞争优势，研究信息资源与战略规划的关系。

(4) 信息构架 (Information Architecture)。研究如何在组织中建立信息构架使各类信息资源获得协调一致的发展，从而支持各种资源的合理分配，并提高资源利用的可靠性。

2. 信息管理中的技术/人文因素结合

(1) 信息技术的综合管理。IRM比MIS更加重视各种集成化技术——DP、远程通信、办公自动化的管理等，并认为应把它们作为一个整体看待。

(2) 信息系统设计思想。IRM提出了新的信息系统设计思想，未来的信息处理将是分散型的，信息管理的焦点将由集中管理转移到用户能力上。强调人在信息系统中的作用，努力研究集中与分散信息管理的平行问题和人在信息系统中新的角色问题。

(3) 信息政策。信息政策是对信息资源进行管理的一种基本手段，也可以有效地保证合理分配信息技术。信息政策应优先发展，需要研究信息政策、信息搜集、产生、所有权、完整性、可靠性的关系，也要研究与信息处理设备、软件维护、系统实现、信息财产管理人员和用户的关系。

(4) 信息法律。高度重视信息法律对信息管理的巨大作用，针对信息系统的安全问题、全球信息差距和国家信息主权开展研究。

(5) 人的信息行为与信息心理分析。研究信息系统开发过程中的用户心理、开发者与用户的位置关系、信息系统中的人员配备和责任义务等。

3. 信息资源开发和利用中的经济问题

(1) 信息价值与成本测算。研究信息价值如何像其他资源一样能被计算，并把信息作为财产来管理作为一项主要原则。

(2) 信息资源的合理配置。研究信息资源配置的特性以及信息资源在信息生产、物质生产等过程中的配置方法与规律。

(3) 信息市场与信息产业。研究信息市场的形成、发育及特征，研究信息产业的概念、结构、成长环境、目标模式与发展战略。

(4) 信息的经济关系。研究信息生产、流通和利用中的经济关系和经济利益问题。

4. 信息管理的实施战略与实施体制

(1) 信息管理的实施战略，包括制定数据标准作为公共财产的数据的使用规划，研究从软件生产率到信息生产率的转变，研究 IRM 的手段和功能建设。

(2) 信息资源的管理体制，包括数据资源计划管理、系统生产周期管理、数据利用服务管理、数据存储管理等。

(3) 信息管理的职业地位。信息管理应进入高层管理，应在权力结构中得以确定，对 CIO 的职能、地位、特征等进行研究。

三、IRM 的目标

IRM 的研究有广泛的目标，目前主要有 3 个目标。

1. 维护信息的资源观念

应当改变对信息的传统观念和政策，使信息在组织机构的各项活动中被视为一种资源、一种重要的财产，并建立起一种环境，使一个组织中的全体信息作为一个整体被对待。

2. 建立信息管理的职业地位

需要设立 CIO 这一高级职位，使信息管理和信息管理者地位合法化。

3. 综合管理全部信息资源

即将信息、信息技术、信息设备、信息部门和人员合成一体，统一配置、综合管理。

诺兰在解释阶段论模型中曾指出，信息管理的对象将逐步从计算机转向信息资源。他强调要充分认识信息资源的本质和特点，从而实现数据的有效利用与开发，并将它与组织中的其他资源一样予以综合利用。他还强调信息资源遍及整个组织，除数据处理部门要管理外，其他部门也要关心。

四、IRM 的意义与影响

展示了一个新的重要领域，它促使信息管理成为管理世界中一个独立的新领域。在此之前，信息管理并未作为一个单独的管理领域而出现。

延伸和发展了 MIS，IRM 保留了 MIS 中的“信息(I)”和“管理(M)”，而将“系统(S)”扩展为“资源(R)”，并把传统的信息扩展为信息、信息技术、信息设备、信息人员等全部信息资源。IRM 的研究也将延伸到：组织中的信息环境分析、信息对组织机构的影响、组织中的战略规划、信息构架问题，而且还从会计学角度，将信息作为财产来管理，研究信息价值、信息成本、信息政策、信息技术等。

10.3　信息资源管理和首席信息执行官

为了保证对信息资源的有效管理和充分开发利用，迫切需要在组织中有一位能在决策者的位置上对信息资源进行管理，协调不同部门间的信息关系的高级官员，这就是首席信息执行官 (Chief Information Officer，CIO)。CIO 是信息资源管理的一个较高级的形式，他通过行政的手段赋予信息管理人员很高的权利，正如美国加州大学伯克利分校黄硕豪教授说，“CIO 是企业 IT 的基石，……，IT 的未来，取决于今天的 CIO。”

一、CIO 的概念

CIO 负责对全公司的信息资源进行管理和控制，并负责制定公司的信息政策和有关标准。

国外一些大公司的“首席执行官”(Chief Executive Officer，CEO) 是公司的总裁。CIO 和 CFO(Chief Finance Officer，首席财务执行官)则是公司的副总裁，他们共同管理公司的事务，对涉及公司长远发展的问题进行最高层决策。

CIO 与我国一些单位中设立的“信息中心主任”的涵义有很大的区别，“主任”是一个部门领导，他只负责向管理层提供数据，并不参予决策；而 CIO 不仅参予决策，并且是公司仅次于总裁的管理人员。

CIO 这一概念的出现和地位有其发展的历史背景和现实的需求。CIO 属于一种信息管理职位。这种职位从 50 年代起，经历了如下 4 个阶段：

(1) 计算中心主任

20 世纪 50 年代，一些国外企业开始装配计算机，成立计算机中心，计算中心主任是新的电子设备的管理者。

(2) EDP 经理

20 世纪 60 年代开始流行数据处理这一术语，称该部门经理为电子数据处理经理，因为是按工作的功能来称呼的，所以是一种进步。

(3) MIS 主任

20 世纪 70 年代，人们认识到电子数据处理部门不只是包括计算机，而信息系统这一术语更能准确地反映 EDP 经理完成的功能，MIS 的普及和发展，使 MIS 主任这一头衔被广泛使用。

(4) CIO

80 年代，由于信息管理职能的扩展和重要性的提高，诞生了 CIO。

从计算中心主任到 CIO 的演变过程反映了信息技术在企业中的应用和对企业经营管理的影响。信息技术在企业的应用经历了两大阶段：

(1) 初级阶段的应用仅仅是技术性的，名之为“管理的信息化”，计算机仅被看作经营管理的辅助工具。

(2) 高级阶段的应用则是战略性的，名之为“信息化的管理”。在这个阶段上，信息系统变成了企业的神经系统，它反映了企业管理制度和经营思想的战略性变革。

1986 年，美国商界的主要媒体——《商业周刊》发表了一篇题为“管理领域的新星：迎接 CIO”的文章，对 CIO 职务在公司普遍设立起了很大的推动作用。

工商界首先提出了 CIO 的概念，而不是信息界，CIO 的出现是时代的产物，是全球经济由工业经济向信息经济过渡的必然。目前，美国、日本以及欧洲的经济发达国家的许多企业都实行了 CIO 体制。排在世界前 500 名的最大企业中 80%以上实行了 CIO 体制。美国政府在其各部门中设立了 CIO 这一新职位，委派副部长或部长助理级官员担任此职，以便从较高层次上负责信息工作。

我国引入 CIO 概念是近几年的事。1996 年 5 月召开了第一次由各大部委高级信息主管参加的“CIO 国际研讨会”，加之新闻媒体的关注和报道，使 CIO 的概念在我国开始得到传播；但其影响范围还是相当有限的，许多企业领导和政府部门对 CIO 不了解，更谈不上设立这一职位并让其享有大的权力。

二、CIO 的主要职能

作为高层管理人员，CIO 应运用其信息优势，有效地参与公司的重大决策，帮助公司制定发展战略。这是衡量他能否胜任“信息主管”的首要标准。

作为统管全公司的信息资源或信息资产的最高负责人，有效地管理和开发利用这些信息资源，使这些资源与公司的计划和目标联系起来，为实现公司的目标发挥作用。

作为分管信息技术部门和信息服务部门的最高负责人，他应该正确地规划公司信息基础设施(CII)建设策略，不断加强 CII 的建设，以适应公司的发展需要。同时，他要负责信息费用的预算编制，使信息资产资本化(如为信息产品定价，使信息服务增值)。

作为一个资源管理专家，他应指导公司高中级管理人员更有效地利用公司内部和外部的信息资源，为公司各部门的信息管理人员提供咨询服务。

根据需要，公司也可以授权 CIO 负起其他方面的责任，如在人力资源管理、项目管理、联系客户和公关等方面提供帮助。

CIO 在公司拥有诸多的权利和职责。权利总是和职责相当的。CIO 的职责要求他有较高的个人素质，这些素质包括：

(1) 综合素质高。不仅专业知识扎实，而且还应熟悉许多相关领域的知识和技能，包括文化功底好、语言能力和交际能力强等，并具有综合运用上述知识的技能。

(2) 通晓信息技术，能紧跟信息技术的发展步伐，为公司和企业选择合适的信息技术和设备，并加以充分利用。

(3) 信息运用能力强，能主动地获取信息，善于从大量看似无关或无用的信息中识别筛选出有用的信息；能对信息进行深层次的加工，使其增值，成为公司决策的依据。

(4) 具有管理能力和领导才能，有远见和魅力，能处理好各种非常规事件，善于与人沟通，有凝聚力，能承受各种压力，心理素质好。

CIO 是作为高级技术人才和高级管理人才的完美结合而存在的，其成功取决于对高新技术的掌握和运用以及通过管理将信息资源转化为生产力和经济效益的能力。

三、CIO 对 IRM 发展的影响

提高了 IRM 的职业地位。长期以来，信息管理专业人员一直处于配角地位，CIO 的出现改变了这种状况。IRM 的管理者 CIO 具有了政府副部长、企业副总裁的权力，从而使 IRM 能发挥更好的效用。

扩大了 IRM 的研究领域。CIO 不仅要对信息进行管理，还要对涉及信息活动的各种要素：信息、技术、设备、人员等，进行多方位管理。如果让仅处于中级管理层次并且具备技术背景的信息管理者来负责，那将是困难的。

早期 MIS 的失败，主要原因在于对信息资源的管理认识不足，以及高层管理者的参与不力。而开发成功的 MIS 则充分利用机构所拥有的各类信息资源。

确立了 IRM 新型体制。由于政府部门和企业对信息技术所投人的巨额资金增多，而组织机构中信息流向变动和信息资源分配牵涉到现行机构的权力分配问题，使得 IRM 体制问题日益突出。CIO 体制的特点就是由最高经营决策层全面统筹负责 IRM，下设专门的办事机构，各分支机构视信息业务量的大小而决定是设立专门信息机构还是仅设立专门信息人员，这样就确立了以 CIO 为首的新型 IRM 体制。

10.4 信息资源的开发、组织与利用

一、信息资源的开发

信息资源是一种重要的社会资源，需要不断地发现信息资源的新功能，开拓信息资源在社会经济发展过程中的新用途。信息资源是一种概念性资源，开发信息资源就是对知识的开发、科学技术的开发、对生产技能和管理技能的开发。

信息资源的开发主要包括：信息的开发，即努力发现信息源、开拓信息流通渠道、扩大信息存储量和提高信息的时效性、准确性等；信息技术的开发，即不断研究新的信息存储技术、传输技术和加工技术等；信息管理人员的开发，大量培养不同层次的信息管理人

员，特别是系统分析员和相当于CIO的高层信息管理人员。

二、信息资源的三种组织结构

1. 功能组织结构

它是根据人们在 IRM 中能承担的功能进行划分而形成的结构，它通常是树型结构，树根是信息资源的最高层管理者，下设信息资源的技术服务管理者、操作管理者和开发管理者。其中开发管理者又分为系统分析员和程序设计员等。该结构的优点是人员的专业化。

2. 产品组织结构

适合于面向产品的组织，它按产品类型或服务类型进行结构划分，它通常也是树型结构。每一个分支都对应某一类产品或某一类业务的部门，都有自己的信息资源。该结构的优点是因为受用户管理部门的领导，开发的信息系统更容易反映用户的需求，但是用户难以对某些信息技术及功能加以管理，而部门中的 IRM 人员也难以获得职业发展的机会。

3. 矩阵组织结构

当信息系统功能分散在组织中不同的部门时，矩阵结构就成为一种适合解决协作问题的组织形式。这种结构是功能组织结构和产品组织结构的复合结构，每类产品或业务的有关信息资源管理者不仅要受该类产品或业务的负责人领导，而且要受承担相应信息资源管理功能的负责人的领导。以企业为例，销售信息系统的开发者一方面应向信息系统开发管理者报告，另一方面又应向销售业务管理者或称销售业务经理报告。这类系统适合于那种分散开发、集中操作加技术服务的管理形式。

10.5 信息能力

信息能力就是对信息资源的开发和利用能力，包括对信息技术及设备的利用能力、信息化人才和人口素质、国家对信息产业发展的支持情况等。

根据国家统计局国际统计信息中心 2000 年初对全世界 28 个主要国家和地区(包括发达国家和发展中国家)信息能力进行测算和比较，结果显示中国的信息能力还处于世界的较低水平。有关国家的信息能力总指数：美国 71.76，日本 69.97，澳大利亚 65.59，加拿大 59.40，新加坡 57.07，荷兰 54.06，英国 53.45，德国 53.25，新西兰 52.32，法国 49.26，中国为 6.17。

第十一章 Intranet 平台设计

11.1 Intranet 概述

Intranet(企业内部网)主要采用 Internet 中的 TCP/IP 和 Web 技术来实现，同时借助防火墙，建立企业内部网与外部的 Internet 的隔离与联系。网络内部是以 Internet 的运作方式进行，而 TCP/IP 技术又能使内部网与全球的 Internet 方便地连接起来。企业内部的任何一名职员，不管他采用何种硬件平台，都能够访问 Internet。

一、企业使用 Intranet 的原因

1. 用户对于软硬件平台的自由选择

由于 Web 技术是基于开放的标准，所以 Intranet 并没有限制用户对于软硬件平台的选择。Web 技术在几乎所有主流操作系统和硬件平台上都有产品。Intranet 还能够连接企业原有的数据库系统，这一点至关重要。

2. 安全性

企业内部需要对信息予以保护。例如 Netscape 公司的安全插座层技术能够对传送的信息包进行加密，并且相对地保证了信息传送的安全性。

3. 易用性

超文本链接使得用户能够方便地浏览和查找自己所需要的信息。用户只需要了解和使用统一的 Intranet 客户端软件(即 Web 浏览器)，就可以用一个统一的界面去存取企业内部和外部的信息资源。这就避免了去学习使用各种各样不同的软件包。最近国外的一次调查显示，56%的管理人员认为易用性是一个企业内部信息系统的最关键的因素。

4. 经济性

Intranet 的应用费用在初始购买、安装和培训阶段比较便宜。比多数其他系统要便宜。

二、Intranet 在企业中的典型应用

(1) Internet 服务

企业工作人员通过与 Internet 的连接，可以随时与世界各地的用户建立联系或取得资源等。

(2) 广告与宣传

企业可以建立对外 Web 服务器，编制自己的主页，让所有 Internet 用户访问，从而达

到宣传的功效。

(3) 常规应用

运用 Web 技术，根据企业的运营内容，编制企业应用程序，如人事、考勤、公文、查询、财务、业务等。

(4) 远程访问

工作人员通过 Internet，跨地域访问本单位的 Intranet 企业网，与本单位保持实时联系。一个企业不同地域的分支机构，通过 Internet 可以互相协作，保持同步。

(5) 音频和视频会议

运用音频和视频处理技术，使会议在 Intranet 上进行。如果能解决带宽问题，还可以举行跨地域音频和视频会议，为企业协作提供方便。

(6) 电子函件

电子函件可以为企业用户提供便捷而价廉的离线通信功能。

(7) 专题讨论

工作人员和异地用户可以就某个问题在网上开展讨论。

(8) 多媒体信息发布与查询

Intranet 上的信息发布丰富多彩，不光是文本，还有图形、图像、音频和视频等多种形式，并方便用户在 Internet 范围内查询有关信息资源。

在 Internet 中，企业有关的特殊要求通常如下：

(1) 在工作组、部门或者整个企业内部实现一对多的通信。把信息存放于 Web 页面中。

(2) 需要双向交流的应用。可以帮助企业的职员提交报告、分析数据；帮助职员了解和熟悉客户，寻找相应的帮助信息。

(3) 需要多方协作参与的应用。这一类应用包括新闻组，它允许新闻组成员之间信息的直接交流，而所有交流的信息对于其他人来说都是可见的。

Intranet 是在 Internet 基础上发展起来的，技术相对成熟。建立 Intranet 需要考虑如下问题：确定安全设施要求、确定 Web 服务器需要、选择浏览器、准备如何使用 Intranet、确定所需要的应用开发软件、防火墙的考虑、网络管理员的作用，以及培训问题等。

三、Extranet 的发展

Extranet 是 Intranet 应用的延伸，它使用 Internet/Intranet 技术，建成一个能完成共同目标的合作网络，不仅使企业与其客户连接，还可以使企业和其他企业相连接。Extranet 可以作为公用的 Internet 和专用的 Intranet 之间的桥梁，它可以被看作是一个能被本企业成员访问 Intranet，或者是其他合作企业的 Intranet 的一部分。

Extranet 通常与 Intranet 一样位于防火墙之后，可以为大众提供公共的通信服务；Intranet 只为企业内部服务，不对公众公开；而 Extranet 是对一些有选择的合作者开放或向公众提供有选择的服务。

Extranet 的访问是由关系紧密的企业结成的小组，信息在小组内共享。Extranet 适合具有时效性的信息共享和企业间完成共有利益目的的活动。

11.2 Intranet 方式与 Client/Server 方式

一、传统的 Client/Server 网络结构

20 世纪 90 年代以来，MIS 的建设使企业的管理发生了巨大的变化。目前的企业管理信息系统(指中型或中型以上)，多为客户机/服务器方式(Client/Server，C/S)的网络结构，其形式如图 11-1 所示。

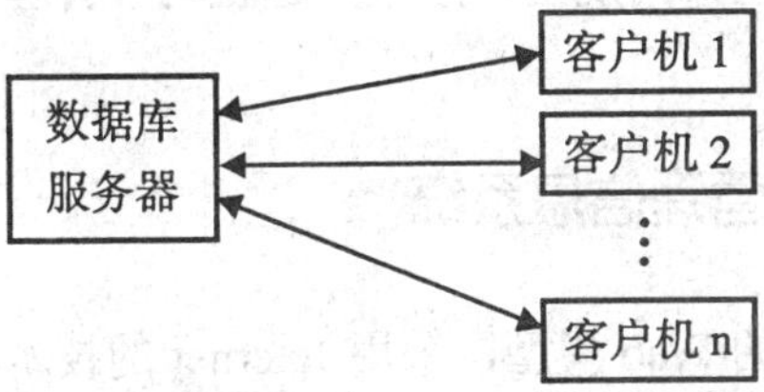

图 11-1 C/S 方式网络结构

C/S 结构在企业的现代化管理中发挥了重要的作用，这种结构中，工作分别由服务器和客户机完成。所有的客户机与数据库服务器相连，服务器负责管理数据库的访问，对数据库进行检索和排序，此外还要对数据库的安全层层加锁，进行保护。

客户机负责与用户的交互、收集用户信息，通过网络向服务器请求对诸如数据库、电子表格等信息的处理工作，每个服务器可以直接响应多个客户的请求。由于在网络上传输的主要是服务器的处理结果，所以速度比以往的主机/终端结构要快。

在 C/S 结构中，客户机的处理功能通常都很强，在它上面运行的程序通常也很复杂。在 C/S 结构中，提供给一个客户机和一个服务器的软件是成套出现的，开发人员不仅需要开发客户端的软件，同时还要开发出后台的软件。而在访问另一套服务器时，则需要另一套软件，这是一种配对的、点对点的、框架结构模式。

C/S 系统的优点是与大型数据库的连接紧密、快捷，实现了分布式数据处理，减轻了服务器的工作量，提高了数据处理速度和网络利用，实现透明访问异地数据库的数据；系统安全性较好。C/S 结构的网络管理相对复杂，购买或开发这类程序的价格通常比较贵。

传统 C/S 下的企业 MIS 有一些不够完善的地方，无法适应不断增长的多方面需求：

(1) 专用性

系统基于专用的平台及非标准的协议和技术，用户界面不一。提供给一个客户机和一个服务器的软件是成套出现的，开发人员需要同时开发客户端和后台的软件。而在访问另一套服务器时，则需要另一套软件，这是一种配对的模式，网络管理比较复杂。

(2) 封闭性

企业的 MIS 是一个独立的封闭式系统，MIS 是按单向业务系统开发的，难以满足企

业经营和管理的信息需求。MIS 提供的主要是字符和数字，用户使用单调。

(3) 单向性

信息的内容和形式过于单一，信息的流向基本是由下向上单向流动，下层只为上层提供信息，难以得到上层的信息。不能充分发挥下层使用 MIS 的积极性。

(4) 集中式

在系统的数据库系统中，信息基本集中在企业的信息中心。

(5) 传统性

MIS 系统在不同程度上模拟手工系统的数据处理流程，信息系统要改革传统信息的处理和传递方式，并改革企业的管理组织结构。传统的 MIS 难以做到这一点。

以上问题导致了用 C/S 结构的 MIS 标准性差，质量难以保证、可维护性差、培训复杂、软件开发周期长、系统生命周期短。这些问题阻碍了管理信息系统在企业中应起的作用。

二、基于 Intranet 的管理信息系统

Intranet 是基于 Internet 的 Web 模型，采用 Internet 的技术和产品建立的公司内部企业网络，人们可以利用现有的内部网络软硬件、服务器，采用 Internet 企业技术和标准来建立企业的 Intranet。Intranet 利用 Internet 的 Web 模型作为标准平台。因此可以将它称为浏览器/服务器方式(Browser/Server, B/S)。这是一种从传统的 C/S 发展起来的计算方式。

C/S 是松散耦合系统，它们通过消息传递机制进行对话，由客户端发出请求给服务器，服务器进行相应的处理后经传递机制送回客户端。而 B/S 则把 C/S 方式的客户端进一步深化，分解成一个应用服务器(Web 服务器)和一个或多个数据库服务器，从而成为三层 C/S 方式。其结构如图 11-2 所示。

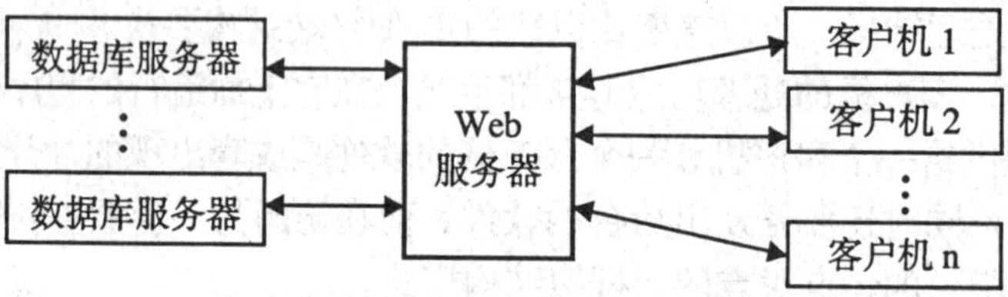

图 11-2　Intranet 网络结构

在 B/S 方式中，客户端只需装上操作系统、网络协议软件、浏览器即可，这时的客户机被称为瘦客户机。而服务器则集中了所有的应用软件的开发、维护工作。

在 C/S 方式下，所有客户端需要配置几层软件：操作系统、网络协议软件、客户机软件、开发工具、应用程序等，因而变得很肥，称为肥客户机。而服务器端则是单纯的数据库服务器，称为瘦服务器。

1. 服务器和客户机

C/S 之间的关系是客户机向服务器送出具有如下信息的请求而开始的：服务器的地址

(即查询信息的处所)；请求(即查询的信息)；信息返回地址(即查询信息被送回的地方)。因此必须有一个能使客户机和服务器之间能交流通信的公共协议。

一个客户机是一台计算机，它帮助用户组成及送出一则查询要求，然后显示这次查询的结果信息。任何一台计算机都可以是客户机。多数服务器上都同时安装有客户应用软件。

根据一个商业单位或组织的需要，通常设有一个服务器或一组服务器。例如，一个银行可以有一组服务器，每个服务器为一个支行服务。

传统的服务器是一台小型机，或是一台高档微机。目前许多 PC 机被有限地用作 Web 或数据服务器，甚至 FTP 文件服务器。如果只是简单地向一个中等规模的 LAN 传递函件，此时一台 Pentium 就够了。若某大公司要维护和管理最新的全国范围的企业发货清单，则需要一台功能更强的计算机。

一个企业在典型的 Intranet 中需要：一个函件服务器处理和发送电子函件；一个 FTP 服务器管理文件转换；一个 Web 服务器存储和处理数据。

每个服务器服务于一种专门的请求。某些服务器，例如各种 FTP 服务器、文件服务器以及函件服务器只需要很少的内存。另一些服务器，例如 Web 及数据库服务器需要更多的内存来运行。一个典型的 Pentium Web 服务器在具有 32MB 的 RAM 情况下将运行得很好，然而一台运行多个服务器的机器将需要 128MB 之多的 RAM，这取决于在同一时间内有多少个并发的用户或有多少个并发的请求要处理。

客户机提出构成一次查询的问题，以自动取款机(ATM)为例，作为一个客户机，ATM 以问题提示用户以决定要求查询信息的类型(例如，是取款还是转账)。客户机于是将这些问题安排到服务器能够理解的查询中，然后客户机用正确的协议向服务器发出这一查询。客户机也是按照服务器能理解的方式加以格式化。

函件客户机的使用需要有 Internet 的标准函件协议，客户机通过 Internet 来传输有关信息。不同的函件客户机，其报文传送方式是一样的。

客户机的例子有 Netscape Navigator，或用于浏览 WWW 的 Microsoft IE。只要能运用 Internet 协议，就能连到服务器。这些均与用户的计算机类型或操作系统类型无关。

现在的客户软件功能丰富，Netscape 浏览器可以把 FTP、Internet 电话及许多其他客户软件组合成一个应用软件。我们可以通过移动电话来接收或发送电子函件，而且电子函件还可以附有声音和视频文件。

下一代 C/S 软件生成一个程序的目标将是这样的：从服务器提取信息，然后把这些信息送给客户机去处理，将处理结果再送回服务器。以在线银行为例，可以从服务器上下载一张银行的数据报告，以便检索个人的信贷及金融信息，包括资金转账、申请贷款以及申请旅行支票等等，所完成的个人财务数据信息将被送回服务器。这种处理一部分由客户机完成，而另一部分由服务器完成。

2. Intranet 方式对传统的管理信息系统的体系结构产生了巨大的影响

(1) 使用简单。用户使用单一的 Browser 软件，通过鼠标即可以访问文本、图像、声音、电影等信息。系统的维护工作简单并主要集中在服务器端，适合非计算机人员使用。

(2) 标准化。Intranet 基于公开的协议和技术标准，如 TCP/IP、HTTP、HTML、SMTP 等，可以与企业现有网络很好结合，具有良好的扩展性。

(3) 开放性。Intranet 可以通过接入的方式成为 Internet 的一部分，提供 Internet 的一切服务，也可以自成体系，不接入 Internet。

(4) 分布式。Intranet 可充分利用 Internet 的超文本、多媒体技术，将分布在全球各地的数据库有机地连接起来。

(5) 广域网支持。对 PSIN、DDN、X.25、ISDN、CATV、ADSL 均能良好连接。

(6) 安全性好。防火墙技术将保证现代企业网络的安全性。

(7) 突破了传统的 MIS 面向事务处理的局限性，把办公事务和决策事务结合起来。

(8) 系统维护人员的作用发生了变化。由于采用 B/S 结构，客户端的维护工作将减少，系统维护工作将主要集中在服务器端。

基于 Intranet 的企业级的 MIS 结构主要由图 11-3 所示的 4 大平台组成。

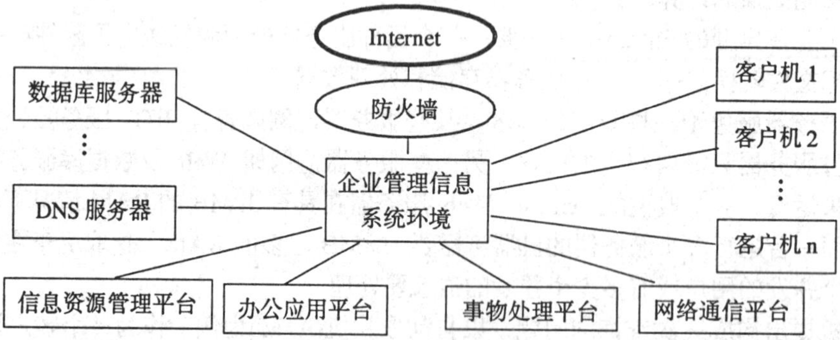

图 11-3 基于 Intranet 的 MIS 结构由 4 大平台组成

从 11.3 节到 11.6 节，将以具体的 MIS 开发实例，介绍所采用的 Intranet 技术。

11.3 信息资源管理平台设计

信息资源管理平台利用新技术构造资源，使信息有一个生成、发布、搜索、利用、再创造的循环机制。提供信息查询访问的手段，能进行信息的组织、发布和分析，并支持多种数据库的访问。

一、信息资源管理平台的任务和目的

该平台的主要任务就是将来自内部的业务信息、办公信息和档案信息以及外部信息，分类按不同的结构和主题装配成“信息产品”，供用户使用，并可以通过防火墙将公开的信息对外部用户发布。

该平台综合了 Intranet、Web、HTML(Hypertext Markup Language，超文本标注语言)、超文本链接(Hypertext Link)、图文声像结合的多媒体开放文档体系结构、交互对象、中西文全文检索等各项新的技术，把多个不同操作系统平台上 Web 服务器、消息传递服务器及工作流服务器组成一个巨大而开放的“虚拟资料库”(Virtual library)，在整个企业网络

中实现文档统一管理，并为信息的组织、传递、发布、管理和扩展提供了有力的手段。用户通过基于超文本链接的资源定位系统、开放的文档体系结构，快速实现信息的搜索和获取。

二、信息资源管理平台的系统结构

企业级 Intranet 的数据很多，有结构化数据和超文本文档，需要对这些信息资源进行二次组织，并且在信息资源平台上将这两类关联起来，给用户一个统一的视图，这就是信息资源平台的系统结构设计。它对于整个信息系统的信息资源检索效率是至关重要的。

信息资源系统结构设计遵循按功能划分的原则，按管理目标进行聚类和构成子系统。每个子系统所包含的超文本数据也应尽量封闭于本系统之中。这样设计出的系统，结构和内容清晰明了，并能与事务处理平台所设计的数据处理系统结构基本一致，便于两者的集成，同时也能保证超文本间的导航系统成为规范的层次结构。

根据上述聚类方法，可以产生如图 11-4 所示的某公司信息资源平台结构图。该图表明，有关生产技术管理的数据类和超文本表述，已被划归至生产技术管理信息资源系统中，根据数据类和超文本表述的主题，相应地划分到设备信息、生产指标信息、调度信息和科技信息等信息资源(子系统)中。根据这一信息资源组织平台的系统结构，在数据库设计及超文本链接设计中，即可方便地将相关的信息资源紧密地组织起来。

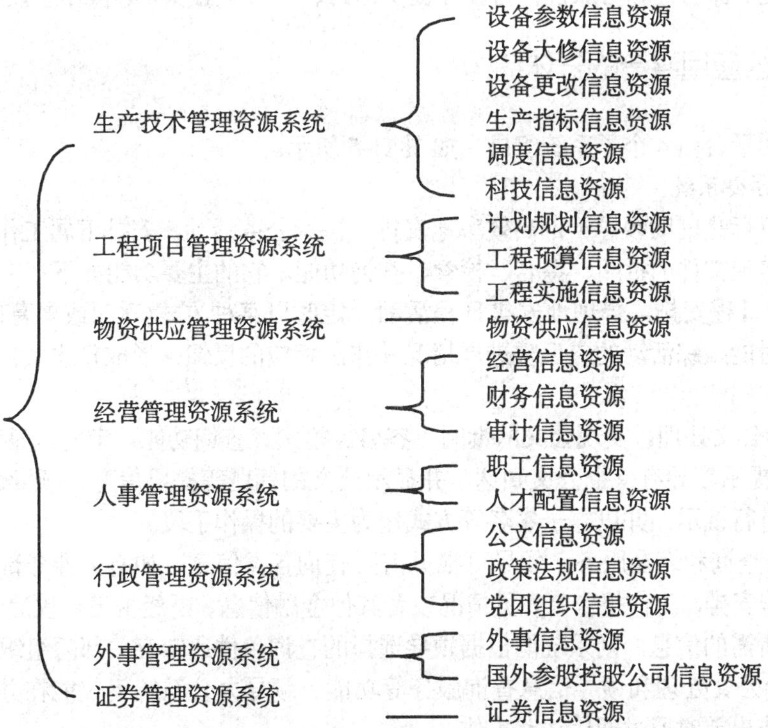

图 11-4 信息资源平台结构图

11.4 办公应用平台设计

办公应用平台又称为消息传递和工作流控制平台，主要功能：消息发布(办公信息、文件及资料等)和工作流(日常办公活动和工作计划等活动)管理。它承担向信息资源平台传送办公文字信息、档案信息以及接受处理外部信息的任务，是直接与使用者联系的界面。

该平台所涉及的技术包括消息传递、发布目标管理、工作流程追踪、桌面电视会议管理、安全控制等。在这一平台上，用户可以获取信息、发布信息。信息流是全双向的多媒体形式，支持企业管理层和领导层的办公与指挥活动。

一、办公应用平台建设目标

(1) 总目标。显著提高办公效率，改善企业管理水平。

(2) 功能目标。为各级管理和决策部门的管理人员提供现代化的日常办公条件及丰富的综合信息服务，提供整个办公自动化信息系统范围内的文件、数据、电子函件及通信服务，实现文书档案管理自动化和办公自动化。具有支持远程移动办公的能力。

(3) 性能目标。建设一个安全、可靠、开放、高效的信息网络和办公自动化系统。系统具有安全性、保密性和可靠性；为领导提供语言、手写、触摸屏等操作手段；便于操作。

二、办公应用平台的总体结构

办公应用平台由 4 个子系统组成，如图 11-5 所示。

1. 领导办公系统

该系统目标是辅助领导干部高效率地安排、协调公务活动，安排下属工作，查询内外有关信息，实现文件的批阅、签名、检索、查询功能。它的主要功能如下：

(1) 领导日程安排。合理地安排日程活动，定时以某种方式(呼叫或屏幕闪烁)向领导发出提示；对能跟踪活动的应反映进展情况并作出相应的反馈，形成日志文件，供日后查询。

(2) 领导公文处理。实现公文的批阅、签名、检索、查询功能；定时以某种方式(呼叫或屏幕闪烁)提示领导有待批公文到达，并显示公文的标题等提要信息；领导调入公文后，即可对文件进行批示，并以电子签名等方式作为主要的操作手段。

(3) 信息查询和综合服务。领导可根据需要查询各类信息，如有关业务部门发布的数据报表、工作安排、工作报告、人员情况或者其他金融信息、财经报道、政治经济新闻等。若网上没有所需的信息，则系统能根据领导选择的查询条件通知有关部门组织相关信息。

(4) 领导公文处理和领导信息查询服务等功能。领导办公系统不仅能在办公室运作，而且能在家或出差时通过通信线路工作。

实现以上功能的具体措施：

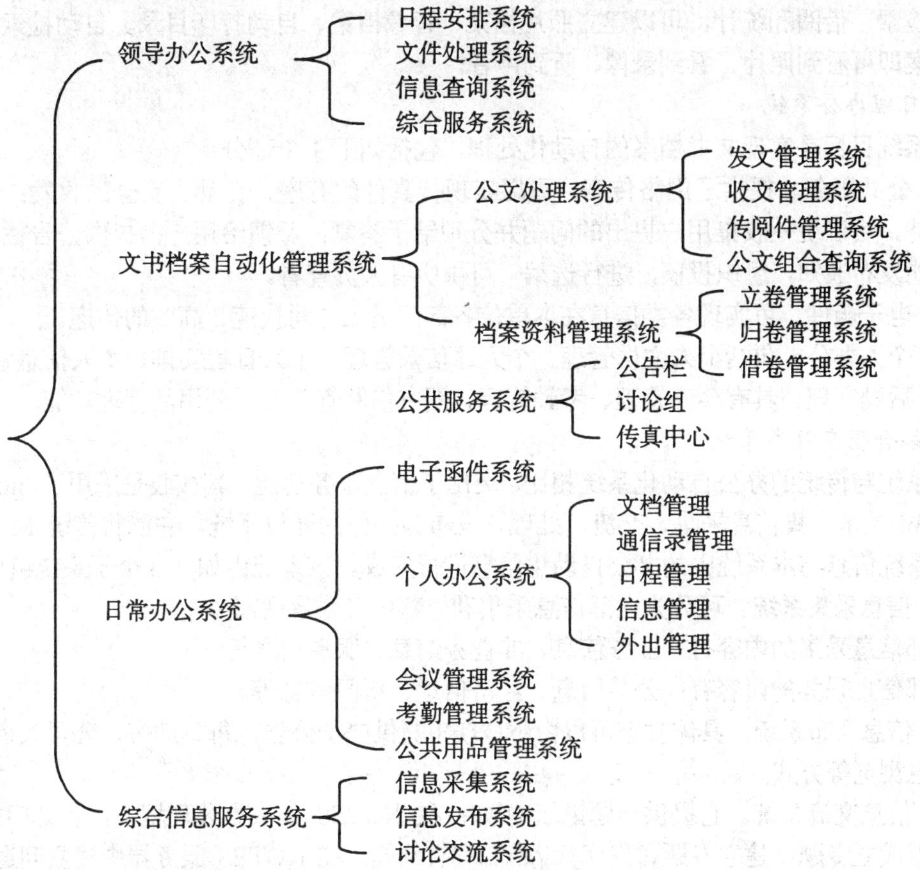

图 11-5　办公自动化系统

建立领导日程安排的专用数据库，在日程安排中设置闹铃实现定时或及时呼叫；以日历的形式对活动进行记录与安排，实现跟踪反馈。

建立领导待批公文专用文件夹，在系统中设置定时器定时查阅该文件，在特定屏幕中显示待批公文提要信息，并以某种方式提示领导。

2. 文书档案自动化管理系统

该系统由公文处理系统和档案资料管理系统组成。

公文处理系统目标是实现文书档案工作从拟稿、审稿、发文、收文、审批、归档、打印、盖章加密、电子传递、检索和统计等整个工作过程的自动化。该系统主要功能有：

(1) 发文。由拟稿人将文件输入发文数据库；各部室领导、有关领导可快速阅批文件，实现机关内部文件从拟稿、批阅、签发的自动流转。

(2) 收文。接收外单位的来文，对接收到的文件进行整理、传阅、拟办等处理。以纸介质接收的，则需通过扫描和 OCR 技术处理后进入接收系统，然后进行分类处理。

(3) 查询。按批阅状态、文件状态、文件归档查询的功能，可以多种查询方式快速查找文件；可查询正处于流转中的公文，也可以查询已完成处理或已归档的公文。

档案资料管理系统可以实现对各种文件档案资料的立卷、归档、文件目录汇编，提供有力的检索、借阅和统计，可以建立照片档案、音像档案、自动打印目录、自动检索，做到查档案即可看到照片、看到录像、听到声音。

3. 日程办公系统

该系统目标是实现文书档案的自动化处理，包括如下 4 个部分：

(1) 公共服务。提供了网络传真，可以实现传真件的有序、自动、安全的收发；提供技术支持，可以统一收集用户提出的问题并分别给予答复，反馈给用户；提供公告栏，使各部门能发布通知，组织投稿，进行选编，可供所有人员查看。

(2) 电子函件。可实现各类信息在本单位各部门员工之间快速、高效的传递。

(3) 个人办公。包括个人文档管理、个人通信录管理、个人日程安排、个人信息管理。

(4) 后勤管理。具有会议管理、考勤管理、图书借阅管理和办公用品管理功能。

4. 综合信息服务系统

该系统与传统的办公自动化系统相比，突出了信息服务功能。其核心是采用了 Intranet 的 WWW 技术，集信息采集、交流、处理、发布为一体的开放系统。它能将传统 MIS 中的各子系统信息与本系统中的办公自动化信息进行集成。该系统由如下 3 个子系统组成：

(1) 信息采集系统。可分为内部信息采集和外部信息采集两部分。

内部信息采集的内容有：业务信息、非业务信息、服务信息等。

外部信息采集的内容有：公共信息、经济信息、新闻信息等。

(2) 信息发布系统。具体发布可以由 NOTES 提供电子公告，每日动态，公司大事记，综合信息浏览等方式。

(3) 信息交流系统。它提供专题论坛(例如：在 NOTES 集成办公环境下，各部门按照自身特点成立专题，建立专题讨论库)和疑难解答(例如：在 NOTES 服务器中建立问题库，可以提出问题并解答)。

11.5 事务处理平台设计

事务处理平台的主要功能：对内部业务数据进行采集、处理、存储和事务处理，包括 MIS 中的 DSS 和各种统计分析功能，这些功能在传统 MIS 中是非常欠缺的。

该平台以客户机/服务器的处理模式、分布式处理结构和先进的 DBMS 为主要构架，并具有文字处理功能、关系数据库处理功能、强大的数值计算能力、支持分布式数值计算、全文检索数据库等多种信息处理能力。

事务处理平台设计的主要内容是：确定事务处理的功能需求和功能模型，对功能模型的元素类进行划分并进行事务处理系统结构设计。在数据模型的基础上，进行数据库系统逻辑设计，选择事务处理系统的物理平台——数据库管理系统。

根据分析可以得到某公司 MIS 的事务处理平台的总体结构，它由 10 个子系统组成：生产技术管理子系统、行政事务管理子系统、财务经营审计管理子系统、人事管理子系统、物资供应管理子系统、外事及证券管理子系统。除上述事务处理系统，MIS 还包括办公自动化子系统、生产实时子系统、决策支持子系统。

11.6 网络平台设计

MIS 的网络平台应遵从 TCP/IP 等国内外通用的协议和技术标准，它不局限于某些硬件平台或网络平台，应跨越 UNIX、Windows NT、Novell NetWare 及其他网络操作系统，实现多平台、多协议、多操作系统之间的通信。该特点使企业 MIS 的综合环境独立于网络系统，网络平台应对系统透明，确保不同系统之间的良好连接。

该平台的功能：具有综合数字、语音和图像通信能力，能够与外部网络相连接。考虑到多媒体以及宽频带的需求，网络技术必须有良好的前瞻性。由网络服务器、路由器、网关、通信设备、安全保卫设备等组成，并采用防火墙、数据加密、虚拟专网等现代网络技术。同时包含现有网络应用支撑系统，支持上层应用软件的运行，建立起安全、可靠、开放的网络应用支撑平台。这也是新一代企业 MIS 环境的基石。

一、网络平台设计的总目标、原则和依据

1. 网络平台设计的总目标

在能承受的投资范围内，设计和选择出能承担 MIS 逻辑模型所确定的网络负荷，满足系统环境及其他约束条件，并能兼顾发展的性能最佳的网络系统。

2. 网络平台设计的原则

标准性与主流性相结合；成熟性与先进性相结合；实用性与经济性相结合；易用性与可扩性相结合。

3. 网络平台设计的依据

网络系统所承担的任务和负荷；产品性能及主流趋势；投资承受能力；系统的开发实施策略和开发人员的技术支撑水平。

二、网络平台设计的主要内容

网络平台设计的主要内容有：

1. 局域网和广域网设计

考虑到当今网络技术的发展趋势，局域网的主干应采用高速网络。目前，高速网络包括 ATM、FDDI、千兆位以太网和快速以太网等。考虑到 Intranet 中的各项技术独立于硬件平台之外，对局域网的选择应立足于企业的实际，在充分利用现有的网络资源的基础上，考虑到将来业务发展对网络通信速度和带宽的影响，以及将来 ATM 和千兆位以太网的发展趋势，可采用 100MB 和 10MB 速率相结合的交互式高速以太网方式。

广域网可采用邮电部提供的公用电话交换网(Public Switched Telephone Network，PSTN)、X.25、DDN 及 Frame Relay(帧中继)等通信线路。企业在具体实施的过程中，通信线路可以根据本单位的业务需求和租用一条线路作为备份线路。局域网通过路由器实现与 Internet 和其他局域网的连接，路由器可以根据实际需要选择大型或小型产品。

【例】 某公司的通信线路采用 64K X.25，路由器采用 3Com 公司的 Access Builder 系列的 224 产品，可满足一般业务的需求。

2. 网络操作系统选型

操作系统是软件平台的核心，可称为操作平台。在 Intranet 环境下，操作平台包括浏览器操作系统和网络操作系统。网络操作系统决定了网络系统的整体性能和水平，也大体决定了应用及技术发展方向。由于更换操作平台会付出很高的代价，因此要充分认清国际国内网络操作系统的主流趋势，慎重选择网络操作系统。

目前，网络操作系统产品主要有两大类：

(1) 专用网络操作系统，如 IntranetWare、NetWare、LanManager 和 VINES。

(2) 单机和网络通用的操作系统，如 UNIX、Windows NT 和 OS/2。

在 C/S 环境下，UNIX 的体系结构不如 Windows NT 和 NetWare 合理。

而在 Intel、MIPS、Alpha、PowerPC 等平台的集成方面，NetWare 不如 Windows NT 和 UNIX。

在提供应用服务方面，Windows NT 和 UNIX 优势很明显。

在兼容性方面，Windows NT 具有良好的向后兼容性能，在 DOS、Windows 与 Windows NT 之间，平台组合与可伸缩性好，NetWare 同样具有很好的软件兼容。

在产品成熟方面，UNIX 和 NetWare 产品都已非常成熟。而 Windows NT 在 1993 年推出，还有一个成熟和完善的过程，应用软件及开发工具均有待丰富。

在市场占有率方面 NetWare 始终处于市场主导地位。

从以上分析来看，这 3 个网络操作系统各有千秋，可以根据不同的情况进行选择：文件服务和打印服务则首选 NetWare，支持大型数据库服务器则选 UNIX，应用服务则选用 Windows NT，全局目录服务则可选用 NetWare。

3. IP 地址设计

IP 地址设计要根据企业级网络规模而定。企业的 Intranet 一般都要与 Internet 连接，应该向有关部门申请合法有效的 IP 地址。由于 IP 地址空间的限制和大量的网络接入 Internet，现在很难申请到大量的 IP 地址空间，因此，通过合法的 IP 地址直接设计整个寻址方案是不现实的。这种情况下，企业在有限个合法的 IP 地址的前提下，可以采用如下两步来设计寻址方案：

(1) 首先，不考虑与 Internet 的挂接问题，仅根据网络和主机规模来设计企业 Intranet 的私有 IP 地址。

(2) 然后，采用地址转换技术，通过合法的 IP 地址，实现 Intranet 和 Internet 互通电子函件并访问 Internet。

4. 域名设计

主机 IP 地址是一串数码，人们要记住这么长的一串数字往往是很难的。域名系统就是利用便于记忆的、有规律的、人性化的名字来命名主机，并完成主机名到 IP 地址的映射。

5. 网络服务设计

根据企业的需要，设置不同的服务器，如 Web 服务器、数据库服务器、域名服务器、新闻服务器、打印服务器等等。

可以看出，基于 Intranet 的 MIS 系统并非彻底从头建起，而是在现有的网络硬件、软件和服务器的基础上，通过采用 Internet 技术标准实现的。目前，部分企业虽已建成了内部局域网，这些网络就操作系统而言，可以归于 Novell 网、Windows NT 网和 UNIX 网的范畴。所有这些网络环境都适合建立 Intranet，将这些局域网配置相应版本的 TCP/IP 协议，通过 TCP/IP 协议连接起来即可建成 Intranet 的网络基础平台。

第十二章 库存管理信息系统开发案例

本章系统地介绍一个库存管理信息系统开发的案例，包括该系统的系统分析、系统设计、系统实施过程，并给出系统开发中的部分文档。

12.1 项 目 概 述

某公司主要生产家用电器产品，目前存在的问题是：

(1) 产品品种规格多、营业额大，开票、校核、查询及登记有关账户均系手工操作，工作效率很低；员工劳动强度大。

(2) 现行系统基本上是“静态”库存管理，难以对产品库存进行实时控制和成本控制。

为了提高企业管理水平，进行科学管理与决策，该公司要求开发库存管理信息系统。

12.2 系 统 分 析

一、初步调查

1. 用户需求分析

该公司的产品库存管理存在问题：该公司迫切需要开发 MIS，以便解决现行系统中的有关库存问题，用户也表示愿意积极参与和配合新系统的开发。

2. 现行系统概况

(1) 公司概况。现有员工 1 500 人，年产值逾亿元，目前生产的产品如表 12-1 所示。

(2) 公司仓库管理概况。产品仓库管理组隶属于销售科，负责产品的出入库管理、库存账务管理和统计报表，并向上级部门提供库存信息，以支持领导的决策。

产品入库过程：产品连同填写的入库单一起送至仓库。仓库检验员进行检验：产品质量是否合格、核对产品数量和规格是否与入库单相符、校核入库单的产品代码。检验合格的产品入库，同时登记产品入库流水账；不合格的产品要及时返回车间。

产品出库过程：仓库保管员根据销售科开出的有效产品出库单及时付货，并判明是零售出库还是批发出库，以便及时登记相应的产品出库流水账。

表 12-1　公司产品品种规格、单价及定额储备

产品名称	单位	规格	不变价(元)	现行价(元)	最高储备额	最低储备额
冰箱	台	128L	1 500	1 698	400	80
冰箱	台	160L	2 200	2 360	400	80
空调	套	1.5P	5 500	5 680	100	50
空调	套	2P	7 500	7 680	100	50
空调	套	3P	12 000	12 700	100	50
彩电	台	54cm	1 480	1 580	300	90
彩电	台	64cm	2 500	2 650	300	90
彩电	台	74cm	3 200	3 380	300	90

每天出入库处理结束后，记账员根据入库流水账和出库流水账按产品及规格分别进行累计，以便将本日内发生的累计数填入库存台账。

每月的月末根据库存台账制作出产品库存的收发存月报表。现行系统所用的各种单据及账册如表 12-2 至表 12-7 所示。

(3) 现行系统存在的主要问题。现行系统采用手工管理方式，工作效率低；不能实现灵活的查询；不能及时提供库存现状信息和库存报警信息。

表 12-2　产品入库单　　　　第　　号

日期	产品代码	产品名称	单位	规格	入库数量	备注
生产车间		填制人				

表 12-3　产品出库单　　　　第　　号

日期	产品代码	产品名称	单位	规格	出库数量	备注
						批发[ ]
填制人						零售[ ]

注：批发出库时在备注栏的批发[]处划“√”，否则在零售[ ]处划“√”。

表 12-4　产品入库流水账　　　　第　　页

日期	产品代码	产品名称	单位	规格	入库数量	备注

表 12-5　产品零售出库流水账　　　　第　　页

日期	产品代码	产品名称	单位	规格	零售出库数	备注

表 12-6　产品批发出库流水账　　　　第　　页

日期	产品代码	产品名称	单位	规格	批发出库数	备注

表 12-7　产品库存台账(当日合计数)　　　　第　　页

产品代码：　　　　规格：　　　　不变价(元)：
产品名称：　　　　单位：　　　　现行价(元)：

日期	入库数量	零售出库数量	批发出库数量	库存数量

二、总体方案设计

1. 确定系统目标

新系统目标：提高工作效率和减轻劳动强度；实现灵活的查询性能；将目前基本上是“静态”库存管理变为“动态”管理，实现对库存的实时控制和报警控制。

2. 子系统的划分

根据确定的新系统目标，利用 U/C 矩阵可将新系统划分为 4 个子系统。

3. 功能结构总体方案

系统的功能结构如图 12-1 所示。

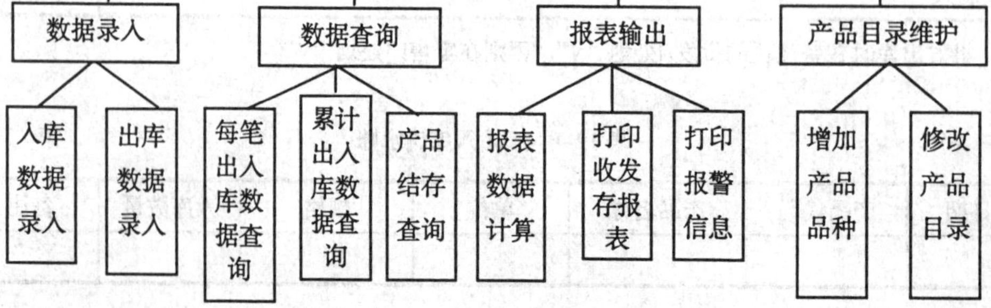

图 12-1　系统功能结构图

4. 信息编码总体方案

产品规格代码采用层次码，并用两位整数表示，设计方案如图 12-2 所示。产品代码用三位整数表示，前两位为产品规格代码，第三位为校验码。编码方案如图 12-3 所示。

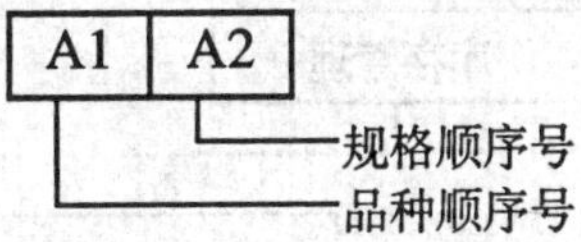

图 12-2　产品规格编码方案

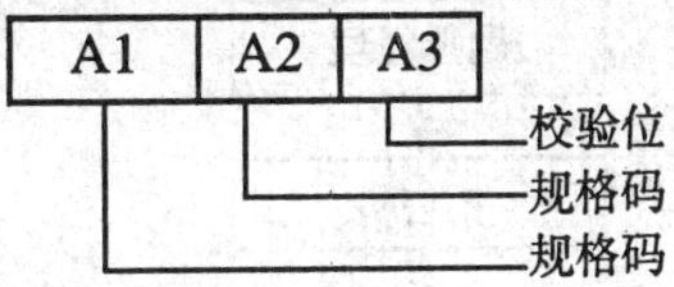

图 12-3　产品编码方案

5. 系统物理配置

本系统采用单机单用户操作方式，基本配置如下：机型：COMPAQ586/450(软驱 1.44"/硬盘 13.6GB/内存 32MB/显示器 VGA) 一套；EPSON LQ-1800K 打印机一台；Windows 98 操作系统一套；软件 Visual FoxPro 一套；产品库存管理信息系统应用软件待开发。

三、可行性分析

1. 经济可行性

(1) 项目投资估算。硬件成本 15 000 元；软件成本 15 000 元；计算机工作环境改造费 20000 元；人才培训费 3 000 元；系统年使用及维护费 20 000 元。以上共计 73 000 元。若再考虑不可预测费 7 000 元(按总投资的 10%计)，则项目投资总计约为 8 万元。

(2) 系统经济效益。系统正式运行后，可为公司创造年经济效益约 11.2 万元；提高工作效率使年利润净增 10 万元；减少多余的工作人员每年可节约 1.2 万元。系统正式运行后，可产生间接效益。

投资回收期 T＝MIS 总投资(万元)/年利润增长量(万元)＝8/11.2＝0.7 年

2. 技术上的可行性

总体方案采用的技术均为成熟技术，采用结构化系统开发方法。拟采取合作开发的方式，由有关高校派出具有丰富经验的 MIS 开发人员，会同公司抽出的业务骨干共同研制。

3. 管理上的可行性

管理人员已充分认识到对产品库存实现规范的计算机管理的重要性；公司内部管理制度比较健全，能保证系统所需要的基础数据准确、真实；近年来公司管理进步很大。

结论：系统总体方案可行，开发工作可以立即进行。

四、详细调查

1. 组织机构与职能分析

组织机构。该公司产品库存管理的组织机构如图 12-4 所示。

职能分析。库长，全面负责仓库的行政与业务管理；出入库管理组，负责产品的入库检验、产品的出入库管理、登记出入库账；统计分析组，每天根据出入库管理组的出入库账，统计各种规格产品当日出入库数据，再登入库存台账。管理职能如图 12-5 所示。

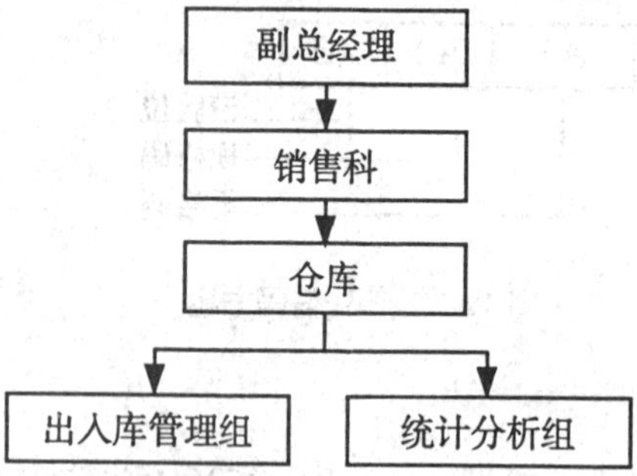

图 12-4 组织机构图

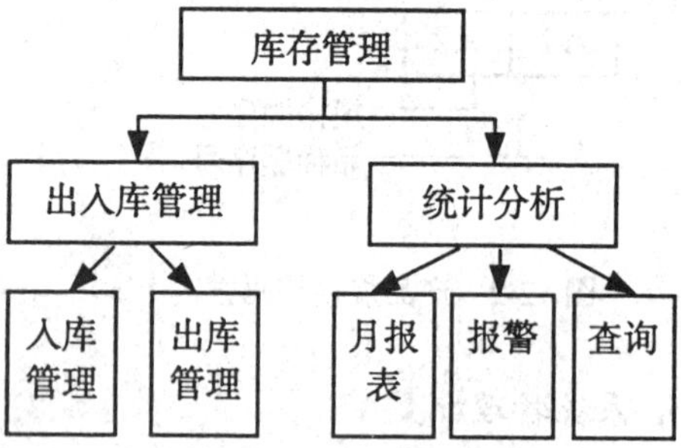

图 12-5 公司管理职能设置

2. 业务流程分析

现行产品库存管理系统的业务流程如图 12-6 所示。

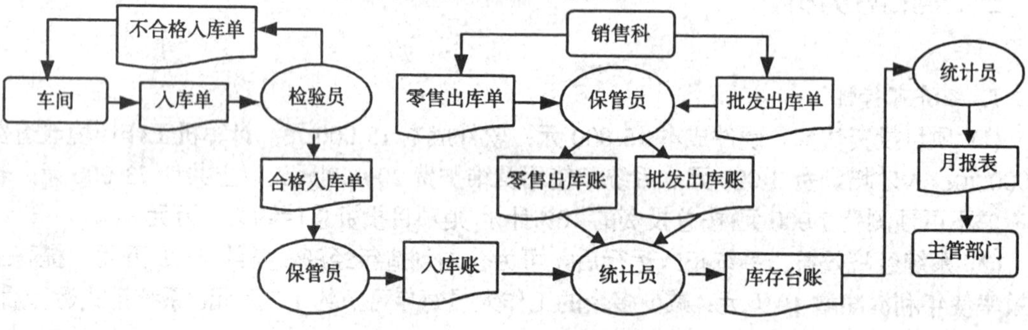

图 12-6 仓库业务流程图

3. 数据流程分析

(1) 现行系统的顶层数据流程图和第一层数据流程图分别如图 12-7 和图 12-8 所示。

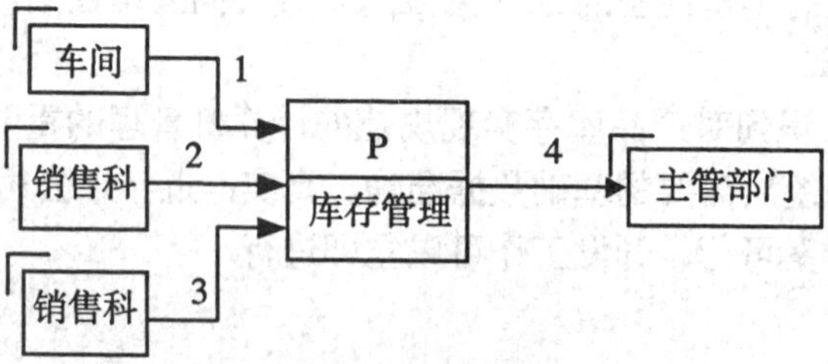

图 12-7 顶层 DFD

对顶层图中的数据流“1、2、3、4”说明如下：

“1”：车间产品入库单。

“2”：销售科开出的有效零售产品出库单。

"3"：销售科开出的有效批发产品出库单。

"4"：仓库制作的产品库存收发存月报表。

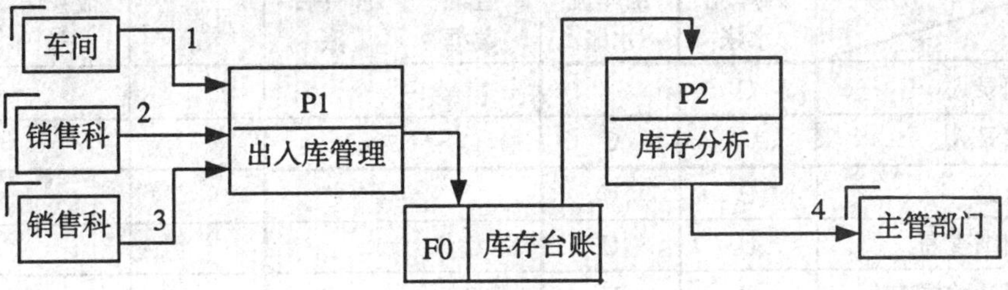

图 12-8　第一层 DFD

(2) 第二层数据流程如图 12-9 所示。

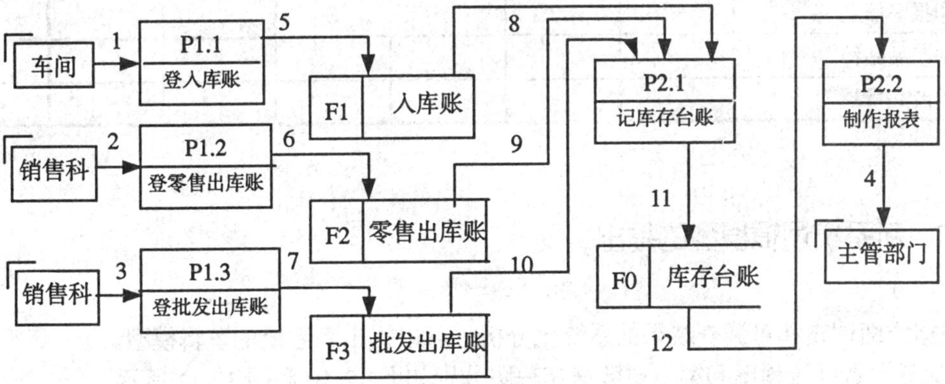

图 12-9　第二层 DFD

五、系统化分析

包括新系统目标的分析，现行系统存在的问题，功能分析和划分子系统，数据存储分析。

(1) 功能分析

新系统需具备的功能为：入库数据录入、出库数据录入、出入库明细查询、累计出入库数据查询、产品结存信息查询、报表数据计算、打印收发存月报表、打印报警信息、增加产品品种、修改产品目录等。

(2) 划分子系统

可以利用 U/C 矩阵将新系统划分为数据录入、数据查询、报表输出和产品目录维护 4 个子系统，如表 12-8 所示。

数据存储分析是利用基于 3NF 的分析方法来进行数据存储分析，提高存储访问速度和可靠性。

表 12-8　功能/数据关系

功能 \ 数据类	入库流水账	出库流水账	查询数据	库存台账	月报表	报警信息	产品目录库
入库数据录入	C						
出库数据录入		C					
记库存台账	U	U		C			
出入库明细查询	U	U	C				
出入库累计数据查询	U	U	C				
产品结存数据查询			C	U			
报表数据计算	U	U		U	C	C	
打印收发存月报表					U		
打印报警信息				U		U	
增加产品品种							C
修改产品目录							U

六、新系统逻辑模型的提出

根据详细调查和对调查结果的系统化分析，可以提出新系统的逻辑模型。

(1) 顶层数据流程图和第一层数据流程图分别如图 12-10 和图 12-11 所示。

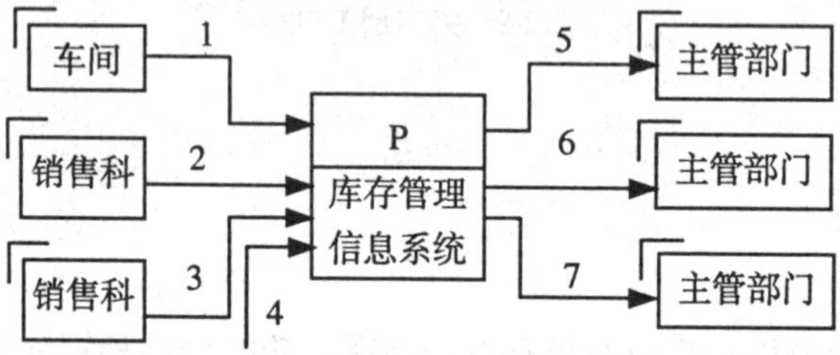

图 12-10　顶层 DFD

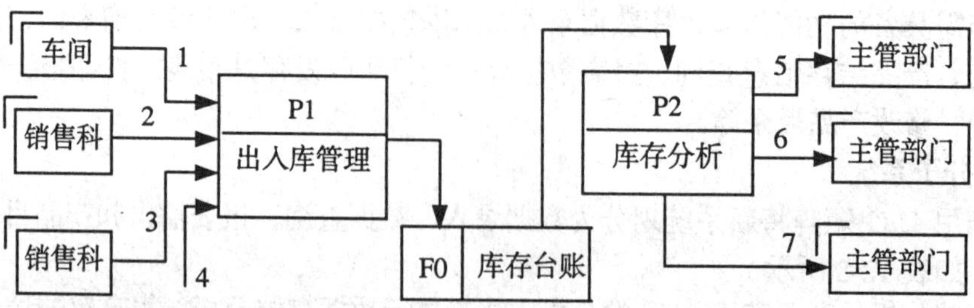

图 12-11　第一层 DFD

(2) 第二层数据流程图如图 12-12 所示

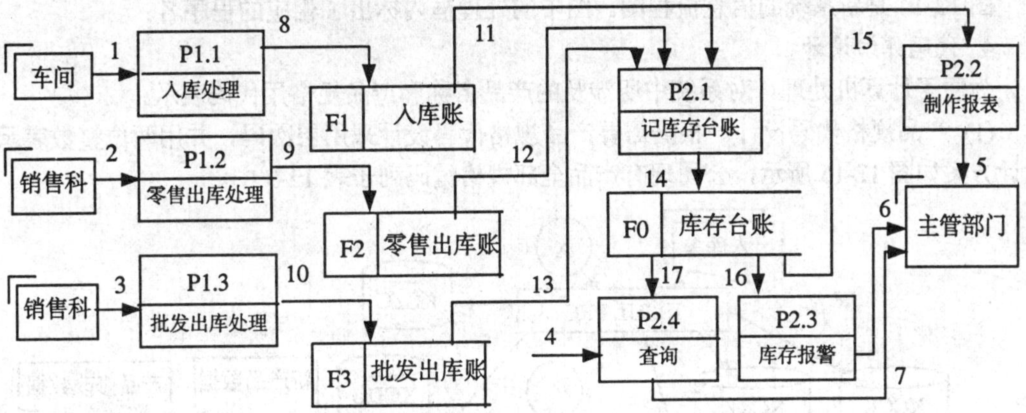

图 12-12　第二层 DFD

新系统边界的分析：输入边界——产品出入库单、查询条件；输出边界——各种报表和查询响应输出。新系统采用实时处理方式。

12.3　系 统 设 计

一、系统总体设计

1. 系统目标

数据输入方便，人机界面友好，尽量避免汉字和长字符串的人工输入，灵活的查询功能，将目前几乎“静态”的库存管理变为“动态”管理。

2. 新系统功能结构

新系统的功能结构体系如图 12-13 所示。

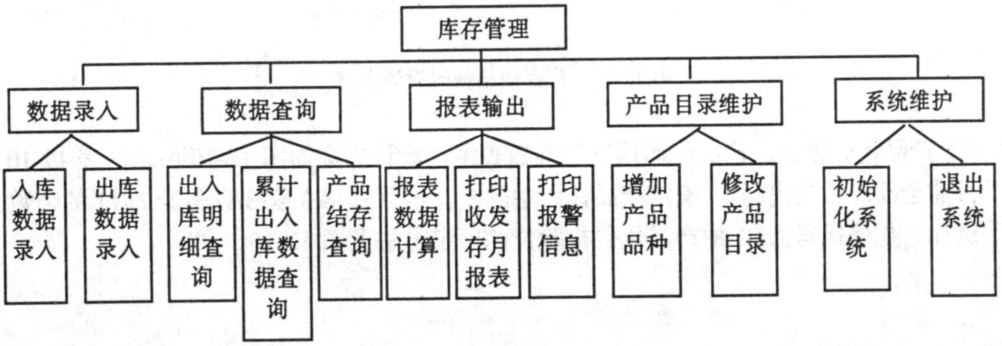

图 12-13　新系统功能结构图

3. 新系统信息流程设计

图 12-14 是新系统的信息流程图。图中的处理框内标出了相应的程序名。

4. 代码详细设计

为便于计算机处理，对系统中所涉及的产品名称和产品规格用代码表示。

(1) 产品规格代码设计。根据需要产品规格代码设计采用层次码，并用两位整数表示。设计方案如图 12-15 所示，公司现有产品全部规格编码列于表 12-9 中。

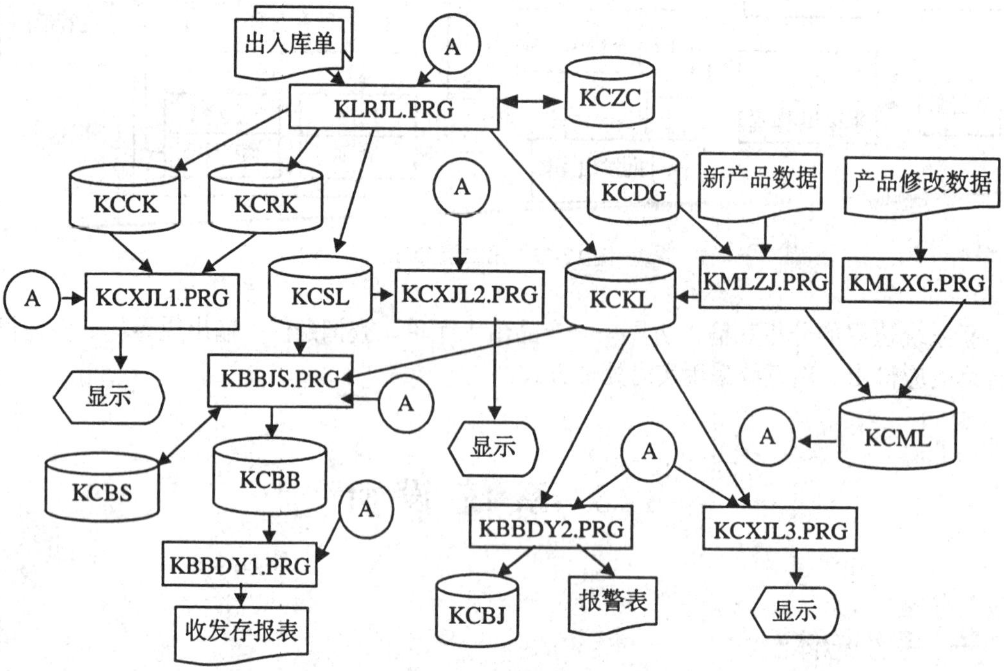

图 12-14 新系统信息流程图

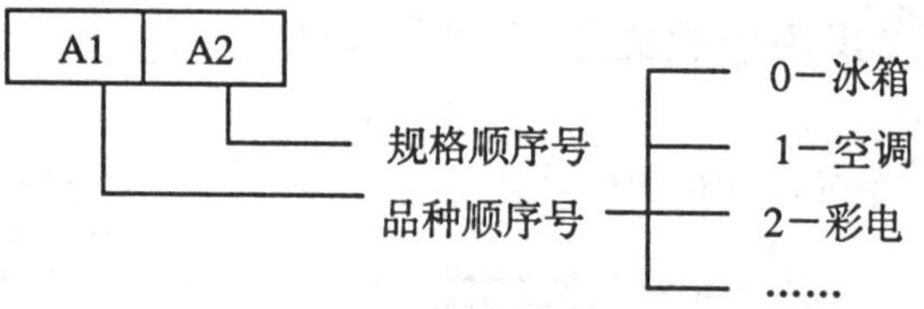

图 12-15 产品规格代码设计方案

(2) 产品代码设计。产品代码用三位整数表示，设计方案如图 12-16 所示。表 12-10 列出了目前全部产品的代码。 确定产品代码中的校验位 A3，A3 取(3A1＋2A2)/11 的余数。

例如：规格代码为 01 的产品代码校验位的确定方法见图 12-16。

则校验位 A3＝(3A1＋2A2)/11 的余数＝2

```
    A1  A2  A3
     0   1   2
×)   3   2
-------------
     0 +2 = 2
```

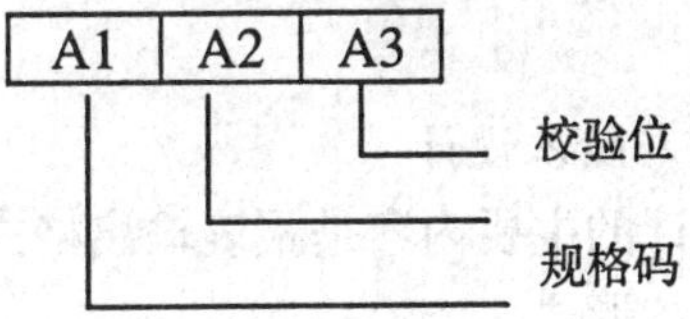

图 12-16　产品规格代码设计方案

表 12-9　规格代码表

规格代码	规格
01	128L
02	160L
11	1.5P
12	2P
13	3P
21	54cm
22	64cm
23	74cm

表 12-10　产品代码表

产品代码	产品名称	规格代码	规格
012	冰箱	01	128L
024	冰箱	02	160L
115	空调	11	1.5P
127	空调	12	2P
139	空调	13	3P
218	彩电	21	54cm
220	彩电	22	64cm
231	彩电	23	74cm

5. 系统物理配置方案详细设计

本系统采用单机单用户操作方式，基本配置包括机型、打印机、软件等。

6. 制定设计规范

(1) 程序名

(2) 数据文件名

格式：　KCAA

格式中：1～2 位字符表示产品库存 MIS 数据库文件。

3～4 位字符说明文件的类型，用两位拼音字母表示.。用法见表 12-11。

表 12-11　“AA”表示的文件类型

“AA”段代号内容	性质	“AA”段代号内容	性质
ML	目录	CK	出库
DG	单位及规格代码表	SL	每日入出存累计
ZC	暂存文件	BS	报表计算
KL	每日库存累计	BB	报表
RK	入库	BJ	报警

二、具体物理设计

1. 输出与输入设计

输出设计的主要内容是报表输出格式的设计。本系统的报表输出格式设计成表 12-12 至表 12-14 的形式。

表 12-12 产品收发存月报表 年 月

产品名称	单位	规格	月初库存	本月入库	本月出库	月末库存	备注
按不变价合计金额(元)							
按现行价合计金额(元)							

表 12-13 库存报警(超储产品)

日期	产品代码	产品名称	库存数量	最高储备	超储量

表 12-14 库存报警(不足产品)

日期	产品代码	产品名称	库存数量	最低储备	不足储备

对微型机系统常用的是键盘直接输入，基本采用全屏幕功能下的填空方式和人机对话方式。运用各种校验方法对输入数据进行校验，以保证输入数据的正确。

本系统大量的输入是每天产品入库单和出库单的输入。本系统中的产品出入库数据录入界面与现行系统的产品出入库单格式基本保持一致。参见表 12-2 和表 12-3。输入数据的校核工作由程序保证。

2. 数据存储设计

本系统的应用程序采用 Visual FoxPro（VF）编写，数据存储设计就是指数据库设计。

(1) 数据库的概念结构设计

这项工作已在系统分析阶段进行数据存储分析时完成，通过数据存储分析得到的概念模型已明确指出了组成概念模型的所有 3NF 关系和它们的属性与关键字。

(2) 数据库的逻辑结构设计

本系统采用的软件 VF 支持关系模型，把一般数据模型转变成 VF 能支持的数据模型这项工作已经完成。下面用 VF 中的 CREATE 命令来定义逻辑数据结构。

库文件名称和库字段变量名称规范分别如表 12-15 和表 12-16 所示。

表 12-15 库文件名规范

序号	文件名称	标识符	备注
1	产品目录库文件	KCML.DBF	
2	产品单位及规格代码表	KCDG.DBF	事先建好
3	出入库数据输入暂存文件	KCZC.DBF	
4	各种产品每日入库明细文件	KCRK.DBF	
5	各种产品每日出库明细文件	KCCK.DBF	
6	各种产品每日入出存累计文件	KCSL.DBF	
7	报表计算辅助文件	KCBS.DBF	
8	各月报表文件	KCBB.DBF	
9	库存报警数据文件	KCBJ.DBF	

表 12-16 库文件字段变量名规范

字段名涵义	标识符	备注
产品不变价格	BBJ	
日期	BBRQ	
产品代码	CPDM	
产品名称	CPMC	
产品单位代码	DWDM	
产品单位	DW	
产品规格代码	GGDM	
产品规格	GG	
……	……	

3. 程序模块设计说明

(1) 总控模块

程序名：KZUJL.PRG

功能：

● 定义本系统的数据输入、数据查询、报表输出、产品目录维护与结束退出等功能菜单及各项功能的下拉式菜单。

● 选取功能菜单及其下拉菜单中的操作项，进入相应的操作。

实现：

● 调用程序 KLRJL.PRG 实现产品出入库数据的录入。

- 调用过程 MPROC2 实现数据查询功能。
- 调用过程 MPROC3 实现报表输出功能。
- 调用过程 MPROC4 实现产品目录维护功能。
- 调用过程 MPROC5 实现本系统运行结束退出功能。

程序与过程间的关系见图 12-17。

(2) 产品出入库数据录入模块，见图 12-18，程序名：KJRJL.PRG

(3) 出入库明细查询模块，见图 12-19，程序名：KCXJL1.PRG

其他模块包括：每日、每月、至截止日期出入库累计数据查询模块；某日实际产品结存数据查询模块；报表计算模块；打印“产品收发存月报表”模块；打印“产品库存报警表”模块；新增产品代码(目录)模块；修改产品目录模块。

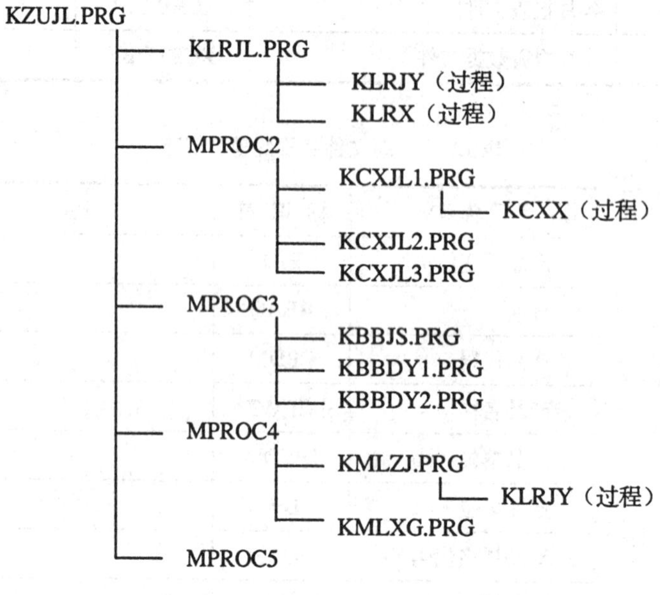

图 12-17 程序和过程间的关系图

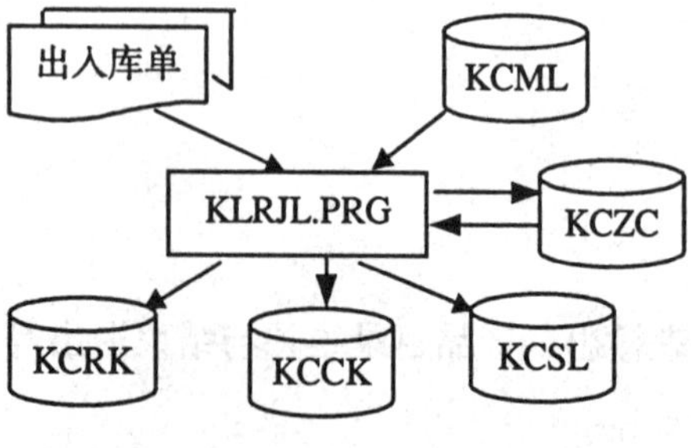

图 12-18 KLRJL.PRG 的处理流程图

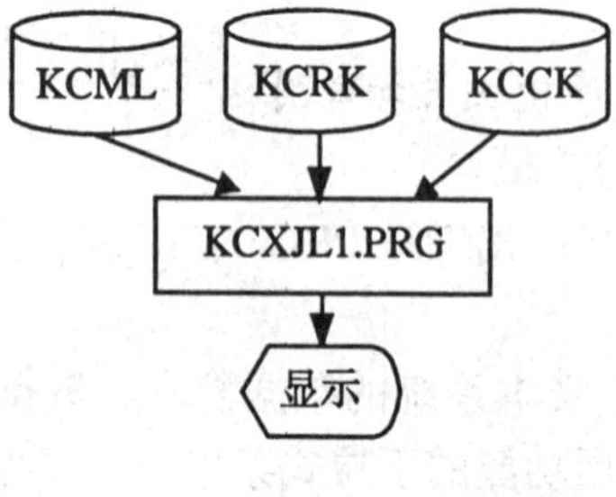

图 12-19 KCXJL1.PRG 的处理流程图

12.4 系 统 实 施

系统实施包括：程序框图设计、源程序清单、试运行及结果分析、系统使用说明书。

本系统是某公司产品库存管理信息系统，用 Visual FoxPro 开发。

系统启动方式：先进入 FoxPro 状态，再 DO KZUJL。系统在开发中注重人机界面的友好性，采用下拉式菜单提示的方法，便于用户使用。

附录一 美国商学院及 MIS 专业

US News and World Report 2000 年从 327 所由国际管理教育协会(the International Association for Management Education)认可的商学院(business programs)本科生教育中，通过调查院长和资深教师，评估他们所熟悉领域，并分为 1(边缘)～5 (优秀)档，大约 45%被调查者回答了问题，同时还评估了不同专业领域的排行榜。评估结果如下：

一、美国商学院排行榜(本科，**Top Undergraduate Business Program)**

来源：US News and World Report College Rankings

站点：http://www.usnews.com/usnews/edu/college/rankings/cat12rnk.htm

表 1 美国商学院(本科)排行榜

Rank	School name	Academic reputation score (5.0=highest)
1	Massachusetts Institute of Technology	4.6
1	University of Michigan–Ann Arbor	4.6
1	University of Pennsylvania	4.6
4	University of California–Berkeley	4.5
5	University of North Carolina–Chapel Hill	4.3
5	University of Texas–Austin	4.3
5	University of Virginia	4.3
8	Carnegie Mellon University (PA)	4.2
9	Indiana University–Bloomington	4.1
10	New York University	4.0
10	University of Illinois–Urbana-Champaign	4.0
10	University of Southern California	4.0
10	University of Wisconsin–Madison	4.0
14	Purdue University–West Lafayette (IN)	3.9
14	University of Minnesota–Twin Cities	3.9
16	Emory University (GA)	3.8
16	Ohio State University–Columbus	3.8

续表

Rank	School name	Academic reputation score (5.0=highest)
16	Pennsylvania State University	3.8
16	University of Washington	3.8
16	Washington University (MO)	3.8

二、美国商学院排行榜(研究生，Top Graduate Business School)

来源：US News and World Report College Rankings
站点：http://www.usnews.com/usnews/edu/beyond/gradrank/mba/gdmbat1.htm

表 2　美国商学院(研究生)排行榜

Rank	School name
1	Stanford University
2	Harvard University
2	Northwestern University (Kellogg)
2	University of Pennsylvania (Wharton)
5	Massachusetts Institute of Technology (Sloan)
6	University of Chicago
7	Columbia University(NY)
7	University of Michigan–Ann Arbor
9	Duke University (Fuqua) (NC)
10	University of California–Los Angeles (Anderson)
11	University of Virginia (Darden)
12	Dartmouth College (Tuck) (NH)
13	New York University (Stern)
14	University of California–Berkeley (Haas)
15	Yale University(CT)
16	Cornell University (Johnson) (NY)
16	University of North Carolina–Chapel Hill (Kenan-Flagler)
18	Carnegie Mellon University(PA)
18	University of Texas–Austin
20	Purdue University–West Lafayette (Krannert) (IN)

三、美国商学院排行榜(信息系统专业，Information Systems)

来源：US News and World Report College Rankings

站点：http://www.usnews.com/usnews/edu/beyond/gradrank/gbinfsp3.htm

表 3　最新的美国商学院(信息系统专业)排行榜

Rank	Information Systems
1	Drexel University (PA)
2	Syracuse University (NY)
3	University of Pittsburgh
4	University of Michigan–Ann Arbor
5	Rutgers–New Brunswick (NJ)
6	University of Illinois–Urbana-Champaign
7	University of North Carolina–Chapel Hill
8	Indiana University
9	University of North Texas
10	University of California–Los Angeles
10	University of Maryland–College Park

四、美国商学院排行榜(管理信息系统专业，Management Information Systems)

来源：US News and World Report College Rankings

站点：http://www.usnews.com/usnews/edu/beyond/gradrank/gbmbasp4.htm

表 4　最新的美国商学院(MIS 专业)排行榜

Rank	Management Information System
1	Massachusetts Institute of Technology (Sloan)
2	Carnegie Mellon University (PA)

续表

Rank	Management Information System
3	University of Minnesota–Twin Cities (Carlson)
4	University of Texas–Austin
5	University of Arizona (Eller)
6	Stanford University (CA)
7	University of Pennsylvania (Wharton)
8	New York University (Stern)
9	Harvard University (MA)
9	University of California–Los Angeles (Anderson)
9	University of Michigan–Ann Arbor

五、商学院排行榜前 20 名中设置 MIS、IS 专业的情况

通过比较美国商学院排行榜和 MIS 排行榜(本科、研究生)，可知：

(1) 在排行榜前面的 MIS 专业均出自在排行榜前面的商学院，只有 University of Arizona 的 Eller school 是个例外。

(2) 在排行榜前面的商学院(包括本科和研究生院)，均设有 MIS 专业或研究方向，只有 Columbia University 是个例外。

表 5 美国商学院(研究生)排行榜中设置 MIS 专业情况

Rank	Top Graduate Business School	MIS (graduate)
1	Stanford University (650)723-2146	Y
2	Harvard University	Y
2	Northwestern University (Kellogg)	Y
2	University of Pennsylvania (Wharton)	Y
5	Massachusetts Institute of Technology (Sloan)	Y
6	University of Chicago	Y
7	Columbia University (NY)	N
7	University of Michigan–Ann Arbor	Y
9	Duke University (Fuqua) (NC)	Y
10	University of California–Los Angeles (Anderson)	Y
11	University of Virginia (Darden)	Y

续表

Rank	Top Graduate Business School	MIS (graduate)
12	Dartmouth College (Tuck) (NH)	Y
13	New York University (Stern)	Y
14	University of California–Berkeley (Haas)	Y
15	Yale University (CT)	Y
16	Cornell University (Johnson) (NY)	Y
16	University of North Carolina–Chapel Hill (Kenan-Flagler)	Y
18	Carnegie Mellon University (PA)	Y
18	University of Texas–Austin	Y
20	Purdue University–West Lafayette (Krannert) (IN)	Y

六、美国商学院设置 MIS、IS 专业情况

来源：US News and World Report College Rankings

站点：http://www.usnews.com/usnews/edu/beyond/bchome.htm

通过对站点：http://www.USNews.com 进行搜索，可从网上查到美国有 317 所商学院(即网上可以搜索到的商学院)，进一步可以查出这些商学院中的 223 所具有 MIS program，即 70％的以上的商学院设有 MIS 专业或研究方向。

商学院中不一定都设置 IS program，在排行榜前面的 IS 专业并不一定在排行榜前面的商学院中。

排行榜前面的商学院除了一所大学以外，均设有优秀的 MIS 专业。70％以上的商学院设置 MIS 专业。

MIS(包括 IS)专业或研究方向，在有影响的商学院中是一个非常重要的组成部分。

七、市场对 MIS、IS 学生的需求

站点：http://u10.petersons.com/mba/whymba.html

在 Peterson’s 站点中，广泛讨论了 MBA 在 2000 年的机遇(Opportunities for MBA's in the Year 2000)一文中指出，MIS 是 MBA 的一种职业趋势(Management for Information Systems as one of the MBA’s Career Trends)。

八、商学院的 MIS、IS 学生与计算机系学生主要差别

计算机专业的学生具有更多的数学、机器语言、操作系统、网络、算法分析等教育背景。他们大多数毕业后从事程序员或软件工程师的工作。

MIS 和 IS 的学生具有更多的集成、应用和管理信息系统的教育背景。在这种技术背景下，再加上商业的训练，他们更适宜作为介于纯技术和商业运作之间的桥梁。善于应用计算机和信息管理的方法解决商业问题。MIS 和 IS 学生已经分布在广泛的工作领域。

说明：以上资料于 2000 年 1 月从 Internet 上收集。

附录二　美国 MIS 及 IS 杂志排行榜

一、美国 MIS 杂志排行榜

来源：http://is.lse.ac.uk/iswnet/profact/journal.htm
该排行榜从信息系统学者的角度评估 MIS 杂志，并供有关方面参考。
专栏作家：Carol Saunders

表 1　MIS 杂志排行榜

Rankings of MIS Journals in Three Articles, Journal Name	Walstrom et al., 1995	Holsapple et al., 1994	Gillenson & Stutz, 1991
MIS Quarterly	1	1	2
Communications of the ACM	2	2	3
Information Systems Research	3	not ranked	not ranked
Management Science	4	4	1
IEEE Transactions	5 - software eng.	6	8 - various subjects
ACM Transactions	6 - database sys.	11 - database sys.	7 - various subjects
Journal of Management Info. Systems	7	3	5
Journal of the ACM	not ranked	31	6
Decision Sciences	8	17	4
Harvard Business Review	9	7	10
ACM Computing Surveys	10	15	9
Decision Support Systems	11	5	not ranked
Computer	not ranked	14	11
Information and Management	12	8	12
Sloan Management Review	13	10	13
Academy of Management Journal	14	22	not ranked
Omega	15	not ranked	not ranked
Academy of Management Review	16	21	not ranked
Journal of Info. Systems Management	17	not ranked	14

续表

Rankings of MIS Journals in Three Articles, Journal Name	Walstrom et al., 1995	Holsapple et al., 1994	Gillenson & Stutz, 1991
Information Systems	not ranked	not ranked	15
Info. Resources Management Journal	not ranked	not ranked	16

说明：

(1) Kent Walstrom, Bill Hardgrave and Rick Wilson

(Communications of the ACM, 1995, vol. 38, no.3, 93-102)

表 1 中的 3 名对 MIS 杂志进行评估的学者，通过对 46 名 MIS 教师(样本)对 MIS 杂志的质量进行评估,得出排行榜。在 Gillenson 和 Stutz 的综述研究中，杂志“Information Systems Research”尚未出版发行。

(2) Clyde Holsapple, Linda Johnson, Herman Manakyan, and John Tanner

("Business Computing Research Journals: A Normalized Citation Analysis, " Journal of Management Information Systems, 1994, vol. 11, no. 1, 131-140)

该研究提供了一个商业计算机研究杂志的排行榜，根据是杂志被引证次数的多少。该排行榜同时也反映了每一种杂志出版发行的年代。

(3) Mark Gillenson and Joel Stutz

("Academic Issues in MIS: Journals and Books," MIS Quarterly, 1991, vol.15, no.4, 147-452)

该研究反映了 MIS 领域的教授对 MIS 杂志学术质量的态度，调查结果来自 135 所被 AACSB 认可的商学院。

二、美国著名的 IS 杂志排行榜(“A”、“B”、“C”)

来源：http://www.cbi.msstate.edu/faculty/shim/ar.html，

(Mississippi State University，The MIS faculty at MSU have recently selected)

该排行榜最近由美国 Mississippi State University 教师所选定。

(1) “A” Journals

- ACM Computing Surveys
- ACM transactions on various subjects* (determined by COBI)
- Communications of the ACM
- Decision Sciences (all disciplines)
- Decision Support Systems
- Harvard Business Review (all disciplines)
- Information Systems Research
- Journal of the ACM
- Journal of Management Information Systems

- MIS Quarterly
- Management Science (all disciplines)
- Sloan Management Review (all disciplines)

(2) “B” Journals

- ACM Special Interest Groups Pubs (SIGS)
- Communications of AIS (Electronic Journal)
- Computer (IEEE)
- Computers and Operations Research
- Data Base (ACM)
- IBM Systems Journal
- ICIS Proceedings
- Information and Management
- Information Resources Management Journals
- Information Systems Journals
- Interfaces (INFORMS - TIMS/ORSA)
- Journal of AIS (Electronic Journal)
- Journal of Computer Information Systems
- Journal of Database Management
- Journal of Information Science
- Journal of Information Systems Management
- Journal of Strategic Information Systems
- Journal of Systems Management
- Omega

(3) “C” Journals

可以在相关的站点上查到(“C” Journals: A List of Journals - available upon request)。

附录三 IS '97

MIS 是基于数学、计算机科学、管理科学的一门综合性、边缘性、系统性的科学。从事 MIS 的工作，要求具有基本知识、基本技能、基本素质和修养的训练。

美国的 MIS 专业，其目标职业是系统分析员。

(1) 系统分析员应具有如下能力：

● 善于帮助企业领导分析企业环境、确定企业目标、抓住关键因素、改进企业系统。

● 善于提出计算机系统解决方案，选购和运行系统硬件，选购或开发应用软件，管理信息资源。

(2) 系统分析员应掌握的知识

了解计算机知识。了解基本组织功能，如市场、财务、制造、供运、会计等。了解组织变化动态学与了解技术技巧一样重要。了解决策者的行为与了解程序知识一样重要。

(3) IS '97 的推荐课程

1997 年，美国在信息系统方面的三大权威学会 AITP (Association of Information Technology Professionals), AITP 的前身为 DPMA(Data Processing Management Association)；ACM(Association for Computing Machinery)和 AIS(Association for Information Systems)，提出了信息系统专业本科生教学计划，名为 IS '97，可作为信息系统分析员专业知识结构的参考。

IS'97 是一个本科生信息系统专业的推荐课程，IS 包括两个领域：

获得、运用、管理信息技术资源和服务，即信息系统的功能。

开发、发展在组织过程中的技术基础设施和系统，即信息系统开发。

IS'97 的推荐课程提供了指南、课程组织、原始资料、课程设计目标、知识单元，并为进行 IS 课程学习的学员提供有益的建议。

MIS 专业属于管理类专业，它应具有管理专业所共有的如下知识和技能：

沟通：写作和技术写作技巧；口语沟通技巧；听解技巧。

数学：微积分/管理用微积分；基础统计；离散数学。

管理核心课：市场学；生产、分配；财务、会计；人事资源。

其他：宏观经济；微观经济；国际商务。

MIS 的主体课程可用图 1 来说明。

下面列出课程名称和编号：

P. 预修

IS '97 PO知识工作软件工具(电子表格、图、库、网应用)

A. IS 基础

IS '97.1　IS 基础(系统、信息概念、程序、库、网概念)

IS '97.2　IS 技术的个人生产率(终端用户支持)

B. IS 理论

IS '97.3　IS 理论和实际(系统、信息、组织理论、IS 规划、开发、应用、管理)

C. 信息技术

IS '97.4　信息技术硬件与软件(结构、库、DS、网等)

IS '97.5　程序、数据和对象结构

IS '97.6　通信

D. 系统开发

IS '97.7　信息系统分析和逻辑设计

IS '97.8　DBMS 的物理设计和实现

IS '97.9　程序环境的物理设计和实现

E. 信息系统的计划和管理

IS '97.10　项目管理和实际

(4) 系统分析员应具有的素质

系统分析员是未来信息社会的知识工作者的代表。他应具有信息社会的知识结构、工作能力和很好的素质。一个系统分析员应具有：主动精神、创新精神、求实精神、协作精神和刻苦钻研的精神。图 2 是系统分析员的能力模型，它反映了一个系统分析员所应具有的能力。

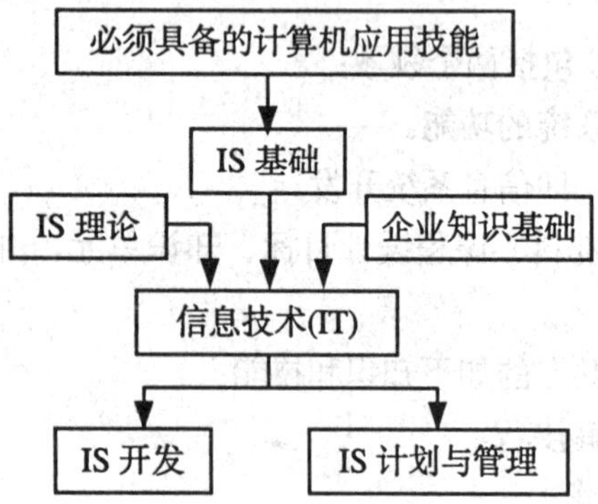

图 1　IS 知识结构

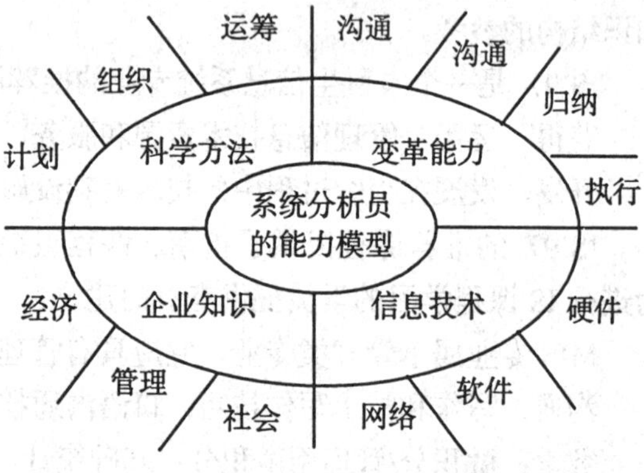

图 2　系统分析员的能力模型

附录四 CASE 工具

The following table is from Information Week (Online), 04/19/2000

author: Philip J. Gill

http://img.cmpnet.com/infoweek/730/graphics/iubus2.pdf

A Selection of Modeling Tools

Company	Product	Description
Popkin Software New York www.popkin.com	System Architect 2001	Repository based visual modeling tool that supports data, object, or component, and business and process modeling in a single product
Object InterNational Raleigh, North Carolina www.togethersoft.com	Together/J. Together/C++ and Together/ Enterprise	Suite of UML – based visual modeling tools for Java, C++, and team-based development of object- and component-based applications
Rational Software Cupertino, California www.rational.com	Rational Rose	Visual modeling tool for UML-based object and component modeling
Select Software Tools Irvine, California Www.selectst.com	Select SE	Data modeling tool for database-driven application development;
	Select Enterprise	UML-based component modeling tool
Sterling Software Plano, Texas www.sterling.com	Cool	Suite of visual modeling and application generation tools
	Cool: Biz	For business modeling
	Cool: Jex	For object or component modeling
	Cool: 2E	For as/400 development
	Cool: Gen	For object modeling and code generation

This table compares CASE tools based on surveys to CASE tools users. However, two top ranked CASE tools (which got 64 out of the 97 responses from users) are now both products of Sterling Software. One of them is originally Texas Instruments'. Basically these products disappeared from the market and are integrated with the COOL product line of Sterling Software.

Although the table only listed the modeling feature, those tools have well established CASE tools features.

These tools are all popular CASE tools which have the traditional CASE tool features, like graphics, data modeling, analysis and design, and generating code. Now the hop topic is how these tools would adapt to the new needs of industry, which is Business modeling. That's why the table is focused on the modeling features.

Students have been using Rational Rose for System Analysis and Design course at Drexel University.

The following abstract is from the paper

A Structural Equation Evaluation of CASE Tools Attributes

Gerald V. Post, Albert Kagan, and Robert T. Keim

Journal of Management Information Systems

Spring 1999, Vol. 15, No. 4, pp. 215-234

Data Modeling: The first and oldest of the modeling methodologies, it came about with SQL. Let's users track where data resides in a database or related applications.

Object modeling: As its name implies, a modeling methodology for developing object-oriented applications. It is frequently referred to today as object or component modeling, reflecting the rise in popularity of the componentization of application development.

Process modeling: A modeling methodology for visually depicting how business conducts their operation. It defines and depicts business processes, including entities, activities, and enablers, and the relationships between them. It is also sometimes referred to as business process modeling, hence the frequent confusion, and is also sometimes called workflow modeling – as it visually depicts the flow of work through an organization.

Business modeling: The newest of the modeling methodologies, it is frequently confused with process modeling. The two are not the same, however. Business modeling is the most abstract and seeks to model higher-level business concepts, such as company vision, purpose, business tactics, and strategies.

Enterprise Modeling: A relatively new term that envisions multiple models under one umbrella discipline.

In this paper, it listed graphics features, prototyping, data dictionary, design analysis, coding, and general features as the attributes for surveying CASE tools users.

This paper compared the above features of IEF, KWARE, Pacbase, Excelerator, Oracle and Transform. IEF was originally product of Texas Instruments. Now it is product of Sterling Software. It is integrated in the current products of Sterling as listed in the table.

说明：

一些网站(主要是带有学术内容的网站)采用 PDF (Portable Document Format)文件格式，这也是电子发行文档的事实上的标准和首选格式，Adobe 公司的 Adobe Acrobat Reader 是一个查看、阅读浏览和打印 PDF 文件的最佳工具，并且这些文件无法拷贝。Adobe 公司制定了 PDF 格式的文档，能够保留期刊和杂志的原来内容、文字和图像，并可以实现在 Windows、Mac、OS 等系统上跨平台使用。

附录五 SAP 高级企业软件

一、背景

近 20 年来， SAP 从一个中等规模的公司发展成全球最大的软件公司之一，并在全球取得了良好的信誉。SAP 是德国公司，1972 年由 5 位前 IBM 雇员组建，目标是为企业业务过程的合并、开发和销售标准化提供应用管理软件。1979 年 SAP 推出了在主机上使用的 R/2 系统软件，10 年以后全世界有 1 250 个客户在使用 R/2 系统。

20 世纪 80 年代末，商品化的 MIS 软件需求迅速增加。SAP 开始开发 R/3 系统软件，这是一种客户服务平台，1992 年开始推出。1996 年末，SAP 在 40 多个国家有超过 30 家的分支机构，占有了 30%的国际市场，为 50 多个国家的 7 000 多个公司提供服务。德国最大的公司中 90%以上的公司以及世界上 500 家最大公司中前 10 位公司中的 9 家是 SAP 的客户。

二、SAP 的 R/3 系统

根据 1999 年 11 月的资料介绍， SAP 的 R/3 系统是全球最广泛使用的 MIS 软件之一，为适应竞争市场的需求，该软件具有如下较为广泛的特点：

1. 灵活性

R/3 能快速响应各种需求，最大限度地自动处理大部分日常事务，使用户集中精力于新产品和市场战略决策上。

2. 完善的功能

SAP 的 R/3 系统为各种规模和行业的公司提供理想的运行环境，以得到科学的管理信息和优化的业务处理流程。

R/3 系统功能强大，可以完成：财务会计、管理会计、生产和物料管理、质量管理和设备维护、销售和分销管理、人力资源管理和项目管理。其中财务管理包括：现金管理、现金预算、资金管理等，并形成对企业的流动性分析和控制。

(1) 财务管理：总账、应收账、应付账、资产管理、集团财务合并、多账套等。从公司的数据中采集所有与会计相关的数据进行处理，提供完整的文档凭证和完善的分析信息，并且为整个企业的管理控制和计划提供基础。

(2) 管理会计：成本中心会计、利润中心会计、产成品成本会计、获利分析、项目会计和作业成本会计等，构成多维计划和控制工具，分析企业范围的管理信息，以得到决策和考核的依据。

(3) 生产管理：提供完善的满足各种制造模式的处理，如重复式生产、按订单生产、按订单装配、流程式生产、批量生产和面向库存生产。集成化供应链管理如 ERP、电子看板、车间控制器、流程控制系统、PDM 等。

(4) 物料管理：优化的采购供应系统，以工作流驱动、降低采购和库存管理成本，并有良好的发票确认和库存记账得以为财务会计和管理会计集成。

(5) 质量管理：监控、捕捉和管理所有与质量相关的信息，并对这些信息进行加工、分析并反馈到相应点。

(6) 设备管理：对设备结构有灵活和完备的描述定义，具有多种层次结构，对设备可进行预防性维修计划，缺损保修、检修、备品备件管理等。

(7) 销售和分销：覆盖整个销售过程，从组织结构和处理流程两个方面支持多种销售方式和手段实现，包括工业直销、分销、寄售、零售等。具有多种销售单据类型和灵活的产品定价方法，从货源控制(ATP 检查)、信用风险控制、成本预估到发运策略制定，促销手段等提供全面集成的销售运作和控制方法。

三、SAP 的客户技术支持中心

作为 ERP 行业的先行者之一，SAP 提供完善的技术支持，并具有严密的组织结构、完善的管理制度、庞大的技术支持数据库、精干的技术支持队伍和全新的技术支持概念。

1. 全日制概念

在 SAP 客户技术支持中心，全日制概念就是 7×24，即一周七天每天 24 小时地为客户提供技术支持。在通常的 8 小时工作时间外，支持中心依然能够即时响应客户的需求。在休息日，客户也能通过服务热线电话得到工作人员的技术支持。

2. 及时响应

对于客户提出的每一个问题，SAP 都会根据问题的复杂程度确定相应的响应时间。这样使得客户的每一个问题都能够立刻得到技术服务，从而提高客户的满意程度。SAP 客户支持中心有 24 小时客户免费热线：8008201001，以及直拨热线：86-21-53068159。

3. 全球一体

当客户的问题进入 SAP 的 OSS 系统后，立刻就会被地区支持中心所处理。如果地区支持中心未能够及时提供完善的解决方案，客户的问题会通过 OSS 系统转让 SAP 区域支持中心。这使得无论客户身处哪一个地区都会得到 SAP 完善的支持和服务。通过服务热线，即使暂时没有与 OSS 系统联网的 SAP 客户一样可以得到快速的服务。

SAP 大中国区客户技术支持中心 1997 年 8 月 1 日正式投入运作，有客户技术支持顾问数十人，以中、英文及广东话服务于中国大陆及香港地区 SAP 客户。技术支持范围几乎涵盖 SAP 产品所有核心模块。他们和全球其他 SAP 技术支持中心一起协调工作，构建成 SAP 全球 7×24 客户服务模式和支持架构。

参 考 文 献

[1] Kenneth C. Laudon, Jane P. Laudon. Management Information System; New Approaches to Organization and Technology. 5th ed. Prentice-Hall, Inc., New Jersey, 1998.

[2] Stephen Hagg, Maeve Cummings and Jane Dawings. Management Information Systems for the Information Age. 北京：机械工业出版社，1998.

[3] 廖信博，彭雪迈.管理信息系统案例.北京：机械工业出版社，1999.

[4] Jack D. Collon. Competitive Advantage Through Information Technology.北京：机械工业出版社，1998.

[5] 薛华成.管理信息系统(第三版).北京：清华大学出版社，1999.

[6] 黄梯云.管理信息系统.北京：高等教育出版社，1999.

[7] 姜旭平.信息开发——方法、策略、技术、工具与发展.北京：清华大学出版社，1996.

[8] 刘鲁.信息系统设计原理与应用.北京：航空航天大学出版社，1995.

[9] 金朝崇，李宗耀，高福成.现代信息系统教程.天津：天津大学出版社，1996.

[10] 陈伟文.决策支持系统及其开发.北京：清华大学出版社，1994.

[11] 史济民，汤观全.Visual FoxPro 及其应用系统开发. 北京：清华大学出版社，2000.

[12] 朴顺玉，陈禹.管理信息系统.北京：中国人民大学出版社，1995.

[13] 陈景艳，魏薇，关忠良.决策支持系统.成都：西南交通大学出版社，1995.

[14] 张维明，邓苏，罗雪山，肖卫东.信息系统建模与应用.北京：电子工业出版社，1997

[15] 劳诚信，姜国雄，尹良，王宾，姚伦淳.计算机安全指南.北京：清华大学出版社，1993.

[16] 中国软件行业协会上海分会，上海计算机软件技术开发中心.软件质量及其评价技术.北京：清华大学出版社，1990.

[17] James Martin, Cybercorp——the new business revolution. U.S. :AMACOM, a division of American Management Association, James Martin, 1996.

[18] Whitten, Bentley. Barlow, Systems Analysis & Design Methods. U.S. :Irwin, Second Edition, 1989.

[19] 卿斯汉.信息系统和网络安全，中国计算机报，1997.

[20] 激活信息资源——第八次国民经济信息化论坛纪要.中国计算机报，1998.

[21] 孙宝文.管理信息系统的新思路——基于 Intranet 的 MIS.管理信息系统，1997.

[22] 李进，朱鹏举.管理信息系统的开发与应用.北京：电子工业出版社，1994.

[23] 中国标准出版社第四编辑室，计算机软件工程规范国家标准汇编.北京：中国标准出版社，1996.

[24] 邵培基.计算机信息管理继续教育.管理工程学报，1998(4).

[25] 邵培基.MIS 开发投资与效益.电子与信息化，1998(10).

[26] 邵培基.MIS 服务质量评价.电子与信息化，1999(8).

[27] 邵培基.用 Intranet 模式改造传统的 MIS.电子科技大学学报，1999(1)．
[28] 邵培基.通用题库管理信息系统的开发.现代教育技术，1999(2)．
[29] 邵培基.科研成果评估决策支持系统.管理工程学报，1999(3)．
[30] 邵培基.中国电子商务发展分析与研究.电子科技大学学报(社科版)，1999(3)．
[31] 邵培基.决策支持系统的研究现状与发展趋势.管理工程学报，1999(4).
[32] 邵培基.题库系统的统计指标研究.统计研究，1999(12).
[33] 邵培基等.IDSS 中模型和知识的关系化表示与管理(下)．系统工程理论与实践，2000(1).
[34] 邵培基等.IDSS 中模型和知识的关系化表示与管理(上)．系统工程理论与实践，2000(2).
[35] 邵培基等.评估企业中长期贷款偿还能力的模糊识别方法.系统工程学报，2000(2).
[36] 邵培基.AHP 方法评价管理信息系统.系统工程理论与实践，2000(10).
[37] 朱鹏举.中小企业信息化之路.电子与信息化，1998(11).
[38] 姚世全.我国软件标准化的发展策略与对策.计算机世界，1998(5).
[39] 李巍巍等.MRP III 概念设计.计算机世界，1998(4).
[40] 张宁.中国信息技术标准化概述.国际电子报，1998(7).
[41] 信息产业标准制定将放开.中国计算机报，1999(7).
[42] 王宏.雪龙北极行　天涯网络连.中国计算机报，1999(7).

参考站点

(1).http://www.cernet.edu.cn

中国教育科研计算机网(China Education and Research Network)

资源共享：国外名校，美国、加拿大、英国、澳大利亚、德国、亚洲的大学排名。

(2) http://www.ccidnet.com

赛迪网。为 IT 经理人、市场营销人员、技术开发人员等提供服务。

(3) http://itsearch.ccidnet.com

赛迪网推出的专门针对 IT 领域的 IT 垂直搜索引擎。

(4) http://etiri.beijing.cn.net

信息产业部电子科学技术情报研究所(ETIRI)，链接有许多中国优秀的电子信息数据库和报刊，包括：《电子与信息化》月刊、《IT 经理世界》半月刊、《微电脑世界》周刊、《中国计算机报》、《计算机世界》周报、《网络世界》周报和 Internet 版《计算机世界日报》等。

(5) http://www.cnnic.net.cn

中国互联网络信息中心，由信息产业部领导，行使国家互联网络信息中心的职责，发布中国互联网络发展状况统计报告。

(6) http://www.chinacc.com

信息与电脑月刊，其方向为探索电子信息产业如何支持、加速商贸企业及服务行业的现代化。

(7) http://www.aol.com

美国在线(AMERICA ONLINE)

(8) http://www.aisnet.org/

美国信息系统协会(The Association for Information Systems，AIS)，该专业组织成立于 1994 年，主要为全球信息系统学术界提供服务。其使命是促进信息技术的发展，并推动组织职能和工作周期的质量。

该站点提供 AIS 所推荐的 IS 专业的本科生课程指南，该指南由 ACM、AIS、AITP 联合推出。如 2000 年 1 月可以查到 IS'97。

(9) http://www.coba.wright.edu/aitpweb/index.htm

美国信息技术专业协会。

(10) http://pc29112.utdallas.edu//iss/iss.htm

美国管理科学协会(Institution of Operations Research and the Management Science，INORMS)信息系统学会(Information System Society，ISS)。

(11) http://www. apics .org/

APICS，美国生产与库存控制协会，是一个非盈利的国际教育组织，成立于 1957 年。它为全世界个人和组织提供资源管理的教育和信息，其教育和专业认证在全世界具有较大影响。APICS 现致力于教育社会和资源管理。

(12) http://www.isworld.org/isworld.html

ISWorld Net，供信息系统专业人员使用 Internet。

(13) http://www.pmi.org/

美国项目管理学会（Project Management Institute，PMI），致力于专业化的项目管理。

(14) http://www.infoserver.com/

Infoserver，该站点为搜索引擎，可以查询大量的 Outsourcing Center、Journal、Books、Events、Experts、Jobs、Research、Search、Suppliers TOPICS。

Infoserver 提供专题搜索功能，包括：Outsourcing Academics、Analyst、Australia、Awards、BPO、Desktop、E-commerce、ERP、Government、HR、Legal、Logistics、Networks。

(15) http://rmm-java.stern.nyu.edu/

纽约大学 Stern 商学院的 Journal of Management Information Systems。

(16) http://www.acm.org/

美国计算机协会(Association for Computing Machinery，ACM)，该组织成立于 1947 年，ACM 是世界上第一个教育和计算机科学协会。ACM 成员包括全球 8 万多专业人士和学生，并有权威公开出版物，一流的学会活动。该站点有如下内容：

Membership、Professionals、Students、Publications、Digital Library、Special Interest、Groups (SIGS)、Conferences、Education、Public Policy、Press Room、Awards、Institutions and Libraries、About ACM、Contact Information。

(17) http://www.usnews.com/usnews/edu/college/rankings/cat12rnk.htm

该站点由 US News and World Report 主办，有如下内容：最好的学院、最好的研究生院、排行榜、评估报告等。

(18) http://www.psrinc.com/salary.htm

Positive Support Review (PSR) 是一个 Los Angeles 的咨询公司，致力于 MIS 研究领域，特别关注 IT 在战略高度的应用，使企业在竞争中取得商业利益。

(19) http://www.petersons.com

在 Peterson's 站点中，内容广泛而丰富，其内容包括：院校介绍、在线申请、资助情况、研究生院、在 35 000 个研究生专业中申请就读(包括商学院、法学院等)、成人学习、职业介绍、国外留学、儿童私立学校、MBA、执行教育计划(Executive Education Programs)。

(20) http://www.qikan.com/

龙源国际名刊网，代理 380 种中国大陆著名期刊授权电子版，可供网上全文阅读。内容包括：大陆名刊频道、海外中文名刊、海外外文名刊、龙源国际书网、电子期刊订阅、报纸期刊订阅等。

常用术语

accountability	可检查性
active	有源
assurance	保障措施
availability	可用性
black hole	黑洞
bridge	网桥
builder	生成器
cache	高速缓存
China Computer Federation	中国计算机学会
coaxial cable	同轴电缆
computer financial	计算机金融
computer virus	计算机病毒
confidentiality	保密性
continuous protection	连续的保护
data	数据
data flow	数据流
data mining	数据挖掘
data source/sink	数据源/汇
data store	数据存储
data structure	数据结构
data warehouse	数据仓库
Decision table	判断表
decision tree	判断树
designer	设计器
DSS generator	DSS 生成器
DSS tool	DSS 工具
E-business	电子商务
external entity	外部实体
external output	外部输出
fiber	光纤
flowchart	流程图
frame relay	帧中继

	Gantt chart	甘特图
	gateway	网关
	gray hole	灰洞
	hacker	黑客
	HUB	集线器
	hypertext link	超文本链接
	identification & authentication	标识和识别
	infoglut	信息过剩
	information	信息
	information architecture	信息构架
	infrared rays	红外线
	integrity	完整性
	intelligent	智能
	internal entity	内部实体
	internal output	内部输出
	Intranet	企业内部网
	item	数据项
	knowledge base	知识库
	labeling	标记
	Marketing in Internet	网络营销
	memory	内存
	non-structured decision	非结构化的决策
	passive	无源
	point-to-point	点到点
	process	处理逻辑
	produce rule	产生式规则
	repeater	中继器
	router	路由器
	rule-base systems	基于规则的系统
	security policy	安全策略
	semi-tructured decision	半结构化的决策
	Specific DSS	专用 DSS
	structured decision	结构化的决策
	supply chain	供应链
	value chain	价值链
	Wizard	向导器
1NF	First Normal Form	第一范式
2NF	Second Normal Form	第二范式
3NF	Third Normal Form	第三范式

ACM	Association for Computing Machinery	计算机协会(美国)
AHP	Analytic Hierarchy Process	层次分析法
AI	Artificial Intelligence	人工智能
AIS	Accounting Information System	会计信息系统
AIS	Association for Information Systems	信息系统协会(美国)
AITP	Association for Information Technology Professionals - formerly DPMA	信息技术专业协会(美国)
ANSI	American National Standards Institute	美国国家标准协会
AOL	American Online	美国在线公司
APICS	American Production and Inventory Control Society	美国生产与库存控制协会
B/S	Browser/Server	浏览器/服务器
BCNE	Boyce-Codd Normal Form	BCNE 范式
BPR	Business Process Reengineering	企业过程重组
Bps	bits per second	比特/秒
BPS	Business Planning System	工商企业规划系统
BSP	Business Systems Planning	企业系统规划法
C/S	Client/Server	客户机
CAD	Computer Aided Design	计算机辅助设计
CAM	Computer Aided Management/Manufacture	计算机辅助制造
CAMS	Computer Aided Managenent/Manufactory System	计算机辅助管理/生产系统
CAPP	Computer Aided Production Process	计算机辅助过程控制
CASE	Computer Aided Software Engineering	计算机辅助软件工程
CCITT	International Telegraph and Telephone Consultative Committee	国际电报电话咨询委员会
CEO	Chief Executive Officer	首席执行官
CFO	Chief Finance Officer	首席财务执行官
CIMS	Computer Integrated Manufacturing System	计算机集成制造系统
CIO	Chief Information Officer	首席信息执行官
CIS	Corporate Identity Systems	企业形象系统
CMM	Capability Maturity Model	软件过程能力成熟度模型
CNNIC	China National Network Information Center	中国互联网络信息中心
COCOMO	Constructive Cost Model	结构化成本模型
CPU	Central Process Unit	中央处理机
CSF	Critical Success Factors	关键成功因素法
CSMA /CA	(Carrier Sense Multiple Access With Collision Avoidance	具有避免冲突的载波侦听多路存取
DB	Data Base	数据库
DBMS	Data Base Management System	数据库管理系统
DD	Data Dictionary	数据字典
DDM		DSS 的一种组成模式

DFD	Data Flow Diagram	数据流程图
DGMS	Dialogue Generation Management System	会话生成管理系统(人机接口)
DIMM	Dual In-Line Memory Module	DIMM 内存条
DIP	Double In-Line Package	DIP 内存芯片
DPMA	Data Processing Management Association	数据处理管理协会(美国)
DSS	Decision Support System	决策支持系统
EB	Electronic Business	电子商务
EDPS	Electronic Data Processing System	电子数据处理系统
EIS	Executive Information System	执行信息系统
E-R	Entity Relationship Approach	实体关系法
ERP	Enterprise Resource Planning	企业资源计划
ES	Expert System	专家系统
FMS	Flexible Manufacture System	柔性加工系统
FPS	Frames Per Second	每秒帧数
FSP	Full-time-equivalent Software Personnel	全日工作的软件人员
GDSS	Group Decision Support System	群体决策支持系统
GII	Global Information Infrastructure	全球信息基础设施
GUI	Graph User Interface	图形界面
HIPO	Hierarchy plus Input-Process-Output	层次输入-处理-输出图
HRM	Human Resources Management	人力资源管理
HTML	Hypertext Markup Language	超文本标记语言
IAB	Internet Architecture Board	体系结构委员会
ICP	Internet Content Provider	Internet 信息供应商
ICSA	International Computer Security Association	国际计算机安全协会
IDSS	Intelligent Decision Support System	智能决策支持系统
IEC	International Electrotechnical Commission	国际电工委员会
IEEE	Institute of Electrical and Electronics Engineers	美国电气与电子工程师协会
IETF	Internet Engineering Task Force	Internet 工作任务组
IFPS	Interactive Financial Planning System	交互式财务计划系统
Inmarsat	International Marine Satellite	国际海事卫星组织
IRM	Information Resources Management	信息资源管理
IRS	Information Report System	信息报告系统
IRTF	Internet Research Task Force	Internet 研究任务组
ISDN	Integrated Services Digital Network	综合业务数字网络
ISO	International Organization for Standardization	国际标准化组织
ISP	Information System Planning	信息系统规划
ISP	Internet Service Provider	Internet 服务供应商
IT	Information Technology	信息技术
JIT	Just In Time	准时生产

KDSI	Thousands of Delivered Source Instructions	千行交付源指令数
KS	Knowledge System	知识系统
LAN	Local Area Network	局域网
LKP		DSS 的一种组成模式
LS	Language System	语言系统
MBMS	Model Base Management System	模型库管理系统
MIME	Multipurpose Internet Mail Extensions	多用途 Internet 函件扩展
MIPS	Million Instructions Per Second	每秒百万条指令
MIS	Management Information System	管理信息系统
MRP	Material Requirement Planning	物料需求计划系统
MRP II	Manufacturing Resources Planning	制造资源计划系统
NASDAQ	National Association Securities Delers Automatic Quotation	全美证券商自动报价系统
NC	Network Computer	网络计算机
NF	Normal Form	范式
NII	National Information Infrastructure	国家信息基础设施
OAS	Office Automation System	办公自动化系统
OCR	Optical Character Reader	光学字符识别器
OLAP	Online Analytical Process	联机分析处理
OLTP	On-Line Transaction Processing	联机事务处理
OO	Object-Oriented	面向对象方法
OSI	Open System Interconnection	开放系统互联
PCS	Process Control System	过程控制系统
PERT	Project Evaluation and Review Technique	计划评审技术
PMBOK	Project Management Body of Knowledge	项目管理的知识体系指南
PMI	Project Management Institute	项目管理学会
PMP	Project Management professional	项目管理专业人员
PPS	Problem Produce System	问题处理系统
PROLOG	Programming in Logic	PROLOG 语言
PSTN	Public Switched Telephone Network	公用电话交换网
RFC	Requests for Comments	请求注释
SA	System Analyse	系统分析
SCM	Supply Chain Management	供应链管理
SD	System Design	系统设计
SDLC	System Development Life Cycle	系统开发生命周期
SI	System Implementation	系统实施
SIMM	Single In-Line Memory Module	SIMM 内存条
SIS	Strategic Information System	战略信息系统
SRS	Software Requirements Specifications	软件需求说明
SST	Strategy Set Transformation	战略目标集转化法

STP	Shielded Twisted Pair	屏蔽双绞线
TCO	Total Cost of Ownership	总体拥有成本
TCP/IP	Transmission Control Protocol/Internet Protocol	传输控制协议/网间协议
TIS	Transaction Information System	作业信息系统
TP	Twisted Pairwire	双绞线
TPS	Transaction Processing System	事务处理系统
UPS	Uninterruptible Power System	不间断电源
UTP	Unshielded Twisted Pair	非屏蔽双绞线
W3C	World Wide Web Consortium	国际 Web 联盟
WAN	Wide Area Network	广域网
WDM	Wavelengh Division Multiplexing	分光复用技术

管理信息系统开发过程示意图